人文与科技（第十一辑）

HUMANITIES & SCIENCE TECHNOLOGY

◎ 刘实鹏　王凤友 / 主编

中央民族大学出版社
China Minzu University Press

图书在版编目（CIP）数据

人文与科技. 第十一辑 / 刘实鹏，王凤友主编. —北京：中央民族大学出版社，2024.6

ISBN 978-7-5660-2195-3

Ⅰ.①人… Ⅱ.①刘… ②王… Ⅲ.①高等学校—人文科学—教学管理—贵州—文集 Ⅳ.①G640-53

中国国家版本馆 CIP 数据核字（2024）第 096072 号

人文与科技（第十一辑）

主　　编	刘实鹏　王凤友
责任编辑	舒　松
封面设计	布拉格
出版发行	中央民族大学出版社
	北京市海淀区中关村南大街 27 号　邮编：100081
	电　话：(010)68472815(发行部)　传真：(010)68932751(发行部)
	(010)68932218(总编室)　　　　(010)68932447(办公室)
经 销 者	全国各地新华书店
印 刷 厂	北京鑫宇图源印刷科技有限公司
开　　本	787×1092　　　1/16　　　印张：21.5
字　　数	320 千字
版　　次	2024 年 6 月第 1 版　　2024 年 6 月第 1 次印刷
书　　号	ISBN 978-7-5660-2195-3
定　　价	78.00 元

版权所有　翻印必究

《人文与科技》（第十一辑）编辑委员会

主　　编：刘实鹏　王凤友

执行主编：陆官虎　周凌玉

副 主 编：王伟杰

编 委 会：刘实胜　刘子宁　吴晓萍　黄　玮　马　帅　左　丹
　　　　　王永祥　温小军　雷帮齐　许道云　钟　旭　杨武松
　　　　　杨馥榕　黄宗胜　罗成华　胡勇强　何燕燕　尚诗琪
　　　　　杨珍珍

序

《人文与科技》（第十一辑）是贵阳人文科技学院（原贵州民族大学人文科技学院）倾力推出的2023年下半年度学术研究成果，是学院自2014年以来，连续9年组织出版有关民办高校建设发展的第十六本学术论文集。

贵州民族大学人文科技学院是一所创办于2001年的新机制独立学院，2021年5月正值我校20周年校庆之际，经教育部专家评审通过后，我校成功转设为独立民办高等院校并正式更名为贵阳人文科技学院。学校两个校区协同发展：十里河滩校区坐落于山清水秀、被誉为"高原明珠"的贵阳市花溪区；大学城校区坐落在产城融合创新、生态文明示范的贵安新区，毗邻贵州财经大学、贵州医科大学、贵州师范大学等高校。历经了21年的建设与发展现已成为贵州省民办高校中的佼佼者：我校是贵州省首批获教育部批准设立"人工智能"专业（工学，专业代码080717T，学制四年）本科学校之一；在2019年第五届"互联网+"大学生创新创业大赛总决赛中斩获金奖和铜奖，这是贵州高校首次在该项大赛总决赛中斩获金奖，实现了贵州省金奖零的突破。实践教学和科研工作都是我校提高教育质量、增强竞争力的依赖。近年来，学校高度重视科研工作的建设与发展，通过完善科研制度，搭建研究平台等多元举措，形成浓郁的科研氛围，并获全国社科联评选为"创建新型先进智库社会组织"。学校目前设有教育部民族教育发展中心"民族民间文化教育传承创新重点研究基地（高等院校）"、国家民委人文社科重点研究基地"南方少数民族非物质文化遗产研究基地"、中国少数民族文学学会"中国南方少数民族文学艺术与文化传播研究基地"、中国民俗学会民俗教育专业委员会"非物质文化遗产传承与教育研究基地"、中国社会科学院法学研究所"法治国情调研基地""非物质文化遗产研究基地"、中国少数民族哲学及社会思想史学会副理事长单位和研究基地等十余个科研平台。2020年，我校还成功申请注册成为国家自然科学基金项目依托单位，这为我校教师搭建了一个更高的科研平台。学校教师科研能力显著提升，陆续推出了一批高质量的研究成果，其中自有教师主持省部级以上科研项目50余项；发表学术论文900余篇，其中SCI、EI、ISTP检索及核心期刊论文90余篇；出版著作40余部。

《人文与科技》（第十一辑）是贵阳人文科技学院（原贵州民族大学人文科技学院）倾力推出的2023年下半年度学术研究成果，共收录了校内外作者27篇文章，涉及的研究领域有文学、教育学、社会学、法学、大数据与信息科学等方面。本文集融汇了人文社会科学与自然科学的最新研究成果，凝聚了科研工作者的智慧与汗水，也记载了贵阳人文科技学院在教学、科研道路上的思想创新与实践。本系列特辑作为贵阳人文科技学院进行学术孵化的专业平台，为学术界输送了大量选题新颖、论证严谨、极具地方特色的研究成果，是校内外学者科研产出的重要载体。愿各位学者继续克难奋进、开拓创新，力争在更广阔的研究领域开展更深层次的科学研究与实践，用自己的勤勉和智慧创造出更为丰硕的学术成果。

目 录

法治建设

类 ChatGPT 人工智能的法律风险与应对策略 ……… 冉启黎 杨武松（3）

《民事诉讼法学》课程思政教学体系构建研究 …………… 周婷婷（25）

人工智能与机器学习交互背景下网络知识产权侵权
　　责任研究 ……………………………………… 周 鑫 高 洁（39）

侵犯著作权犯罪"以营利为目的"的再审视 ……………… 邓燕虹（50）

生态环境损害赔偿磋商机制的贵州经验研究 ……………… 安喜芬（60）

全面依法治国背景下基层人民法院参与诉源治理机制研究
　　——以 G 省 R 县为例 ………………………… 李小红 黄 杨（72）

大数据时代侵犯著作权刑事规范重塑
　　——以"以营利为目的"要件为视角 …………………… 张 婷（81）

教育教学

高校大学生防范网络诈骗教育路径探析 ………… 田 雪 王永祥（101）

品牌化思维在高校创新创业教育中的应用分析 …………… 李明慧（112）

OBE 理念下大学英语线上线下混合式教学模式研究 ……… 张海航（121）

职业教育专业课课程思政教学路径研究 …………………… 陈 雪（129）

浅析短视频盛行下民办高校网络与新媒体专业人才培养研究
　　——以贵州民办高校为例 ………………………………… 杨 晨（138）

新时代新征程建设科技强国的实践指向 ………… 王舒曦 郭 玮（147）

非遗论坛

政府视角下少数民族"非遗"保护与传承研究
　　——以云南省为例 …………………………… 赵伦娜 张渊彧（155）

目的论视角下贵州苗族饮食文化英译研究 …………………… 张会会（169）
"双减"背景下贵州高校推进"非遗"融入中小学课后服务的
　　实践路径 …………………………………………… 李美艳（178）
康养产业视觉下贵阳特色饮食类非物质文化遗产传承研究
　　………………………………………………………… 尚诗琪（187）
美食探店对饮食类非物质文化遗产传承的影响
　　——以贵阳市为例 ………………………………… 杨珍珍（202）

文学艺术

西南少数民族洪水神话中的雷公拔牙情节与地域拔牙习俗
　　……………………………………………… 吴电雷　韦星星（213）
杨慎卒年研究新证 ………………………………………… 喻权坚（229）
贵州建制、人口与民族演变研究 ……………………… 金潇骁（239）
论合唱《越人歌》与舞蹈的融合实践研究 …………… 王忠秀（257）
浅析名画借势营销对于品牌的积极影响 ……………… 索　敏（272）
装置绘画：现当代超现实主义的艺术实践方法与逆向思维
　　………………………………………………………… 严泽宇（283）

乡村振兴

贵州土家族传统村落保护及发展研究 … 张元博　包　雨　吴艳芳（299）
乡土建筑的保护与传承探究
　　——以西江苗寨吊脚楼为例 ……… 杨孝军　陈艳丽　李天翼（308）
乡村振兴战略下"非遗"产业化发展路径探究
　　——以大方县"豆制品制作技艺"及豆制品产业为例
　　……………………………………………… 周尚书　刘笑玲（323）

法治建设

类 ChatGPT 人工智能的法律风险与应对策略

冉启黎　杨武松[*]

（西安外国语大学，陕西西安　710128；
贵阳人文科技学院，贵州贵阳　550025）

摘　要：ChatGPT 一经发布便引来了社会各界的广泛关注，这无疑是人工智能发展甚至人类发展中的一大里程碑，也标志着人类开始了从弱人工智能时代向强人工智能时代的过渡。但是，创新也往往伴随着风险。人工智能生成器在方便人们的同时，也为现有的秩序带来了极大的冲击。人工智能生成器生成的内容往往是建立在海量原始数据基础之上的，并通过相应算法对模型加以训练，最后根据用户的指令生成相应的内容，所以相应地产生了有关原始训练数据的获取、内容的生成、内容生成之后这三个方面有关知识产权问题的法律风险。未来，需要慎重考量人工智能生成内容的风险与规范问题，通过"法治+科技"协同治理模式构建人工智能生产内容的有效治理，消解其外溢风险，提升其服务人类的主要功能。

关键词：类 ChatGPT；人工智能；协同治理

---

[*] [作者简介]：冉启黎，男，西安外国语大学应用经济学 2022 级硕士研究生。研究方向：金融科技。

杨武松，男，法学博士，贵阳人文科技学院法学院教授，博士生导师。研究方向：环境法。

一、问题的提出

2022年11月，美国科技公司OpenAI发布了智能聊天机器人ChatGPT，该聊天机器人一经发布便引发了社会各界的广泛关注，上线仅仅一周就拥有了100万活跃用户，并在两个月的时间内突破了1亿用户，创下了互联网中的记录，也成为人工智能发展史中的一个里程碑。ChatGPT迅速在全球卷起了一股热潮，类ChatGPT人工智能内容生成器这样的技术正在快速发展并融入人们的生活，这很可能是另一个"iPhone时刻"，拉开了新时代帷幕。"ChatGPT建立在OpenAI研究的大型语言模型GPT-3之上，并使用了监督学习和强化学习技术进行了微调，该过程也被称为从人类反馈中进行强化学习（RLHF）"[1]。在这些技术的加持下，ChatGPT可以根据用户输入的文字，经过深度学习技术模拟人类聊天，使用自然语言与用户进行对话，输出用户想要的内容，其用途包括但不限于翻译文字、文案撰写、编写与修改代码等，在金融、医疗、教育等行业都有着广阔的发展前景。ChatGPT已成为一种强大的人工智能内容生成器。

当人们还在感叹ChatGPT的强大时，OpenAI公司已于2023年3月14日公布了GPT-4。它在ChatGPT的基础上又做出了很大的改进，能处理更长、更复杂的信息，生成与人类书写文本更相似的内容，甚至可以处理并生成图片、音频、视频等信息。与此同时，ChatGPT的出现也使得各大科技公司在该领域中展开了一场"军备竞赛"。2023年2月，谷歌推出了一项名为"Bard"的实验项目，该项目基于LaMDA人工智能项目，可根据从网上收集到的信息生成对问题的文本回答。百度公司也在2023年3月16日举办发布会，宣布完成基于文心大模型技术推出的生成式对话产品项目文心一言（Ernie Bot）的测试并逐步向公众开放。除此之外，还有韩国搜索引擎公司Naver即将推出的SearchGPT智能聊天机器人、俄罗斯科技公司Yandex即将推出的YaLM 2.0智能聊天机器人都在这一领域中具有很强的竞争力。如此短时间内，各大科技公司相继推出自己的智能聊天机器人，意味着人工智能将迈向更高的台阶，更接近于人类的智能，无疑将成为人工智能发展史中的一大里程碑。

然而，技术的快速发展必将伴随着风险，在人们使用ChatGPT的过程中，很有可能会引发诸如数据泄露、隐私侵犯、知识产权保护等领域的法律风险。2023年3月29日，包括苹果联合创始人史蒂夫·沃兹尼亚（Steve Wozniak）与特斯拉公司CEO埃隆·马斯克（Elon Musk）在内的1000多名技术领袖和研究人员签署了公开信，呼吁暂停开发先进的人工智能系统，而且要至少暂停6个月，以等待监管规则和安全协议完善，该公开信警告称，"人工智能给社会和人类带来了巨大的风险"[2]。作为人工智能模型，在经历更多次的迭代训练后，以ChatGPT为代表的人工智能内容生成器生成的内容将会越来越准确、越来越具有上下文的逻辑性，甚至拥有接近人类的认知与价值观。在此背景下，在其生成内容广泛传播与应用的过程中，会蕴含着大量的法律风险。2023年3月31日，意大利个人数据保护局（GPDP）宣布，因ChatGPT非法收集数据以及怀疑其保留的数据是否合法，将即刻阻止ChatGPT在意大利境内的使用，以防止本国用户的数据隐私遭到侵犯。意大利政府给予OpenAI公司20天的时间回应这些问题，否则将面临2100万美元或年收入4%的罚款。意大利政府以及相关部门已经打响了对ChatGPT监管的第一枪，而对我国而言，也应当"借鉴国外经验，立足本土需要，对人工智能内容生成器给我们带来的风险加以防范治理，对相关的法律法规进行补充与完善，并适时专门立法"[3]。为此，国家互联网信息办公室于2023年4月11日起草了《生成式人工智能服务管理办法（征求意见稿）》（下简称《管理办法》），正式揭开了生成式人工智能健康发展和规范应用的帷幕，人工智能生产内容的法律风险及应对策略成为一项重要的社会治理事项。

二、类ChatGPT人工智能的法律风险

ChatGPT的本质是一个经过训练的人工智能模型，其模拟人类神经网络的活动方式，从人类语言中提取信息并生成相应的回答。按照神经网络的工作原理，ChatGPT模型大致可分为三个部分：第一部分为"输入层"，

即向人工智能模型投喂海量的原始数据供其阅读学习，可以说，向人工智能模型投喂数据的数量与质量，极大地影响了其模型的最终性能。向人工智能模型投喂的数据可以是网上的公开资源，也有可能是书籍、期刊等版权作品，抑或是人类生活中的一段对话。第二部分为"隐藏层"，其中包含了大量的参数与神经元，是人工智能模型的核心部分，所谓的训练一个人工智能模型，其实就是通过原始数据，不断更新迭代"隐藏层"中的神经元与参数的过程。人们会通过既定的算法，使人工智能模型吸收海量原始数据，从大量原始数据中找到其中的一般规律与特征，进而自己归纳总结出一套模型规则，而为了提高神经网络的训练效果，需要人们在各个参数上进行不断的调整。第三部分为"输出层"，即通过神经网络结构，在"输入层"接收到一个输入数据后，经过训练好的"隐藏层"总结出来的模型规则作用后而输出新的内容。简而言之，ChatGPT以及其他人工智能模型的训练过程由"输入数据—学习规则—生成内容"三个部分构成，这也决定了ChatGPT引发的法律风险是多重的。例如在原始数据的获取上会存在对版权作品的侵权风险；ChatGPT生成内容与原产权作品太过相似时，其知识产权该如何界定；ChatGPT生成内容是否受著作权法的保护以及其著作权的归属也会引发争议……因此，本文将以神经网络的三层结构为脉络，围绕着人工智能时代下对数字知识产权的保护，分析ChatGPT所引发法律风险的生成与具体表现，并对相关风险提出针对性的防范与治理方法。

（一）训练数据带来的风险

ChatGPT是一个需要以海量数据为基础才能训练和改进的大型语言模型，模型训练的数据越多，它就越善于检测人类自然语言模式，并生成更为可信的文本。"OpenAI在训练ChatGPT的过程中，为其提供了大约3000亿个单词，这些单词大多收集于书籍、期刊、网站等"[4]，其中包括了未经同意就获取的个人信息。正是这些海量的训练数据，才使得ChatGPT展现出我们今天所看到的优秀性能，但在OpenAI公司获取数据的过程中，会引发很多数据安全方面的隐患。OpenAI公司并没有对这些训练数据的来源进行详细说明，因此获取数据合法性就成了一个问题。"悉尼大学商业信息系统教授 Uri Gai 在 The Conversation 发表文章称，ChatGPT 对数据隐私而言是一场噩梦，若你曾在网上发过帖，那就需要担心了"①。

首先，OpenAI 公司在使用我们的数据进行训练时，并没有向我们问道是否可以使用我们的数据，尤其是在未经允许的情况下访问人们的家庭住址、家庭成员等敏感信息时，这无疑侵犯了隐私权。即使是使用公开数据进行训练时，ChatGPT 训练的使用也会破坏上下文的完整性，与原作者想表达的意思产生分歧。

其次，这还违反了一项隐私权的基本原则，即个人信息不能在最初产生的环境之外披露。根据《欧洲通用数据保护条例》（GDPR），"任何人都有权利检查公司是否存储个人信息，或要求删除个人信息的程序"②。尽管 ChatGPT 是否应遵守 GDPR 的要求这一问题还在争论之中，但是很显然，OpenAI 并没有向任何个人提供该程序，这也使人们的隐私产生了隐患。

再次，用于 ChatGPT 训练的数据也很有可能是受到版权保护的。在我国起草公布的《管理办法》第七条中，规定了用于生成式人工智能产品的预训练、优化训练数据，应满足："不含有侵犯知识产权的内容"③。但是，当作者让 ChatGPT 写出海伦·凯勒（Helen Keller）的作品《假如给我三天光明》的结尾时，它真的写出了该作品的最后两段，而《假如给我三天光明》无疑是受到版权保护的作品，OpenAI 是否为了用其训练而支付版权费也不得而知。更何况，训练 ChatGPT 的原始数据达到了海量的 3000 亿个单词，其中包含了大量受版权保护的作品，若对所有作品都逐一商谈版权费，之中产生的交易成本将大得令人无法想象。

---

① Uri Gal. ChatGPT is a data privacy nightmare. If you've ever posted online, you ought to be concerned [EB/OL]．（2023-2-8）[2023-3-3]．https：//theconversation. com/chatgpt-is-a-data-privacy-nightmare-if-youve-ever-posted-online-you-ought-to-be-concerned-199283#：~：text = OpenAI%2C%20the%20company%20behind%20ChatGPT%2C%20fed%20the%20tool，posts%20%E2%80%93%20including%20personal%20information%20obtained%20without%20consent.
② 欧洲议会、理事会．（2016）．《通用数据保护条例》. https：//gdpr-info. eu/.
③ 国家互联网信息办公室．（2023）．《生成式人工智能服务管理办法（征求意见稿）》. http：//www. cac. gov. cn/2023-04/11/c_ 1682854275475410. htm.

最后，OpenAI没有对从互联网上收集到的数据进行支付，没有对制作这些原始数据的个人、公司进行赔偿。而值得注意的是，ChatGPT的发布为OpenAI带来了巨大的价值增长，截至2023年3月，OpenAI现在的估值已达到290亿美元，相较于2021年增长了一倍多。而在2023年2月，OpenAI又推出了ChatGPT Plus，该功能提供了更快的响应速度和高负荷时的优先访问，但一个月也需要支付20美元的订阅费。"ChatGPT预计将在2023年为OpenAI创造2亿美元的收入，该数字也将在2024年达到10亿美元"[1]。而如果OpenAI没有在未经我们允许的情况下收集并使用我们的数据，ChatGPT也不会为OpenAI创造这些收益。

"大数据技术的普遍应用给公民隐私带来严峻威胁"[5]，在对数据保护愈发重视的今天，无论国内外，都有相关的法律规定了数据隐私和保护。在国外，美国的《加州消费者隐私法》（CCPA）就赋予了"消费者对企业收集的有关他们的个人信息更多的控制权，例如消费者可以了解企业如何使用收集到的个人信息，以及删除企业从他们那里收集到的个人信息等权利"[2]。《欧洲通用数据保护条例》也规定，"个人数据必须得到本人明确知情权和同意后，才能被收集、处理和使用"[3]，并规定了在数据泄露后的处罚措施。在国内，由第十三届全国人民代表大会常务委员会第二十九次会议通过的《中华人民共和国数据安全法》中，规定了数据处理实施方的行为，即开展数据处理活动，应当遵守法律、法规，尊重社会公德和伦理，遵守商业道德和职业道德，诚实守信，履行数据安全保护义务，承担社会责任，不得危害国家安全、公共利益，不得损害个人、组织的合法权益。虽然如今已有了相应法律规定了数据隐私和保护，但由于训练ChatGPT的训练数据量极大，且数据来源不明，再加之上文提到的版权交易成本过大等问题，在实际获取数据的过程中不可避免地会产生监管漏

---

[1] David Curry. ChatGPT Revenue and Usage Statistics（2023）．[EB/OL]．(2023-2-20)[2023-3-3]．https：//www.businessofapps.com/data/chatgpt-statistics/．

[2] 加利福尼亚州立法机构．(2018)．2018年加利福尼亚消费者隐私法案．[California Consumer Privacy Act of 2018]．https：//leginfo.legislature.ca.gov/faces/billNavClient.xhtml?bill_id=201720180AB375．

[3] 欧洲议会、理事会．(2016)．《通用数据保护条例》．https：//gdpr-info.eu/．

洞,这不仅需要提高企业的经营道德与责任感,还需要适时制定相关规定,完善监管程序,从而最大限度地保护个人数据隐私与版权作品的知识产权,使这类人工智能内容生成器的训练数据做到真正的透明、安全、合法。

(二) 生成内容带来的风险

虽然,ChatGPT能"创作"出很多内容,例如生成一段演讲稿、一首诗词、甚至一场"剧本杀"游戏的剧本,但说到底,这些生成内容也只是通过原始数据训练好的模型生成的产物,这会导致ChatGPT生成内容可能与原作品相似度过高,甚至构成"实质相似"的风险。本节将对这一风险分三种情况进行讨论。

首先,若ChatGPT生成内容属于"完全原创"的情况下,即与能在市面上找到的内容都没有字面或实质内涵相重复的部分,那这样的内容是完全没有问题的,可以正常使用。

其次,若ChatGPT生成内容对原作品的借鉴模仿属于"合理使用"的范畴,即根据《中华人民共和国著作权法》(以下简称《著作权法》)中的规定,以一定方式使用作品而可以不经过著作权人的同意,不也需向其支付报酬,那这样的内容也是可以被允许的。在一般情况下,未经著作权人许可而使用其作品的就构成了侵权,但为了保护公共利益,对一些著作权危害不大的行为则不被视为侵权行为。纵观当今各国立法和司法实践,"可被证实为'合理使用'的主要理由有以下三点:第一点非商业性使用;第二点少量使用;第三点公共利益需要"[6]。但显然,对于ChatGPT来说,这三点似乎都难以取得证实。一是,对第一点而言,"非商业性使用"需要满足以下原则,即使用主体是非商业性的,或者使用目的是非商业性的,或者以上两者都要满足。但是,在现实生活中,使用ChatGPT的主体既可能是非商业性质的学生、教师或公益机构等,也有可能是商业性质的公司企业;而使用ChatGPT的目的既可能是非商业性质的咨询学习,也有可能是商业性质的写商用代码等。即使一些商业使用也能构成"合理使用"的范畴,但这在实践中更难以被认证成为"合理使用"。二是,对于第二点而言，"少量使用"与ChatGPT发展的需要背道而驰，因为ChatGPT进行内容生成是要以海量的原始数据训练为基础的，而这也是由人工智能技术的本质所决定的，并不随着人们意志的改变而转移。三是，对于第三点而言，"公共利益需要"似乎也很难满足，或许真的存在少部分机构或个人借助ChatGPT来进行一些符合公共利益需要的行为，但大部分人使用ChatGPT还是出于自身的利益需求。况且，往往是政府或是大型机构会去做符合公共利益需要的事情，而他们都会有专业人员给出方案与建议，还处于弱人工智能时代的今天，寻求ChatGPT帮助得到的效果一定不如相关领域的专业人员，因此绝大多数符合"公共利益需要"的事情也不会用到ChatGPT，而绝大多数的个人用户使用ChatGPT也不是为了去做那些满足"公共利益需要"的事情。2023年2月，美国科幻杂志《克拉克世界》（Clarkesworld）宣布暂停接受新的稿件，而原因竟是因为收到了很多由人工智能生成的科幻故事投稿，其主编尼尔·克拉克（Neil Clarke）称，"在其收到的1200份投稿中，就有大约500份投稿是由人工智能生成的，若不加以阻止，该数字还会以一个较快的速度增长，而目前他们也没有较好的办法能阻止这一行为"①。若ChatGPT生成内容满足"合理使用"，那这种行为并不构成对原始训练数据版权的侵犯。但根据上述原则，要判断ChatGPT生成内容是否满足"合理使用"是非常困难的，也是非常难以受到监管的，目前还没有专门的法律对人工智能生成内容的"合理使用边界"进行明确的规定，"各国立法者也对此秉持着不同立场"[7]。

最后，根据我国《管理办法》第四条明确规定，提供生成式人工智能产品或服务应当"尊重知识产权、商业道德"②。若ChatGPT生成内容与原版权作品相似度过高，甚至属于"实质相似"或"完全一样"，就违背了《管理办法》中"尊重知识产权、商业道德"的要求。严重者还有可能违

---

① VINCENT ACOVINO. A sci-fi magazine has cut off submissions after a flood of AI-generated stories. [EO/OL]. (2023-2-24) [2023-3-4]. https://www.npr.org/2023/02/24/1159286436/ai-chatbot-chatgpt-magazine-clarkesworld-artificial-intelligence.

② 国家互联网信息办公室. (2023).《生成式人工智能服务管理办法（征求意见稿）》. http://www.cac.gov.cn/2023-04/11/c_1682854275475410.htm.

反了《刑法》第二百一十七条"侵犯著作权罪",《著作权法》第二十二条、第四十六条、第四十七条等法规,侵犯了他人的著作权,给社会带来了极大的法律风险。

(三) 内容生成后版权归属的风险

1. 生成内容的可版权性认定

在讨论 ChatGPT 生成内容的归属之前,我们先要明确 ChatGPT 生成内容是否属于著作权法意义上的"作品"。若不构成作品,则意味着 ChatGPT 生成内容不受《著作权法》的保护,因此也没有进一步讨论其版权归属的必要。目前,社会各界对这一问题尚无确切的定论。据悉[8],一些医学领域的期刊预印本和已发表的文章正式赋予了 ChatGPT 作者的身份。但是《科学》(Science)明确禁止将 ChatGPT 列为论文作者,甚至禁止在论文中使用 ChatGPT 等大型语言模型生成的文字。《自然》(Nature)允许在论文中使用 ChatGPT 等大型语言模型生成的文字,但禁止将其列为作者。而在国内,《暨南学报》(哲学社会科学版)发布《关于人工智能写作工具的说明》,称暂不接受任何大型语言模型署名的文章,若在论文中使用过这类工具需单独提出,并在文章中详细解释如何使用以及论证作者自身的独创性,若有隐瞒情况,将进行退稿或撤稿处理。《天津师范大学学报》(基础教育版)也发布声明,建议作者在参考文献、致谢等文字中对使用人工智能写作工具的情况予以说明。

根据《著作权法》第三条的规定,"本法所称的作品,是指文学、艺术和科学领域内具有独创性并能以一定形式表现的智力成果"。因此,ChatGPT 生成内容是否属于作品的关键在于以下两点,即内容是否具有"独创性",以及是否属于"智力成果"。

首先,讨论 ChatGPT 生成内容是否满足"独创性"。判断 ChatGPT 生成内容是否拥有"独创性",首先需要判定其生成内容是否为"独立完成"。虽然,从表面上看来,用户在给 ChatGPT 输入相关指令后,ChatGPT 能在没有人工辅助的情况下"独立"生成内容,但实际上,就 ChatGPT 自身而言,都暂时难以达到"独立完成"的条件。由于 ChatGPT 本质是一个人工智能模型，不仅需要向其投喂海量的原始数据进行训练，还需要靠人工对大量数据进行标注，显然，从这个角度很难说 ChatGPT 在生成内容时满足"独立完成"的条件。并且，从法律意义上而言，独立完成的主体需要是自然人或法人，人工智能在《著作权法》《民法》中等法律中的主体地位尚未得到承认，对于完全独立于人类参与生成的内容，通常不能认为其满足了"独立完成"的条件。其次，需要判断其生成的内容是否满足"创造性"的条件。而判断一个作品是否具有创造性，则需要判断其与现有的内容是否存在明显差异。随着人工智能技术的不断迭代更新，ChatGPT 所生成的内容将会越来越具有逻辑性，并会对根据原有作品生成的内容进行改写甚至创新。这会使人们在多数情况下无法区分这些内容到底是人类创作还是机器生成，具备了"不可区分性"。因此，可以说 ChatGPT 已经具备了创造性，或是已经具备了拥有创造性的基础。

目前，关于人工智能生成的内容是否具有"独创性"在我国司法实践中仍具争议。在 AI 版权归属第一案——腾讯诉网贷之家案中，腾讯公司使用自己开发的 Dreamwriter 软件，通过 AI 技术自动生成了一些金融领域的文章，并在其网站上发布。网贷之家网站未经授权，擅自转载了部分文章，被腾讯公司起诉侵犯著作权。法院判决认为，AI 生成的文章具有一定的独创性和表达方式，属于文字作品，受到著作权法的保护。同时，法院认为，AI 软件不是作品的作者，而是原告主创团队利用 AI 软件进行辅助创作的工具。因此，法院支持了腾讯公司的诉讼请求，并判令网贷之家赔偿 1500 元。但是在菲林律所诉百度公司案中，原告菲林律所认为，其利用软件生成的图形作品具有独创性，被告百度公司未经许可在其网站上使用了该作品，侵犯了原告的署名权、保护作品完整权和信息网络传播权。被告百度公司辩称，涉案图形作品是由软件根据数据自动生成的，不具有独创性，不属于法律意义上的作品，不受著作权法保护。北京互联网法院一审判决认为，涉案图形作品中的图形部分是基于数据差异产生的，而非基于创作产生的，不能体现原告的独创性表达，因此法院判决被告百度公司未侵犯原告的署名权保护作品完整权和信息网络传播权。目前，我国在对人工智能生成内容是否具有独创性，或是在什么情况下，人工智能生成的内容才算具有独创性这一问题上仍没有一个明确的法律标准，这也难以保障我国在司法实践裁判中的统一性和客观性。

接下来讨论 ChatGPT 生成的内容是否属于智力成果，目前在学术界中也存在着不同的声音。一些声音认为，"人工智能生成的内容不属于智力成果，因为他们是由机器根据数据与算法所产生的，这并没有反映出自然人的独创性表达"[9]。也有声音认为，"人工智能生成的内容属于智力成果，因为他们是人利用了技术辅助生成的作品，体现了人类的智力劳动和创造力"[10]。

目前，我国著作权法并没有明确规定人工智能生成内容是否享有著作权，但根据以上论述，ChatGPT 生成的内容在一定条件下，满足"独创性"和"智力成果"的要求时，就构成了著作权法意义上的作品，并受到著作权法的保护。总体而言，在我国的司法实践中，对人工智能生成内容越来越重视，也在逐渐放宽对其生成内容的作品认定。但对如何认定生成内容的著作权归属，以及对相关内容的著作权保护还缺乏清晰的规则。

2. 生成内容著作权的归属

在 ChatGPT 生成内容属于著作权意义上的作品并受到著作权法的保护时，就可以讨论生成作品的版权归属了。以下将分别讨论在 ChatGPT 生成内容被认定为著作权意义上的作品时，ChatGPT、ChatGPT 的开发公司 OpenAI 以及使用 ChatGPT 的用户是否拥有对 ChatGPT 生成内容的著作权。

首先，作为智能聊天机器人的 ChatGPT 是否拥有其生成内容的版权。虽然，ChatGPT 能在接收到用户的指令后，独自生成相关内容，但目前在我国，人工智能机器人的法律主体地位尚未得到相关法律的承认。尽管我国有学者认为，"赋予人工智能独立的法律人格有利于促进人工智能更好地服务于人类"[11]，但《著作权法》第二条明确规定，"中国公民、法人或非法人组织的作品，无论是否发表，依照本法享有著作权……"并未将 ChatGPT 等人工智能机器人列入其中。而根据《著作权法》第一条，"为保护文学、艺术和科学作品作者的著作权，以及与著作权有关的权益，鼓励有益于社会主义精神文明、物质文明建设的作品的创作和传播，促进社会主义文化和科学事业的发展与繁荣",著作权的目的是为了授予作者专有的权利以鼓励创新,换句话来说,如果创新在不需要著作权激励的情况下就能产生,那权利也不需要被保护。ChatGPT 虽然能生成类似人类自然语言且具有逻辑性的内容,但其并不具有自我的意识,赋予 ChatGPT 著作权也并不能激励其创新。因此,作者认为,作为人工智能内容生成器的 ChatGPT 并不拥有其生成内容的著作权。

其次,ChatGPT 的开发者 OpenAI 公司是否对 ChatGPT 生成的内容拥有著作权。我认为,在现行法律框架下,OpenAI 作为法人享有对 ChatGPT 生成内容的著作权。ChatGPT 生成内容的原理是根据现有原始语料数据为基础,并根据用户输入的指令进行回答,其生成内容所表现出来的"创造性"都是源自 OpenAI 公司建立的模型、收集的海量原始数据、花费的大量算力进行模型训练与优化,最终才使 ChatGPT 得以生成类似人类语言且具有逻辑性的内容。因此,从这一层面来看,OpenAI 公司为 ChatGPT 花费了大量的智力劳动与算力资源,故 OpenAI 公司享有对 ChatGPT 生成内容的著作权也不难理解了。对于我国现有法律框架而言,根据《著作权法》第十九条"受委托创作的作品,著作权的归属由委托人和受托人通过合同约定。合同未做明确约定或者没有订立合同的,著作权属于受托人"。在用户将指令输入至 ChatGPT 后,可视为用户委托 ChatGPT 生成相关内容,此时,可将用户视为委托人,由于 ChatGPT 尚不具有法律上的主体地位,因此可将 ChatGPT 的所有者 OpenAI 公司视为受托人。所以,在用户与 OpenAI 公司未签订明确合同的情况下,ChatGPT 生成内容的著作权应当属于受托人,即 OpenAI 公司。另外,在现实司法判决中,还可参考上文所提到 AI 版权归属第一案——腾讯诉网贷之家案中的观点,OpenAI 公司作为 ChatGPT 的所有者,也应享有 ChatGPT 生成内容的著作权。

最后,ChatGPT 的用户是否对 ChatGPT 生成的内容拥有著作权。根据上文所讨论的内容,虽然 ChatGPT 生成的内容源于用户下达的指令,但并不能因此认定 ChatGPT 生成内容的著作权属于用户,因为用户仅仅只是提供了简单的指令或关键词,其生成的内容从本质上仍源于 OpenAI 公司训练好的模型,不能视为用户独创。但是,OpenAI 公司在其使用手册第三条中声明,"在法律允许的范围内,用户拥有所有的输入,并将输出中的所有权利都转让给用户"①。因此,在这个层面上,用户享有 ChatGPT 生成内容的著作权,但这并不适用于所有的人工智能生成机器人,具体情况需要根据公司的具体条款来判别。此外,即使没有这样的条款,当用户向 ChatGPT 提供了一段其独创性的文字,并下令修改时,此时的 ChatGPT 只起到了辅助的作用,并没有从实质上改变文章内容及其蕴含的思想,对于这种情况,用户仍拥有经 ChatGPT 修改后文章的著作权。

在 ChatGPT 生成内容属于著作权意义上作品的假设下,由于在现行法律框架下,ChatGPT 本身的法律主体地位尚未得到承认,因此 ChatGPT 生成内容著作权不会属于 ChatGPT。在没有明确条款规定的情况下,ChatGPT 这类人工智能内容生成器生成内容的著作权应属于拥有其所有权的公司。而又因为 OpenAI 公司在相关条款中对这一问题做出了明确声明,故 ChatGPT 生成内容的著作权应属于用户。可见,ChatGPT 这类人工智能内容生成器生成内容属于著作权意义上的作品时,其著作权的归属仍具有争议,还需根据生成内容中自然人或法人所付出的智力劳动情况以及具体的条款规定进行判定。

3. 生成内容著作权的保护

在明确了 ChatGPT 生成内容著作权的归属后,还应分析在我国司法实践中,对类 ChatGPT 的人工智能内容生成器生成内容的著作权保护所存在的漏洞。在上述提到的腾讯诉网贷之家案与菲林律所诉百度公司案这两个案例中,在侵权事实基本相似的情况下,法院给出的判决却截然不同。"而导致判决结果差异的原因,并不在于独创性的认定,而是在人工智能的介入下,认定创作行为的路径不一致"[12]。

在腾讯诉网贷之家案中,法院认为涉案文章是原告利用人工智能独立创作完成的作品。首先,根据人工智能技术的工具属性,没有意识的人工智能进行"创作"离不开自然人参与操作,而据此将自然人纳入了创作过程中,从而否定了人工智能内容生成器自动生成内容的独立性。其次,再

---

① OpenAI. (2022). OpenAI User Guide. https://openai.com/user-guide/.

判断创作过程中，是否存在自然人的智力活动，以及此智力活动与最终成果之间是否存在直接联系。最终，法院认定在人工智能生成内容的过程中，原告所采取的一系列个性化行为与最终生成的文章有着直接的联系，属于著作权法上的创作行为，进而承认了涉案文章的独创性，构成文字作品。在这背后的论证起点在于，默认将人工智能视为自然人在进行创作过程中的一种工具，从这一角度上是具有创新性的。但不足的是，法院直接认定在创作过程中原告所投入的智力活动，与人工智能生成内容之间具有直接联系，缺少充分的解释论证对判决结果的左右是极为关键的。而在菲林诉百度案中，法院认为涉案图文是由人工智能独立"创作"完成的作品。法院认为，人工智能是涉案图文事实上的"创作者"，将人工智能的创作过程视为独立创作的过程，认定涉案图文的生成是人工智能利用使用者输入的关键词以及特定的算法规则而生成的结果。而又基于人工智能不具备著作权法的主体资格，以缺乏一个合适的自然人创作者为创作主体为由，否定了该涉案图文的可版权性。在这背后的论证起点在于，将人工智能视为了独立的"创作者"，但却忽视了自然人主体与人工智能客体之间相互作用影响的联系，否定了人工智能的工具属性，这过分夸大了人工智能起到的作用而忽略了自然人主体所做出的贡献。

当前仍处于弱人工智能时代向强人工智能时代的过渡阶段，可以肯定的是，类 ChatGPT 的人工智能内容生成器生成内容的整个过程都离不开人的参与，而这种参与行为能否被认定为创作行为，很大程度上决定了人工智能生成的内容是否能受到著作权法的保护。根据上文对人工智能生成内容的可版权性分析，是否属于创作行为，应考虑该行为是否为智力活动，以及该行为是否与最终的表现形式有着直接联系。目前，在我国司法实践中，对是否属于智力活动的判断相对容易，而困难之处在于该如何认定是否存在"直接联系"。在人工智能时代背景下，作为认定人工智能生成内容是否受著作权法保护的逻辑起点，人工智能内容生成器法律属性的不同决定了创作过程的界定，而创作过程的界定又关系到人的参与是否能被认定为创作行为，进而影响到人工智能生成内容的可版权性命运，以及是否应受到著作权法的保护。对上述问题我国目前还没有明确的法律条款对其进行规定，有必要对其做出明确的认定标准,以促进司法实践的客观与一致。

三、类 ChatGPT 人工智能法律风险的治理对策

类 ChatGPT 人工智能是现代科技创新的重要表现,其法律风险也代表着新领域新业态产生了新型法律风险。"法律问题蕴含高科技属性"是新科学技术带来的法律风险与传统法律风险一个重要区别。因此,类 ChatGPT 人工智能法律风险的防控单纯从法律思维、法律技术手段出发已不适应社会发展,需要建构"法律+科技"协同治理模式,系统应对类 ChatGPT 人工智能发展带来的新法律问题。

(一)加强数字权利保护之余要重视数字风险治理体系建构

人工智能时代,训练类 ChatGPT 人工智能内容生成器以海量原始数据为基础。当前,我国在人工智能背景下对数字知识产权的法律保护还比较薄弱,相关体系也尚未建立,"在保护数字知识产权的过程中容易被传统法律框架所制约,保护方法和思路受到限制"[13]。为了保障数字知识产权所有者的合法权益,规范原始训练数据来源,首先,应制定更加严格的法律规定,建立更加完善的数字知识产权保护体系,明确数字知识产权的界定和保护范围,并对侵犯数字知识产权等行为给予严厉的处罚。其次,应建立完善的数字知识产权交易体系,对数字知识产权所有者的权利范围、报酬、产权交易方式等做出明确规定,降低数字知识产权交易成本。同时,应建立合理的激励机制,通过鼓励创新、鼓励知识产权保护,提高对数字知识产权保护的意识和效果。最后,还应加大教育与宣传的力度,通过教育与宣传活动,加强公众对数字知识产权的认知与意识,让公众更加了解数字知识产权的价值和重要性,从而更加自觉地维护数字知识产权。通过将以上方法相互结合,形成综合的数字知识产权保护体系,从而更加有效地保护数字知识产权。

(二) 统一客观表现形式差异性的司法判断标准

在判定类 ChatGPT 人工智能内容生成器生成内容是否有独创性时，司法部门应客观地从生成内容表现形式的角度进行分辨。当人工智能生成内容与现有作品之间存在着最低限度的差异时，就说明其没有侵犯他人原有作品的知识产权，也具有了司法保护的价值。因此，在判断人工智能生成内容与原有作品是否存在最低限度差异时，应统一判断标准，具体判断路径如下：一是应让普通读者作为判断主体，判断人工智能生成内容与其他原有作品之间在客观表现形式上是否可以区分，内容结构是否完整，表达是否清晰，逻辑是否通畅，其内在价值能否得到大众认可。如果人工智能生成的内容得到了普通读者的认可，那么人工智能内容就初步具有了作品的特征，可初步判断其具有独创性。反之，"若人工智能生成物杂乱无章、逻辑混乱，那即便是出自人类之手也无法认定其具有独创性"[9]。二是应判断人工智能生成物与初始输入数据或原有作品之间是否存在最低限度的差异性，是否属于抄袭、复制的内容。训练一个人工智能模型往往会向其投喂海量的训练数据，这使得逐一比较生成内容与原有内容是否属于实质相似会变得十分困难。因此，司法机关还可借助人工智能科技手段来完成对海量作品的相似性检测。在经过检测后，若生成内容与原有作品表达形式的相似性过高，则可认定人工智能生成内容不满足最低限度的差异性需求，即认定其不具有独创性，对原有作品存在着侵权风险。相反，若人工智能生成内容满足最低限度的要求，则可认定其具有独创性，对原有作品不构成侵权。目前对这种差异性与相似性的判定以及定量化分析的路径还没有一个确切的标准，应制定相关法律规定，明确相关标准，以保障在司法实践中裁判结果的客观性与一致性。三是应判断输入相同关键词时，人工智能生成内容是否具有唯一性。若只是通过固定的预设模板，对输入的关键词进行嵌套填充就生成了一段表达通畅、逻辑清晰的内容时，这样的内容应被认定为不具有独创性。因为在这种机械输出模式下，输出的内容具有极高的相似性，只是在固定的模板下进行循环嵌套，不能体现出创造性所在。但如果通过深度学习技术，学习了大量训练的创作规则与模式后得到了自己的内容生成方式,并通过关键词指令的不同自主选择创作模板,进一步加工优化,且每次输入相同关键词生成的内容不具有唯一性,此时则可以认定人工智能生成的内容具有独创性,对原有作品不构成侵权。

总体而言,生成内容的独创性是一个动态的标准,司法机关不能以完全相同的判断方式来评估所有人工智能生成内容的独创性,应根据作品的差异而有所不同。在司法实践的过程中,司法机关应结合人工智能生成内容的不同类型,而有针对性地调整判定独创性的标准,以满足公众对各种不同的人工智能内容生成器的使用需求。

(三) 坚持主客观相统一的可版权性认定标准

类 ChatGPT 人工智能生成内容带来的著作权认定困难主要存在于以下两个方面,即该内容是否属于著作权意义上的作品以及该内容的著作权到底属于谁,而这两个问题在传统法律框架下还无法得到明确的答案,在我国司法实践中也对其充满争议,从上文提及的腾讯诉网贷之家案与菲林律所诉百度公司案件中也不难看出这一点。因此,作者认为应加快建立对人工智能内容生成器生成内容可版权性认定标准。具体路径有:一是在可版权性的认定中,需要坚持主客观相统一的可版权性标准。"在司法实践中,对人工智能生成内容的可版权性判断大致可分为'主客观相统一''客体独立界定''主客体分离界定'这三种不同的逻辑路径"[12]。这对普通的人类作品而言,选择不同的判断路径对最终的判决结果影响较小,但在面对特殊的人工智能参与创作生成的内容时,选择路径不同就会得出完全不同的结论,从而无法保障司法判决的客观性与统一性。因此应分析不同逻辑路径的优劣,从而确立最科学的人工智能生成内容的可版权性认定标准。二是客体独立界定的认定标准中,只关心客体从表现形式上是否构成作品,而不关心其是否为人智力劳动的创作结果以及人的智力劳动和最终生成内容的联系。虽然,这样的认定方式具有高效、易操作的特征,但从根本上否定了人工智能生成物与自然人创作主体之间的内在联系,这从传统著作权基本法理的角度来看是难以站住脚跟的。因此,在判定人工智能生成物可版权性的过程中，不能轻易地只基于生成内容的表象，而不去寻找其背后具有的人格要素。三是在主客体分离界定的认定标准中，将客体的"独创性"与主体的"自然人创作"进行了分离，将其视为两个独立的满足可版权性作品的条件，上述提到的菲林律所诉百度案件中就是这样的情况。这样的判定逻辑严格遵守了作品是自然人创作成果的本质要求，在实际的司法判定中也易于操作，但将自然人的创作从客体的"独创性"认定中分离了出去，这违背了我国著作权理论中以人为本的独创性要求。四是相较于以上两种认定标准，主客观相统一的认定标准则更适用于人工智能介入下的作品创作。这种认定标准强调在认定独创性的过程中，要将考察内容具体的表达形式与具体表达的实际来源相结合，即只有来自自然人主体的创作行为所产生的智力成果，才有被认定其可版权性的资格。而将自然人主体的创作行为与生成内容独创性的判定捆绑在一起后，自然人创作的主体身份就成了认定独创性的必备要素。主客观相统一的认定标准相较于客体独立的认定标准而言，在基于生成内容表象的同时，还结合了其背后自然人的智力贡献与人格要素，符合传统著作权的基本法理。相较于主客体分离界定的判定标准而言，将人类视作独创性的唯一主体，与我国著作权理论中以人为本的独创性要求相符。因此，在类ChatGPT的人工智能内容生成器生成内容的可版权性认定中，这种主客观相统一的认定标准应成为司法实践中的选择，司法机关也应遵循主客观相统一的可版权性认定标准，对人工智能生成物的可版权性做出判断。

（四）构建人工智能生成内容著作权保护的特有制度

目前，在类ChatGPT人工智能内容生成器生成的内容被认定为作品的前提下，我国著作权法已能应对大多人工智能生成内容的保护。但基于人工智能生成内容依赖原有作品的特征，决定了对人工智能生成内容进行著作权保护的特殊性。因此，在使用我国著作权法对其进行保护的同时，还有必要构建专门的人工智能生成内容著作权保护的特有制度，以期对人工智能生成内容著作权保护更加完善。据此，作者提出以下几点建议：

1. 应构建人工智能生成内容专门的署名规则

尽管人工智能生成内容与普通作品的著作权都应受到保护，但由于人工智能的特殊性，二者还是存有一定的差异性，应当进行区分。而对人工智能生成内容与一般作品进行区分最直接的办法，即"建立人工智能生成内容的署名规则"[14]。就这一点，可以在人工智能生成内容之初就给予人工智能生成内容强制标识，强制添加人工智能的署名，以区分一般作品。与人类作者为自己的作品署名不同，前者是一种权利，作者可对是否署名自由选择，而添加人工智能的署名则是一种义务，具有强制性，若是违反该项不按标准添加人工智能署名或是恶意删改的，应承担相应的法律责任。为人工智能生成内容添加人工智能署名，这不仅保护了社会公众的知情权，"也保障一般作品创作者的利益，更是维护了版权市场的竞争环境"[15]。

2. 应构建兼具合理性与可行性的人工智能生成内容著作权归属制度

著作权归属，是著作权保护理论的核心内容之一。相较于一般作品而言，人工智能生成内容的产生过程复杂，涉及的利益主体较多，各方的贡献方式与程度也不同，这导致了在学术界中，各方对人工智能生成内容著作权的归属问题尚无定论。对此问题，学术界中主要存在着三种不同的声音，即人工智能生成内容著作权应属于技术的研发者、技术的所有者、技术的使用者。而"基于利益主体的多元性以及贡献程度的复杂性，直接明确人工智能生成内容的著作权归属都会导致利益分配严重失衡，从而不利于人工智能技术的发展"[16]。因此，有必要根据人工智能生成内容著作权归属的判断原则，提炼出著作权归属认定的核心要素，构建兼具合理性与可行性的人工智能生成内容著作权归属制度，以维护各方的利益平衡，促进人工智能技术的良性发展。

3. 还应构建人工智能生成内容的合理使用制度

以海量作品数据作为输入进行训练人工智能进行创作的必要条件，没有大量数据为基础的，再先进的人工智能技术也只是"空中楼阁"。但若是以大量未经授权的版权作品用作人工智能训练，这种行为能否被认定为合理使用，这一问题也是人工智能生成内容著作权保护理论研究中无法回避的问题,"为化解人工智能在训练过程中所引发的系统性著作权侵犯风险,需对现有的合理使用制度进行改革"[17]。海量的数据是人工智能模型进行训练及提高性能的基础所在,作者认为,若将上述情况盲目排除在合理使用的范围之外,会对人工智能产业带来严重冲击,因此,适时地将其划入合理使用的范围中是兼具必要性与合理性的,也是"符合著作权法激励创新目的的,有助于人工智能产业的健康发展"[18]。目前,我国著作权法还不能为上述情况合理使用的界定提供确实的依据与制度保障,据此可参考其他发达国家的相关解决路径,并结合我国的司法特点,构建适用于我国具体情况的人工智能生成内容合理使用制度,划清合理使用的边界。

四、结　语

ChatGPT 的诞生无疑是人工智能发展中的一大里程碑,这标志着人类正在从弱人工智能时代向强人工智能时代过渡,我们正身处一个创新的时代。但正所谓有了创新也就有了风险,ChatGPT 在方便了人类生活的同时也对现有的规则体系带来了冲击。本文分析了 ChatGPT 可能会带来的知识产权法律风险,并针对这些可能的风险提出了一些可能的应对措施。但基于制定相关措施的复杂性以及作者能力有限,本文并没有对这些相关措施的法理进行充分的探讨,也没有给出详尽的制定措施和路径,这在未来的工作中还需完善。类 ChatGPT 人工智能内容生成器拥有着无限的魅力,虽然他们会给现有的规则体系带来很大冲击,但我们也不能将其一禁了之,而是应该顺应时代的发展,正视其中的风险。基于类 ChatGPT 人工智能内容生成器广泛的应用前景,我们应秉持实事求是的态度,规范相关法律体系,在司法实践的过程中统一判罚尺度,做好发展与规范的统一。唯有如此,才能使人工智能更好地服务于人类。

参考文献

[1] Ouyang L, Wu J, Jiang X, et al. Training language models to follow

instructions with human feedback [J]. Advances in Neural Information Processing Systems, 2022, 35: 27730-27744.

[2] Future of life. Pause Giant AI Experiments: An Open Letter [EB/OL]. (2023-3-22) [2023-4-10]. https://futureoflife.org/open-letter/pause-giant-ai-experiments/

[3] 吴汉东. 人工智能时代的制度安排与法律规制 [J]. 法律科学 (西北政法大学学报), 2017, 35 (05): 128-136. DOI: 10.16290/j.cnki.1674-5205.2017.05.012.

[4] Wahle, J. P., Ruas, T., Foltynek, T., Mischke, N., & Gipps, B. (2022). Identifying machine-paraphrased plagiarism. In International Conference on Information (pp. 393-413). Springer.

[5] 范为. 大数据时代个人信息保护的路径重构 [J]. 环球法律评论, 2016, 38 (05): 92-115.

[6] 林秀芹. 人工智能时代著作权合理使用制度的重塑 [J]. 法学研究, 2021, 43 (06): 170-185.

[7] 吴汉东. 人工智能生成作品的著作权法之问 [J]. 中外法学, 2020, 32 (03): 653-673.

[8] 韩永军. ChatGPT进入法治研究视野 [N]. 人民邮电, 2023-02-17 (008). DOI: 10.28659/n.cnki.nrmyd.2023.000476.

[9] 王迁. 论人工智能生成的内容在著作权法中的定性 [J]. 法律科学 (西北政法大学学报), 2017, 35 (05): 148-155.

[10] 梁志文. 论人工智能创造物的法律保护 [J]. 法律科学 (西北政法大学学报), 2017, 35 (05): 156-165.

[11] 杨清望, 张磊. 论人工智能的拟制法律人格 [J]. 湖南科技大学学报 (社会科学版), 2018, 21 (06): 91-97.

[12] 卢炳宏. 论人工智能生成物的著作权保护 [D]. 吉林大学, 2021.

[13] 王新迪, 朱琳. 人工智能背景下数字知识产权法律保护优化路径 [J]. 法制博览, 2023 (05): 31-33.

[14] 王熠, 陈丽霞. 独创性视角下人工智能出版图书的署名规则思考 [J]. 浙江大学学报 (人文社会科学版), 2019, 49 (02): 198.

[15] 姚志伟, 沈燚. 人工智能创造物不真实署名的风险与规制 [J]. 西安交通大学学报 (社会科学版), 2020, 40 (01): 133-140.

[16] 杨利华. 人工智能生成物著作权问题探究 [J]. 现代法学, 2021, 43 (04): 102-114.

[17] 万勇. 人工智能时代著作权法合理使用制度的困境与出路 [J]. 社会科学辑刊, 2021, No. 256 (05): 93-102.

[18] 徐小奔, 杨依楠. 论人工智能深度学习中著作权的合理使用 [J]. 交大法学, 2019, No. 29 (03): 32-42.

《民事诉讼法学》课程思政教学体系构建研究[*]

周婷婷[**]

（贵阳人文科技学院，贵州贵阳　550025）

摘　要：习近平总书记强调，要把思想政治工作贯穿教育教学全过程；挖掘课程和教学方式中蕴含的思想政治教育资源，实现全员全程全方位育人；高校法学专业应培养"德法兼修"的高素质法律人才。教育部也发文强调，把立德树人成效作为检验高校一切工作的根本标准；全面推进课程思政建设，帮助学生塑造正确的世界观、人生观、价值观。可见，习近平总书记和教育部高度关注课程思政教育，换言之，课程思政在高校教育中具有重要地位。因此，在高校法学专业人才培养过程中，应当将课程思政元素融入课程教学活动。本文拟以《民事诉讼法学》课程为例，从课程目标、教学大纲、教学内容、教学方法、教学评价体系和教师能力等方面来构建课程思政的教学体系。

关键词：民事诉讼法学；课程思政；教学体系

---

[*]　[基金项目]：2022年贵州省高等学校教学内容和课程体系改革项目《基于课程思政的〈民事诉讼法学〉教学体系探索与实践》（2022397）研究成果；2022年贵阳人文科技学院一流课程（优质课程）项目《民事诉讼法学》研究成果。2023年度"课程思政"示范专业课程项目《民事诉讼法》研究成果。

[**]　[作者简介]：周婷婷，女，汉族，贵阳人文科技学院教授，生态环境法学教研室主任，贵州民族大学硕士研究生导师。研究方向：法学教育和公益诉讼等。

课程思政是指为实现思想政治工作贯穿教育教学全过程，深入挖掘课程和教学方式中蕴含的思想政治教育资源，实现全员全程全方位育人的新型教育模式。《民事诉讼法学》是高等学校法学专业的核心必修课程，同时也是一门应用性较强的课程，在应用性较强的课程中开展思政教育，具有天然优势，因为该类课程蕴含的思政元素较多，学生也能够通过真实案例学习思政元素，课堂氛围会更加生动、形象，教学效果也会得到较大提升。本文拟从《民事诉讼法学》课程思政的课程目标、教学大纲、教学内容、教学方法、教学评价体系和教师能力等方面来构建课程思政的教学体系。

一、习近平总书记和教育部关于课程思政的关注

（一）习近平总书记三次讲话关注课程思政

2016年12月7日至8日，习近平总书记在全国高校思想政治工作会议上特别强调思想政治教育的重要性，要把思想政治工作贯穿教育教学全过程，实现全程育人、全方位育人。2017年5月3日，习近平总书记考察中国政法大学时又强调，高校法学专业应培养"德法兼修"的高素质法律人才。2019年3月18日，习近平总书记在学校思想政治理论课教师座谈会上再次强调，挖掘其他课程和教学方式中蕴含的思想政治教育资源，实现全员全程全方位育人。

（二）教育部三次发文关注课程思政

2019年10月，在《教育部关于一流本科课程建设的实施意见》中明确规定："以习近平新时代中国特色社会主义思想为指导，贯彻落实党的十九大精神，落实立德树人根本任务，把立德树人成效作为检验高校一切工作的根本标准，深入挖掘各类课程和教学方式中蕴含的思想政治教育元素，建设适应新时代要求的一流本科课程。" 2020年4月，教育部发布的《关于加快构建高校思想政治工作体系的意见》规定："以习近平新时代中

国特色社会主义思想为指导,全面贯彻党的教育方针,以培育和践行社会主义核心价值观为主线,以建立完善全员、全程、全方位育人体制机制为关键,全面提升高校思想政治工作质量。"2020年5月,教育部发布的《高等学校课程思政建设指导纲要》要求:"全面推进课程思政建设,帮助学生塑造正确的世界观、人生观、价值观。"上述系列文件不但为高校课程思政建设指明了方向,也明确规定高校课程思政改革的重点内容、激励机制、保障措施等具体内容,为法学专业实现培养中国特色社会主义法治人才的目标奠定了基础。

综上,对《民事诉讼法学》进行课程思政教学体系的构建研究,既是贯彻习近平总书记关于高等学校课程思政和培养法律人才的总体要求,同时也是落实教育部对课程思政建设要求的重要举措。

二、《民事诉讼法学》课程目标

(一)《民事诉讼法学》课程专业目标

通过《民事诉讼法学》课程的讲授与学习,促使学生系统掌握民事诉讼法学的基本理论和基本知识,重点掌握中国的民事诉讼立法及有关司法解释,让学生系统、准确掌握民事诉讼法学的知识体系,引导学生树立权利保护的诉讼目的观和正当程序的价值理念,塑造学生健全的程序法律思维,能够将书本上的法律运用到社会中,将民事实体法与程序法结合,解决日常生活中的民事纠纷。

(二)《民事诉讼法学》思政育人目标

在《民事诉讼法学》教学过程中,既让学生掌握专业知识与实务技能,同时引导学生以独立、客观、公正、全面的程序正义观为主线,对诉讼权利予以尊重与保障,根据不同知识点所涵盖的思想道德修养、职业道德素养等思政教育元素,实现思想政治教育与法学专业教育的有机统一,使学生树立社会主义法治观念,树立程序观念、证据观念、人权观念,培养学生坚持正义、遵纪守法，成为德法兼修的社会主义法治接班人。

三、《民事诉讼法学》课程思政教学大纲

思政元素融入《民事诉讼法学》教学活动，势必会涉及教学大纲的修订。为了能明显地体现出教学大纲的修改内容，整理了以下原版与新版教学大纲对照表。《民事诉讼法学》教学大纲对照表主要从以下几方面进行对比：课程的性质、教学目的与任务；课程教学的基本要求；理论教学部分；实践教学部分；教学时数和授课内容分配情况；成绩考核与评定方式以及使用教材及主要参考书等。

《民事诉讼法学》教学大纲的改革对照表

项目内容	原版要点	新版新增改革要点
课程的性质、教学目的与任务	该课程的性质为专业必修课程。通过《民事诉讼法学》的学习和讲授，促使学生系统掌握民事诉讼法学的基本理论、基本知识和基本概念，重点掌握中国的民事诉讼立法及有关司法解释，了解外国民事诉讼立法的基本制度，培养运用民事诉讼基本理论和知识处理民事纠纷的能力。	在《民事诉讼法学》教学过程中，既让学生掌握专业知识与实务技能，同时引导学生以独立、客观、公正、全面的程序正义观为主线，对诉讼权利予以尊重与保障，根据不同知识点所涵盖的思想道德修养、职业道德素养等思政元素，实现思想政治教育与法学专业教育的有机统一，使学生树立社会主义法治观念，树立程序观念、证据观念、人权观念，培养学生坚持正义、遵纪守法，成为德法兼修的社会主义法治接班人。
课程教学的基本要求	1. 使学生了解民事诉讼法学的基本理论； 2. 使学生理解民事诉讼的基本原则、基本制度和基本原理以及民事诉讼法的精神； 3. 使学生掌握民事诉讼的基本程序，并具备运用民事诉讼程序分析处理实际问题的能力。	使学生系统、准确掌握民事诉讼法学的知识体系，引导学生树立权利保护的诉讼目的观和正当程序的价值理念，塑造学生健全的程序法律思维，树立坚定的法治信仰理念，能够将书本上的法律运用到社会中，将民事实体法与程序法结合，解决日常生活中的民事纠纷，践行社会主义核心价值观。

续表

项目内容	原版要点	新版新增改革要点
理论教学部分	民事诉讼基本原则、民事审判基本制度、当事人与诉讼代理人、管辖制度、证据、证明、法院调解和诉讼和解、送达、保全、先予执行和强制措施等。	将法治理念、法律信仰、社会主义核心价值观等思政元素融入民事审判基本制度、证据、证明、法院调解、送达、保全、先予执行和强制措施等民事诉讼知识进行教学。
实践教学部分	一审、二审、再审和执行程序。	将法治理念、法律信仰、社会主义核心价值观等思政元素融入一审、二审、再审和执行程序进行教学。
教学时数和授课内容分配情况	64学时进行理论教学，8学时进行实践教学。	56学时进行理论教学，16学时进行实践教学。
成绩考核与评定方式	平时成绩从到课率、回答问题和作业完成情况进行评定；期末试卷着重考查学生对知识的运用。	丰富平时成绩的评定方式，包括参与模拟法庭、课堂讨论、法律诊所以及案例分析报告完成情况等；期末试卷中增加包含思政元素的试题内容。
使用教材及主要参考书	1. 教材：马克思主义理论研究和建设工程重点教材《民事诉讼法学》（第三版）。 2. 主要参考书： （1）江伟主编：《民事诉讼法学》（第三版），北京大学出版社2015年版。 （2）宋朝武主编：《民事诉讼法学》（第五版），中国政法大学出版社2018年版。 （3）张卫平：《民事诉讼法》（第四版），法律出版社2016年版。	主要参考书： 1.《习近平法治思想概论》，高等教育出版社2021年版。 2.《习近平法治思想学习纲要》，人民出版社和学习出版社2021年版。 3.《习近平新时代中国特色社会主义思想基本问题》，人民出版社和中共中央党校出版社2020年版。 4.《中华人民共和国民事诉讼法》法条（2022年1月1日修正版）。 5. 最高人民法院关于适用《民事诉讼法》的解释（2022年4月10日修正版）。

四、《民事诉讼法学》课程思政教学内容

《民事诉讼法学》课程思政教学内容的选择与安排，主要包括以下四个方面：一是授课要点：课程的专业知识内容与其中蕴含的思政育人素材；二是思政映射与融入点：课程教学中能将思想政治教育内容与专业知

识技能教育内容有机融合的领域;三是授课形式与教学方法:描述诸如信息媒介、参观体验、课堂讨论、考核方式等;四是预期教学成效:描述与课程育人目标对应的具体成效,尽可能可观察、可评估、让学生有获得感。以 16 教学周计算,对《民事诉讼法学》课程思政教学内容按照每周的授课要点、思政映射与融入点、授课形式与教学方法和预期教学成效,整理为以下表格内容。

教学周次	授课要点	思政映射与融入点	授课形式与教学方法	预期教学成效
第1周	民事诉讼	1. 法治 2. 程序正义	1. 问题导入 2. 课堂讨论	培养学生社会主义法治理念和程序正义理念
第2周	1. 法院独立审判案件的原则 2. 以事实为根据,以法律为准绳的原则 3. 对当事人在适用法律上一律平等的原则 4. 当事人平等原则 5. 诚实信用原则 6. 民事检察监督原则	1. 平等 2. 法治 3. 公正 4. 诚信	1. 专题式 2. 课堂讨论	1. 法律面前人人平等 2. 培养学生对法治的信仰 3. 培养学生独立、客观、公正的程序正义观
第3周	1. 合议制度 2. 回避制度 3. 公开审判制度 4. 两审终审制度	1. 公开 2. 法治 3. 程序正义 4. 公民意识	1. 问题导入 2. 案例分析 3. 课堂讨论	1. 公众参与审判 2. 利害关系人不能参与案件审判活动 3. 法院审判接受公众和社会监督 4. 上级法院对下级法院的审判进行监督

续表

教学周次	授课要点	思政映射与融入点	授课形式与教学方法	预期教学成效
第6周	1. 证据收集 2. 举证 3. 质证 4. 认证	1. 互助 2. 法律面前人人平等 3. 公正司法、执法 4. 敬业	1. 问题导入 2. 案例分析 3. 课堂讨论	1. 培养学生在执法和司法工作中，认真恪守法律至上、法律面前人人平等的法治精神 2. 培养学生客观真实、科学严谨的办案精神 3. 培育职业道德素养
第7周	法院调解	1. 自由 2. 合法 3. 公平	1. 案例分析 2. 课堂讨论	1. 使学生了解当事人对自己的实体权利可以在合法范围内自由处分 2. 培养学生从事司法工作中应当保持中立、公正
第8周	送达	1. 公平 2. 法治	课堂讨论	培养学生程序正义观以及对法律的崇高信仰
第8周	保全和先予执行	1. 程序正义 2. 公平 3. 以人为本	案例分析	1. 培养学生对法律的信服以及法治建设的坚定信念 2. 培养学生客观真实、科学严谨的办案精神
第9周	妨害民事诉讼的强制措施	1. 尊重 2. 诚信 3. 良善 4. 公平 5. 秩序	1. 问题导入 2. 课堂讨论	1. 使学生知道当事人在享有诉讼权利的同时也需承担相应诉讼义务 2. 实施妨害民事诉讼的行为，法律明确规定了的相应强制措施
第12周	开庭审理	1. 程序正义 2. 忠诚 3. 尊重	模拟实训	1. 培养对法律运用、程序正义的认同、信服、尊崇和敬畏的情感 2. 培养对法律自觉自愿的忠诚和尊重
第13周	二审程序	1. 公平、正义 2. 法治	1. 理论讲授 2. 案例分析 3. 课堂讨论	1. 引导学生正确看待审判结果，抵御消极言论和谣言，形成正确的法治思维 2. 引导学生形成正确、积极的舆论导向

续表

教学周次	授课要点	思政映射与融入点	授课形式与教学方法	预期教学成效
第15周	生效裁判的强制执行	1. 公平、正义 2. 法治 3. 尊法、守法	1. 观看视频 2. 课堂讨论	1. 利用生效判决的权威性、强制性引导规范学生的行为 2. 将强制性法律规范内化为内心准则，形成良善的道德行为
第16周	执行程序	1. 公平、正义 2. 以人为本	1. 观看视频 2. 课堂讨论	1. 培养学生以人民为中心的执法理念 2. 激励学生树立以维护人民群众正当利益作为崇高使命的情怀

五、《民事诉讼法学》课程思政教学方法

（一）案例教学

在《民事诉讼法学》课程思政教学中，采用案例教学法，能够让学生在具体案例中领会一些抽象、隐晦的思政元素，能够提升课程思政教学效果。案例教学法在高校开展的形式包括两种：一种是单独开设案例分析课、案例研习课、案例讨论课或者案例研讨课；另一种是在课堂中进行案例教学。后一种案例教学形式适用于《民事诉讼法学》课程。案例教学法的基本模式是，教师首先将提前准备好的精选案例提供给学生，学生在教师的指导下，通过对案件证据材料的分析弄清楚案件的事实问题，并结合法律原理和法律规则，判断案件的法律属性，并归纳出案件的争议焦点，对其进行法律论证。案例教学法的优势表现为以下几方面，其一，学生能够通过接触真实案例，培养自己解决问题的能力；其二，能够将自己所学到的理论知识应用于实际案例中；其三，能够激发学生的学习兴趣。其四，能够培养学生的创造力。在《民事诉讼法学》课程思政案例教学过程中，案例选择至关重要。教师挑选案例的标准可以从以下四方面进行考

虑，第一，案例应当鲜明地体现思政元素；第二，经典案例与普通案例相结合：经典案例具有典型性，值得学习探讨；发生频率高的普通案件，也值得探讨；第三，案例的案情具有一定的争议性，需要学生对法律知识进行灵活应用，从而理解具体法条与法律原则的关系、法律具有滞后性与开放性的特点等；第四，选取的案例具有较强的观赏性。

(二) 模拟法庭教学

在《民事诉讼法学》课程思政教学中，采用模拟法庭教学法，能够让学生亲自参与案件中去，通过亲身经历去学习、了解和领悟思政元素，对学生道德品格的塑造和专业知识的学习都能起到良好作用。

在模拟法庭教学中，案件的角色由学生负责扮演，如原告、被告、被告人、受害人、法官、检察官、人民陪审员、勘验人员、律师、翻译人员、证人、鉴定人、和解等，模拟人民法院开庭审判的一种教学方法。在模拟法庭的教学活动中，案件的每个角色都是由学生担任，学生居于主导地位，教师处于辅助地位。在模拟法庭教学活动中，首先，案例的选取极为重要，最好是选取没有编排好开庭审判过程的案例，让学生真正参与案件中，大家分工合作编排开庭审判程序。若选取已编排好开庭审判程序的案件，学生只需"对号入座"，照着"剧本"演练开庭审判程序，模拟法庭会演变为一种走形式、走过场的"作秀表演"。其次，教师在开庭前和开庭中应当尽量多观察，记录下开庭审判过程中，学生在实体法和程序法中所犯的错误，在开庭审判后以引导的方式指出学生存在的问题。最后，应当由教学和实践经验丰富的教师担任模拟法庭教学任务。有深厚理论功底和丰富实践经验的教师，才可能发现学生们存在的问题，并加以引导和指导，若由教学经验和实践经验欠缺的教师担任模拟法庭课程，不能及时发现问题，学生获得的收获相对较小。

(三) 小组讨论教学

在《民事诉讼法学》课程思政教学中，采用小组讨论教学法，能够让学生在相互交流和"知识碰撞"过程中去感知课程思政和德育培养的具体内容。小组讨论教学是将每个班级的学生被分成若干小组，由各小组学生共同讨论某法律问题的一种教学方法。在开展小组讨论教学课程时，应当注意以下几方面的问题，其一，选取的讨论主题应当具有思政元素；应当符合学生的认知能力；主题涉及的答案具有唯一性和开放性相结合的特点，让学生了解法律具有稳定性和滞后性的特征。其二，讨论教学开展前，教师应当事先将讨论主题提供给学生，使学生课前有时间理解主题，并对主题涉及的法律知识进行熟悉和回顾，并将主题涉及的争议点进行总结，拟出论证提纲，想好讨论思路。其三，确定讨论规则，如讨论的步骤、发言的顺序和辩论的开展等。其四，教师要适时关注讨论的过程和进度，给予适当的引导，在讨论过程中，要鼓励学生主动积极发言，引导对难点进行讨论。其五，教师要引导学生形成自己的观点，而非教师本人的观点，可以在小组发表完他们的观点后，教师阐述自己的观点，教师与学生的观点相互交错，产生智慧的火花。小组讨论教学法可以单独开展，也可以与案例教学法和模拟法庭教学法结合开展，这样会产生更好的教学效果。总之，只有进行充分的准备，才能在小组讨论过程中体现出对讨论主题的深度和广度，才能达到开展小组讨论教学法的目的。

（四）法律诊所教学

在《民事诉讼法学》课程思政教学中，采用法律诊所教学法，能够让学生在真实案例中去感知一些抽象、隐晦的思政元素，使理论知识与实践经历相结合，从而发挥出课程思政培养德才兼备法律人才的良好效果。法律诊所教学是通过让学生参与真实案件中，为当事人提供法律服务的一种教学方法。法律诊所教学模式主要有，一是参与律师办理的诉讼业务，学生通过参与接待当事人、调查取证、整理诉讼材料以及与公安、检察院、法院对接案件等过程，真正办理诉讼案件，了解律师办理诉讼业务的流程，学生主要担任律师助手的工作。二是参与办理非诉讼业务，学生为当事人起草法律文书、修改合同、提供法律咨询和诉前和解等业务。三是通过旁听庭审、参观监狱等形式获得实务体验。法律诊所教学需要律师事务所、法院、监狱等部门与学校相互配合，才能达到法律诊所教学的目标。

六、《民事诉讼法学》课程思政教学评价体系

建立《民事诉讼法学》课程思政教学评价体系是检验课程思政教学效果的重要标准。《民事诉讼法学》课程思政教学评价体系应当从学生和教师两个层面进行构建。一是学生通过课程思政的学习效果如何？二是教师开展课程思政的教学效果如何？对学生层面的学习效果评价，从平时成绩和期末成绩两方面考核。平时成绩由学生参与案例分析、模拟法庭、小组讨论和法律诊所等具体情况进行考核；期末成绩从学生完成相关课程思政的考题情况进行考核。对教师层面的教学效果评价，从学校、学院和学生方面开展考核。由学校教务处领导、学院领导和学院教研室主任组成考核小组，对教师的教学大纲、教案和课件等教学资料进行检查；并且开展领导、同行和督导不定期进行听课；再通过学生反馈教师开展课程思政的教学评价等，综合检验教师开展课程思政的教学效果。此外，将学生和教师开展课程思政的评价效果作为学生和教师评奖评优、教师考核和职称评定的标准之一，将有助于提升学生和教师进行课程思政学习和教学的效果。

七、《民事诉讼法学》课程思政教师能力

教师是开展《民事诉讼法学》课程思政教学活动的主力军，因此，提升教师课程思政能力是推进课程思政建设的重要内容。首先，教师应树立和增强课程思政理念。教师应当通过学习马克思主义法学理论、中国特色社会主义法治理论、习近平法治思想、习近平关于法治人才培养重要论述以及教育部关于课程思政建设文件等，深刻理解我国高校应当培养什么样的法治人才和如何培养法治人才的根本教育问题。教师在具体的专业知识教学活动中，应当深挖课程思政元素融入法学专业知识，使学生学习专业知识的同时，还能够使学生的世界观、人生观和价值观得到正确的塑造，培养学生拥有强烈的家国情怀和民族精神。其次，教师应提高专业知识能力。教师具备扎实的专业知识是开展课程思政教学的基础，教师应当熟练

掌握专业知识和法学理论，才能更好地挖掘专业知识中的思政元素，才能将思政元素巧妙地融入专业知识的授课过程，从而实现教书育人、立德树人的培养目标。再次，教师应增强实践能力。教师的实践能力是开展课程思政教学的有力保障。教师应积极参与法治实践，通过法律咨询、法制宣传和办理真实案例等多种形式的实践活动，积累实践经验，并把实践经验转化到课程思政教学过程中，将涵盖思政元素的真实案例中运用到案例分析、模拟法庭和法律诊所教学中，让学生对思政元素的理解和领悟更加生动和形象，从而提升课程思政的教学效果。最后，教师应积极参与课程思政教学与科学研究项目。教师的课堂教学能力对于开展课程思政教学至关重要，同时，教师的教学科研能力也能助推课程思政教学效果的提升。教师应当积极参与课程思政教学与科学研究项目，通过申报项目，不仅能够深入了解中央和教育部关于课程思政的要求和目标，也能有助于深挖课程思政元素，将项目成果转化到教学过程中，真正落实课程思政的育人目标。

八、结　语

习近平总书记和教育部三次发文关注课程思政，据此，课程思政融入教学活动极具重要性和必要性。因此，在高校《民事诉讼法学》课程中融入思政元素，将专业知识与思政教育有机结合，既是贯彻习近平总书记关于高等学校课程思政和培养法律人才的总体要求，同时也是落实教育部对课程思政建设要求的重要举措。《民事诉讼法学》专业知识和思政教育的有机结合，应当从一系列的教学体系进行构建。具体应当从以下四个方面进行设计：一是顶层设计包括课程目标和教学大纲的制定。《民事诉讼法学》课程目标应当设置为既能让学生掌握专业知识与实务技能，同时又能引导学生以独立、客观、公正、全面的程序正义观为主线，对诉讼权利予以尊重与保障，根据不同知识点所涵盖的思想道德修养、职业道德素养等思政教育元素，实现思想政治教育与法学专业教育的有机统一，使学生树立社会主义法治观念，树立程序观念、证据观念、人权观念，培养学生坚持正义、遵纪守法，成为德法兼修的社会主义法治接班人。《民事诉讼法学》教学大纲应当在课程的性质、教学目的与任务，课程教学的基本要求，理论教学部分，实践教学部分，教学时数和授课内容分配情况，成绩考核与评定方式以及使用教材及主要参考书等一系列教学活动中体现课程思政元素。二是教学过程从教学内容和教学方法着手建设。《民事诉讼法学》课程教学内容主要从四方面建设着手：（1）授课要点。课程的专业知识内容与其中蕴含的思政育人素材；（2）思政映射与融入点。课程教学中能将思想政治教育内容与专业知识技能教育内容有机融合的领域；（3）授课形式与教学方法。描述诸如信息媒介、参观体验、课堂讨论、考核方式等；（4）预期教学成效。描述与课程育人目标对应的具体成效，尽可能可观察、可评估、让学生有获得感。《民事诉讼法学》教学方法应当采用案例分析、模拟法庭、小组讨论和法律诊所等，这种多元化的教学方法能够以润物细无声的方式将思政元素融入教学活动，让学生自然而然地汲取思政理念。三是教学评价体系的建立。《民事诉讼法学》课程思政教学评价体系应当从学生和教师两个层面进行构建。除了常规的教学评价体系外，将学生和教师开展课程思政的评价效果作为学生和教师评奖评优、教师考核和职称评定的标准之一，将有助于提升学生和教师进行课程思政学习和教学的效果。四是教师能力的培养和提升。教师应树立和增强课程思政理念；提高专业知识能力；增强实践能力；积极参与课程思政教学与科学研究项目。只有构建一套科学、合理且可行的《民事诉讼法学》课程思政教学体系，才能真正实现立德树人的培养目标，才能培养出德法兼修的法治人才。

参考文献

[1] 马怀德. 法学类专业课程思政建设探索与实践 [J]. 中国高等教育，2022（6）.

[2] 时显群. 法学专业"课程思政"教学改革探索 [J]. 学校党建与思想教育，2020（2）.

[3] 赵一强，张云. 法学本科课程思政的伦理意义及其教学实现 [J]. 高教学刊，2021（32）.

[4] 王琦. 法学专业"课程思政"教学改革问题探究 [J]. 中共合肥市委党校学报, 2021 (6).

[5] 彭小霞. 课程思政融于法学专业课程教学之路径探索 [J]. 石家庄学院学报, 2022 (2).

[6] 曾皓. 在我国法学教育中融入隐形思想政治教育的路径探析 [J]. 湖南警官学院学报, 2020 (1).

[7] 陈文彬. 法学课程"课程思政"教学改革探究——以《刑事诉讼法》为例 [J]. 北京政法职业学院学报, 2021 (1).

[8] 唐素林. 高校法学"课程思政"教育教学改革发展探究 [J]. 高教学刊, 2021 (1).

[9] 刘玮琦. 法学课程思政教学改革的新理路：法治中国情怀培育 [J]. 黑龙江高教研究, 2021 (10).

[10] 徐骏, 杨晨. 课程思政模式探索的理念与实践——以法学实践课"五融五有"工作法为例 [J]. 湖北师范大学学报（哲学社会科学版）, 2021 (6).

[11] 傅晶晶, 李庆. 课程思政浸润法学专业课程教育的思考 [J]. 教育现代化, 2020 (10).

[12] 陈楚钿. 新时代法学专业课程思政育人研究 [J]. 学校党建与思想教育, 2021 (18).

[13] 崔丽. "刑事诉讼法学"浸润式思政育人模式的探索 [J]. 辽宁警察学院学报, 2021 (6).

[14] 梁文生. 高校法学专业课程思政教育模式研究 [J]. 高教学刊, 2021 (22).

[15] 雷裕春. 法学本科专业课程思政教育体系构建研究 [J]. 广西财经学院学报, 2021 (3).

[16] 韩卫平. 法学专业课程思政建设路径探究 [J]. 黑龙江教师发展学院学报, 2023：42 (3).

[17] 徐英军, 孔小霞. 论法学类专业开展课程思政的总体设计与实施要点 [J]. 中国大学教学, 2022 (7).

人工智能与机器学习交互背景下网络知识产权侵权责任研究[*]

周 鑫 高 洁[**]

（廊坊师范学院，河北廊坊 065000；
重庆大学法学院，重庆 404100）

摘 要：法律可以微妙的方式设置迄今为止未被承认的激励机制，采用可解释的机器学习应用。在这样做的过程中，我们研讨两个方面的问题。其一，在法律方面为了避免责任，有些职业如医生和管理人员，可能很快就会被法律强制使用可解释的 ML 模型。笔者认为，可解释性的重要性远远超出了数据保护法，并且对使用 ML 模型的合同和侵权责任问题产生了重要影响，比如在医疗和企业合并中申请 ML。其二，我们讨论了在准确性和可解释性之间符合法律要求的交易。人工智能时代，在海量数据的背景下，知识产权保护面临着更加严峻的挑战。要解决大数据背景下的网络知识产权侵权问题，必须完善制度，加强网络管理，形成有利于知识产权制度运行的社会环境，只有这样，才能解决网络知识产权侵权的根源问题。

---

[*]［基金项目］：2021 河北省社会科学基金项目"人工智能民事侵权责任研究"（项目编号 HB21FX003）。

[**]［作者简介］：周鑫，男，江苏连云港人，廊坊师范学院副教授，重庆大学法学院博士后。研究方向：侵权法。

高洁，女，北京人，廊坊师范学院教师。研究方向：教育学。

关键词：人工智能；大数据；机器学习；网络侵权；制度构建

人工智能与法律的关系比政策分析通常认为的更为复杂。法律不仅限制了人工智能技术，而且在模型的使用将责任风险降到最低的情况下，法律还常常为模型的使用设定激励机制，甚至强制使用模型。然而，机器学习研究提供了更广泛的输入模式、模型类型和不同的性能指标。其中一些将特别适合于某些法律任务，如风险分析或合同遵守；其他一些将确实面临反歧视或数据保护法的限制。然而，即便是这些限制因素，也可能最终有助于指导机器学习研究，具体做法是设置激励措施，鼓励开发社会最优、准确和可解释的模型，或者至少提高专业人士的意识，让他们了解这些参数必须在多大限度上进行交易，才能在知情的情况下决定是否首先采用一个特定的ML模型。

一、AI 和 ML

现如今，人工智能（AI）和机器学习（ML）可以互换的使用。

（一）联系

ML是实现AI的一种方法。AI是机器复制人类行为活动的一种能力，它甚至可以涉及心理表现，比如学习，推理和创造。换句话说，AI是执行人类智能（或其他生物，例如蚂蚁）特征的任务机器。这可以包括计划，口译，解决问题和理解语言等功能。目前，人工智能被用于评估信用风险决策，这些决策以前是人类用纸质申请做出的，现在这个过程是完全自动化的。[1] 例如，在金融行业，人工智能被用来确定让客户偿还贷款的最有效方式。AI系统被给予关于奖励的信息，在这种情况下，客户偿还贷款，以及其他一系列的客户行为，都被AI系统所记录分析。随后AI系统可以采取一组可能的动作，例如发送电子邮件。该系统使用反复试验的方法来识别哪些人应该采取哪种行动以便成功获得贷款偿还。

ML算法使用编程和其他计算方法直接从数据中学习信息。ML是一种识别和学习信息模式的训练算法。建立 ML 模型时不依赖于预定式方程作为模型,因为提供了更多数据点,算法可以适应并改善其性能。识别数据中的现实意义以提供模型洞察力并增强其预测能力。ML 有两种主要类型:监督学习和无监督学习。

(二) 区别

假如 AI 和 ML 在现实世界都各自有一个代理人,AI 代理人会在现实世界交流、学习、创造,ML 代理人在现实世界中训练技能、学习技能。举个例子,你可以想象一下,教一个代理人去玩超级马里奥。在 ML 场景中,你会给代理人玩游戏人的数据,从这个数据输入,代理人可以学习如何玩游戏并获得积分。但在 AI 中,代理人有弄清楚如何玩游戏并获得积分本身的内在逻辑。在 AI 场景中,代理人可以获得一系列可能采取的行动,例如跳跃后的一组奖励,它击中每个盒子的点数,然后,代理人以试错法的方式测试这些行为,它会观察每个动作的结果,然后使用这些信息来最大化奖励并赢得游戏。总之,AI 和 ML 之间的关键区别在于 AI 必须自己学习信息,它本身就是探索状态、活动等。

(三) 监督学习和无监督学习

监督学习包括利用先前的知识来训练一般模型,该模型用于对未来事件进行预测。例如,银行使用他们收集的客户历史行为数据来决定新客户。他们构建了通用评分模型,以确定理想和非理想的客户。银行通过统计分析了解到借款人的工资、费用、婚姻状况和就业状况等信息,可以帮助预测个人的信誉。

相反,无监督学习不利用现有目标数据。取而代之的是,算法需要识别模式。无监督学习包括对基础结构或数据分布(我们常说的 X 变量)统计分析。与监督学习不同,在未被分类的情况下,无监督学习是没有预定的目标(也就是我们常说的 Y)供模型学习。[2] 企业经常使用无监督学习技术来检测数据中的异常情况。例如,银行和贷款公司使用它来标记异常申请。为实现这一目标,模型通常先要被训练一系列的信用申请行为。该模型使用这些信用申请信息来了解正常信用申请的特征以及异常信用申请的特征,从而用于检测欺诈。再举一个例子,风控冷启动策略本身也算是一种人肉无监督学习。可以大胆试想,是否可以通过无监督学习算法来优化风控策略呢?

二、法律责任:商业判断规则

随着ML技术的临近,甚至未来可能超越人类在尽职调查和其他决策步骤方面的能力,即在选择和评估并购目标方面,问题是不使用这些模型是否可能构成违反注意义务的行为。为了在这些决定中设定谨慎标准,必须考虑到通过所谓的商业判断规则而减弱的标准。各国公司法的相关法律规定也各不相同。

德国和美国都区分了严格的专业护理委员会标准和经理人必须履行的职责,以及所谓的商业判断规则的应用。事实上,这两个司法管辖区也通过适用商业判断规则,削弱了在真正的商业决定中的严格谨慎标准。这一规则也在德国引入——以美国法律为模式——在《股份公司法》第93条第1款(2)项中,例如,不同于英国法律。原则上,这项规则旨在让管理人员在这类决定方面有更多的回旋余地,并鼓励他们在真正的商业事务中勇敢地作出决定,在作出的决定似乎没有完全错误的情况下,赋予董事会或者管理人员相当大的酌情权。这也防止了在评估管理决策时的事后偏见。然而,这一规则也有其局限性。其中最重要的是合法性的先决条件——法律限制必须得到尊重,即刑法的限制,就像著名的德意志银行(Deutsche Bank)阿克曼(Ackermann)案(Kraakman 2017)那样——但此外——在我们的语境中更为重要的是决策的信息基础必须以足够专业的方式检索。因此,法院将对内容的审查限制在外部界限之内,但用更严格的程序规则(即信息检索规则)取代这种审查。[3] 采用和使用ML的一个核心限制因素是欧洲、德国和美国法律对狭义上的合并或收购结构的规定。它不仅需要董事会在商业判断规则范围内的全部信息,而且还需要公司内部其他机构的充分披露和共同决策,从而使过程和通过ML得出的结果具有可解释性。

基于这个法律基础，我们原则上可参考上述准则，以作为企业合并的医疗错误（及其讨论内容）。在公司环境下，首先，如果管理层只是在模型的表现与没有模型的人为决策之间的显著差异可以显示出来之后才使用ML技术，也不会构成对资源的不当使用——同样是在一些独立研究中，这些研究也在现实世界环境中得到了验证。然而，与医学背景相反，伪阳性在公司并购中的分量原则上往往不同。相反，由于所给出的原因（交易成本），低误报率原则上必须成为这种评估的主要标准和目标。这表明可解释性是关键：评估一个预测是否可能是不正确的肯定，一般需要一个解释。其次，为了提高谨慎标准，必须有可能将ML模型平稳地纳入兼并和收购的程序，即披露在几个不同的机构作出独立决定的可能性。同样，平稳运行包括模型的可解释性，在一定程度上，决策者可以对模型的建议采取关键立场。再次，ML的成本不那么重要。如果公司无法合理地承担ML的成本，它们就不必避免交易，因为没有第三方会受到这一决定的影响到无法忍受的程度。相反，管理层必须进行全面的成本效益分析，其中ML的成本将是一个。鉴于企业并购通常涉及高额利益，ML的成本很少具有决定性作用。

在公司环境下，模型的使用问题更加突出地体现在标的物的事实基础和法律规则的结构上，即商业判断规则。这些特点使得上述医疗错误的结果在公司法中更为重要，也不容置疑。首先，从长期来看，并购交易通常不是很成功——根据一些研究，交易完成5年后的失败率高达50%。[4] 此外，商业判断规则不仅允许在完成适当的信息检索研究时自由裁量，而且还要求对管理人员发现的信息进行评估。因此，就内容而言，自由裁量权很大；就程序而言，只有对正确检索的信息的不可容忍的偏离才构成赔偿责任的理由。因此，在大多数情况下，管理员可能会覆盖机器推荐。当然，管理者也会考虑狭义上与法律限制有关的不合法因素，即股东群体和其他选民的偏好。

三、展望——技术与法律的互动

不同的模型在提取模型的决定性特征和权重的程度上差别很大。在决策树下，至少在理论上，算法的输出可以通过从树的根行走来确定沿着分枝到顶生的叶子。在光谱的非常相反的一端，深度神经网络不容易解释，因为从高度非线性的数学模型中提取决策权重是困难的，并且因为隐藏的层可能具有与人类容易理解的任何概念不相似的特征。然而，可解释机器学习的最新进展表明，如果不是全局的话可能训练第二个模型来近似，至少在局部需要解释的模型的行为。这意味着，至少在决策的特定情况下，积极和消极的决策因素可能被识别出来。更重要的是，其他方法甚至允许测试深度神经网络在其分类过程中使用了多少具体的、人类可理解的概念。例如，确定算法输出是否可能基于对训练数据的"准确理解"；这有助于评估模型的性能是否转化为现实世界的例子。同样，公司的风险评估专家可以通过可解释的机器学习来验证模型在多大程度上改变了他们所部署的特定环境。正如已经指出的那样，更准确的模型有时甚至可能更容易解释，因为它们从训练数据中拾取不那么虚假的相关性；这些可以成为解释的基础。总之，虽然可解释的机器学习还有很长的路要走，可解释性要求的出现可能会给这些模型注入更多的力量。从长远来看，它们的开发和部署可能对决策者和数据主题都有好处。同样，该法律推动了社会所期望的机器学习技术的采用。

相反，科技进步对法律有重要影响。为了进行成本效益分析交易的准确性对不同模型的可解释性，非技术专业人士，如医生和公司经理可能需要获得自己的技术专长或与机器学习应用程序的专业开发人员合作。对于更复杂的问题设置，一般的解释生成算法以及在准确性和可解释性之间的权衡是很难得到的。因此，往往只有非常专业的解决方案，专家检查模型，使跨学科的团队更加重要。[5]

然而，在有关的应用范畴内，以数据为基础的贸易审定似乎是必要的。事实上，我们认为，ML工具越来越多的得以应用，不仅会增加人机团队的重要性，而且会在商业组织中出现更多的跨学科工作单元。为了满足合同法和侵权行为法的要求，具体行业的专家，如医生或公司经理，往往需要组成团队与专业的机器学习应用程序开发人员，以便正确评估不同的模型。这当然不是一件坏事，从这个意义上讲，法律可能为有成效的跨学科合作提供激励，从而在各自领域的专业和技术方面取得进展。[6]

四、大数据背景下网络知识产权侵权

作为当今世界不可分割的一部分，大数据在促进社会发展方面发挥了重要作用。但是互联网是一把双刃剑，它给社会带来了许多问题。互联网的快速发展导致网络下的侵权行为越来越多，传统的版权保护法已经不能适应当今的版权保护。针对这种情况，国内外已经出台了一系列的政策和措施，但是，这些政策仍然存在明显的滞后性，解决现实中出现的各种网络侵权问题仍然十分困难。

（一）知识产权的特征及大数据对知识产权的影响

知识经济时代的到来，彻底改变了人们的生活方式和生活观念，同时也催生了人们对知识产权的重视，围绕知识产权展开的一系列研究也在按部就班地进行，诸如像知识产权的概念和法律特征。

1. 知识产权

关于知识产权一词来源说法很多，但追根溯源，主流观点认为知识产权源于英语中的"知识产权"，也称为"无形产权"或"精神产权"，通常指知识分子享有的垄断权和工商业的商业成果。知识产权具有以下特点：

（1）排他性

知识产权是一个国家授予权利持有者的专有权利，用以取得某一特定发明所产生的知识成果。也就是说，知识产权作为垄断权，可以像物权一样享有普遍性。激励创新和明晰产权是知识产权排他效力存在的动机和原因。只要知识产权权利人是依照有关法律、法规的规定取得知识产权的，任何人都有义务不妨碍或者干涉知识产权权利人的权利行使。由于知识产权的专有性,知识产权所有者可以通过排除他人行使知识产权来确保知识产权得到保护,以确保知识产权的支配力得以圆满实现。[7]

(2) 无形性

知识产权不同于有形的物质或物品,英美法系国家通常将知识产权称为"无形的准动产"或"诉讼中的准财产权"。知识产权虽然具有"产权"属性,是"以权利为标的"的"物权",但作为知识产权客体的知识成果是无形财产。知识产权的利用和转移一般并不引起相关有形物的消耗和转移,依据法律的具体规定确定知识产权的保护范围。[8] 知识产权不能仅仅通过占有标的物而主张所享有的知识产权,知识产权作为一种无形财产权具有无形性,必须严格遵守有关法律法规和法定程序才能获得相应的知识产权。

(3) 区域性

知识产权作为一种专有权在空间上的效力并不是无限的,传统知识产权的地域性特征意味着知识产权通常只能在依法申请保护的国家或地区产生效力,即具有严格的领土性。一旦作品分发到其他国家和地区,作品不一定受到其他国家知识产权法的保护。知识产权最初起源于封建社会,是封建社会的地方官、封建君主或封建国家通过特别榜文、敕令等形式授予的特权。由于权利是由特定主体授予的,所以权利只可能在发出敕令的官员、君主或国家权力地域内才有效。

(4) 时间性

法律规定的权利保护是有期限的。所有权作为一种物权,本身没有保护期限。它取决于所有权主体的存在。只要所有权的标的物没有丢失,所有权就永远存在。知识产权时间性是一种法律规定时间性,而非客观事实时间性,即只有在法律规定的时间范围内,才能受法律保护。[9] 各国法律对保护期限的长短不尽相同,知识产权本身的宗旨是鼓励创新,服务大众,无论是创造发明还是文学创作,概莫能外。因此,知识产权所有者虽然有权在法定期限内享有垄断使用权的自由,一旦超出法律规定的有效期限,即变成全社会财富,为人类所共用。

(5) 政策性

知识产权客体即知识的公共性决定了知识产权的公共政策性，不同国家由于历史文化传统各异，社会经济发展水平参差不齐，使得各国立法机关为保护发明创造的智力成果所考虑的因素不尽相同。随着知识经济的发展，各国已就知识产权保护领域的基本原则达成一致，知识产权日益成为世界各国对内对外政策的核心。为了实现知识产权保护实体法的统一，推动本国国民经济和社会发展，各国开始签署大量的国际条约，如 TRIPS 协议等，立法的目的是保护权利和解决争端。

2. 大数据对知识产权的影响

在信息化时代，大数据将是未来发展的一座巨大"金矿"，大数据管理知识产权是时代发展的必然趋势。知识产权领域应用大数据应趋利避害，确保大数据在知识产权保护上发挥有效功能和成果。

首先，推广知识产权大数据。互联网的发展壮大为智力成果的传播提供了一种全新的途径即网络传播，网络知识产权应运而生。知识产权客体的无形性与网络空间的虚拟性具有天然的契合性，比如近年来对于域名权的保护，这种自然契合极大地促进了知识产权的发展。在大数据时代，高度个性化的信息是最明显的特征之一。经过数据的采集、存储、传输和分析，个性化数据信息通过大数据计算模型专门分布。[10]

其次，大数据与知识产权保护的冲突。大数据与知识产权冲突的最大可能性在于两个方面，一是数据共享，二是数据垄断。大数据的基本前提仍然是数据，数据公开是数据共享的基础。因此，只有数据开放才能有效地整合数据，从而提高数据的价值，最终达到数据增值的效果。在大数据时代，数据共享是一个重要的先决条件。由于对数据共享的需求，互联网被创造了出来，这是因为互联网产生了大数据。然而，由于商业、利益或其他方面的考虑，互联网上的数据被圈起来了，所以今天的大数据被各种商业组织所占据和控制，成为这些组织的资源、资产和核心竞争力。[11] 大数据的垄断与大数据的本质背道而驰，新时代解决大数据与知识产权保护的冲突已迫在眉睫。

再次，大数据背景下网络知识产权侵权发生的原因及解决方案。网络侵权问题越来越受到人们的重视，在大数据的背景下，侵犯网络知识产权的原因是多种多样的。一般来说，可以分为制度因素、执法因素、意识因素、社会因素和环境因素等几个方面。总之，在大数据背景下侵犯网络知识产权的原因需要一一克服。

针对大数据的特点和网络知识产权发生的原因，要解决大数据背景下的网络知识产权侵权问题，必须完善制度，加强网络管理，形成有利于知识产权制度运行的社会环境，加强知识产权文化建设，树立理念，完善支撑观念，明确措施，加强执法。现在是大数据背景下的网络横行时代，网络知识产权侵权的产生比较容易，其成本也较低，使得侵权行为频繁发生。因此，我们必须增强在线管理系统，加强知识产权保护。推进文化建设鼓励创新，反对盗版。

五、结 语

互联网大数据时代的到来为人类生活提供了新的机遇和挑战。只有抓住机遇，面对困难，才能推动社会进步。信息的高速传播和爆炸式增长意味着人们需要开始重视和思考数据知识产权保护面临的危机，对数字领域的知识产权保护提出了新的要求。大数据时代，侵犯知识产权的行为时有发生，人们逐渐意识到对知识产权的威胁和保护的重要性。为此，对大数据背景下网络知识产权侵权问题进行深入研究具有重要理论价值和现实意义。本文阐述了知识产权的概念和特征，总结了大数据与网络知识产权的关系。在新时代背景下深入剖析网络知识产权侵权行为产生的原因，并提出了解决办法。

参考文献

[1] 何哲. 通向人工智能时代——兼论美国人工智能战略方向及对中国人工智能战略的借鉴 [J]. 电子政务，2016 (12)：6-9.

[2] 曹建峰. 人工智能：机器歧视及应对之策 [J]. 信息安全与通信

保密，2016（12）：15-19.

[3][德]霍斯特·艾丹米勒.机器人的崛起与人类的法律[J].李飞，译，法治现代化研究，2017（4）：62-65.

[4]石冠彬.提供第三方插件行为侵犯软件修改权的证成——以"问接正犯理论的司法构造"为视角[J].社会科学，2017（12）：93-95.

[5]吴汉东.人工智能对知识产权法律保护的挑战[J].中国法律评论，2018（2）：21-24.

[6]王利明.人工智能时代提出的法学新课题[J].中国法律评论，2018（2）：1-3.

[7]孟伟.人工智能技术的伦理问题[J].大连理工大学学报（社会科学版），2018（5）：112.

[8]杨立新.单方废弃夫妻共有的人体胚胎之侵权责任认定[J].法律适用，2018（9）：48-50.

[9]周鑫.人工智能对传统民事责任制度的挑战及对策[J].法治论坛，2021（3）：158-161.

[10]朱梦云.人工智能生成物的著作权归属制度设计[J].山东大学学报（哲学社会科学版），2019（1）：119-121.

[11]张继红.自动驾驶汽车侵权责任问题研究[J].上海大学学报（社会科学版），2019（1）：21-23.

侵犯著作权犯罪"以营利为目的"的再审视

邓燕虹[*]

（贵阳人文科技学院法学院，贵州贵阳　550025）

摘　要：围绕"以营利为目的"的限制而引发的罪名适用现象，学界展开了激烈争论，分为主张保留与主要取消两大阵营。主张保留的学者主要基于维持利益平衡、控制犯罪圈范围、凸显刑事保护特殊性等观点。主张取消的学者主要基于法律间的协调、国际趋势、司法取证、著作权人的精神利益等考量。综合而言，废除"以营利为目的"更为科学，因为满足规范修改的必要性与协调性原则，也能更好地适应社会需要，同时，这一做法不会损害刑法的谦抑性，也不会引发入罪范围扩大及影响利益平衡的结果。

关键词：以营利为目的；规范修改必要性；著作权保护

一、"以营利为目的"之争论背景

我国《刑法》第217条规定了侵犯著作权罪，第218条规定了销售侵权复制品罪，该两项罪名即侵犯著作权犯罪的外延，这也是我国第一次设

---

[*]　[作者简介]：邓燕虹，女，汉族，贵阳人文科技学院法学院助教。研究方向：刑法学。

置侵犯著作权犯罪罪名，标志着我国版权刑事保护制度已初步建立。侵犯著作权罪及销售侵权复制品罪，均要求行为人主观上具有故意，并且持谋取经济利益的目的。传统侵犯著作权犯罪环节复杂、成本高昂，具体地说，制作、销售环节由于生产力发展的原因而显得极为烦琐，同时需投入大量人力、物力资源，因而行为人多是出于营利的目的而实施侵犯著作权的行为，加之我国刑事立法在著作权保护领域起步较晚，民众的著作权意识也较为薄弱，因而刑事惩治的重点在于常见、多发的贪利型侵犯著作权犯罪。[1] 是以在当时的立法背景下，对侵犯著作权犯罪设置"以营利为目的"的主观要件是符合我国现实国情。然而，时代发展的速度远超乎当时的人们所能预见的程度，互联网、大数据等技术的蓬勃发展，使得著作权本身以及侵犯著作权犯罪在新的时代下有了许多不同于以往的表现。传统著作权主要依靠有形的媒介而展现，例如纸张、胶片等等，而现今其载体更加丰富，包括互联网网页、社交媒体、软件等等，传播范围也更加广泛。作品承载媒介的升级换代使得传统的录音、录像、翻拍等侵犯著作权的方式在新时代显得疲软，而数字化的作品可以经由互联网轻松地传播到所有被网络覆盖的区域。这一巨大变化促使侵犯著作权犯罪具有了一些新特征，具体表现在犯罪主体多元化、犯罪目的不明确、犯罪行为新型化以及犯罪后果难以判断。[2]

就主观目的而言，在网络环境下，行为人侵犯著作权的动机具有多样性。行为人实施侵犯著作权的行为，可能是为了实施网络共享，也可能旨在贬损作者声誉、进行炒作等等。愈加普遍的现象是，行为人实施侵犯著作权的行为时并不具有营利目的，但客观上造成了严重的社会危害，仅因缺少主观构成要件而不能成立侵犯著作权犯罪罪名，也就无法追究其侵害他人著作权行为的刑事责任。这一现象是否合理，不可避免地引发了学者们的讨论。

二、"以营利为目的"之理论争讼

围绕如何处置"以营利为目的"这一侵犯著作权犯罪的主观构成要

件，学者们的意见可分为保留及取消两个阵营，双方在不断反驳对方的观点中日益完善支撑己方观点的论据。

（一）应当保留"以营利为目的"

主张保留"以营利为目的"这一构成要件的学者们所持观点不完全相同。有学者认为，保留侵犯著作权犯罪"以营利为目的"的主观要件，能够表现出刑法的谦抑性，从入罪条件入手有效控制犯罪范围。[3] 另有学者认为，因作品本身极高的经济价值而引发的侵权行为，本就带有谋求经济利益的目的，也即是说，"以营利为目的"在通常情景下都是存在的。即使行为人所实施的不具有营利目的的侵害著作权的行为，确实给权利人造成了重大损失，这一情形也不具有普遍性，以民事法律介入弥补权利人损失即可。[4] 有学者从区分犯罪行为与违法行为的角度出发，认为对于包括著作权在内的知识产权，我国形成了国际上较为罕见的结合民事、行政、刑事的综合保护体系，保留"以营利为目的"这一构成要件，有助于区分侵犯著作权犯罪与一般民事侵权行为和行政违法行为，同时彰显刑事保护的严厉性和最后性。[5] 有学者以利益均衡为考量，认为虽然著作权人的权利需要得到保护，但社会大众也有权得到一定供应量的作品，在数字化以前，行为人为个人需要对文件文档的复制属于合理利用范畴，而在数字化后，众多作品只能通过复制获取，如果没有"以营利为目的"的限制，极有可能导致在行为人主观目的不变的情形下触犯刑法，最终造成各方利益不均衡的状况。[6] 还有学者认为，在网络环境下，作品能够快速地、大范围地传播，虽然用户出于非营利的目的实施的许多行为侵犯了著作权，但是，提升了公众获取信息的便捷性，有利于公众接近作品，促进了知识的传播，因此，不应当认为非"以营利为目的"的行为具有刑事违法性。[7]

总的来说，认为应当保留"以营利为目的"的学者，主要基于维持利益平衡、控制犯罪圈范围、凸显刑事保护特殊性等等的观点。

（二）应当取消"以营利为目的"

主张取消"以营利为目的"的学者们与主张保留的学者一样，有着不同的论据。有学者认为，我国刑法分则侵犯知识产权犯罪一节中，大部分未对犯罪目的做特殊规定，因此，侵犯著作权罪和销售侵权复制品罪对主观要件所作的限制性规定缺乏依据。[8] 有学者基于新的时代背景，认为大数据时代使得数据版权的占比愈发扩大，然而，"以营利为目的"却限制了刑法的适用，使得犯罪成立过于古板、僵化，不但不利于著作权的保护，还有损于法律权威。[9] 有学者从法律的协调性角度出发，认为《著作权法》这一刑法前置法中已然删除营利目的的规定，扩大了对著作权的保护，如刑法仍然坚持"以营利为目的"的犯罪构成，在保护著作权时则有了一定的滞后性，不利于对著作权的保护。为了维持刑法与其前置法的协调性，应取消"以营利为目的"的规定。[10] 有学者从著作权保护的国际趋势层面，认为世界上大多数国家对于侵犯著作权犯罪并没有主观心理的要求，我国应当顺应国际著作权刑法保护趋势。[11] 有学者认为应将"以营利为目的"从定罪层面移至量刑层面，也即是说，为了适应技术的发展及实践的需求，应当取消"以营利为目的"的犯罪构成要件，而将其视为量刑情节。[12] 有学者从证明角度出发，认为"以营利为目的"大大增加了司法证明难度，为提高司法机关的积极性，从而加强对著作权的保护，必须废除"以营利为目的"。[13] 还有学者以精神权利为立足点，认为"以营利为目的"仅仅重视保护经济利益，却忽略了著作权人的精神权利，从著作权保护的整体价值取向上看，应当废除"以营利为目的"，扩大数字化时代下侵犯著作权犯罪罪名的适用。[14]

可以看出，认为应当取消"以营利为目的"的学者与持保留态度的学者略有不同，主要是从法律间的协调、国际趋势、司法取证、著作权人的精神利益等角度展开论述。

三、"以营利为目的"之我见

提及侵犯著作权犯罪中的"以营利为目的"的主观构成要件，学者几乎谈论的是这一要件的去留。从前文对各学者观点的铺陈中可以直观地了解到，持保留态度与取消态度的学者看待"以营利为目的"的角度不同。

从整体来看，持取消态度的学者所谈论的事项对于侵犯著作权犯罪的规制更有意义，因此，在"以营利为目的"这一侵犯著作权犯罪主观构成要件的取舍争论中，本文持废除的立场，后文中将从提出本文的观点以及与不同立场观点之间进行商榷两方面展开。需注意的是，此处并不是认为刑法谦抑性、犯罪圈控制等等事项不重要，而是这些理念在运用时与侵犯著作权犯罪的实际情况显得略有脱节，而持取消态度的阵营所考量的种种因素，对于合理有效规制侵犯著作权犯罪更具有实际意义。

（一）"以营利为目的"废除的依据

学者为"'以盈利为目的'应当废除"这一论点从不同角度提出了许多论据，其中最重要的为法条变动的必要性与合理性的满足，以及社会的实际需要。

1. 必要性与合理性的满足

无论学者对于"以营利为目的"是持保留抑或取消的态度，也无论提出了何种论据支持自己的立场，归根结底，冲突点的本质在于是否需要改动现有法律规定。在原先已有规定的情形下对之进行改变，主要应当满足必要性及协调性两项原则。此必要性是指原有的刑法规定由于犯罪设计无法与发展变化的社会相契合，而使得在规制相关犯罪时捉襟见肘，不得不作出改变。协调性则是指为了保持法秩序的统一，改变后的规定在法律体系中应当是适宜的，包括法条之间的协调，以及刑法与其他法律之间的协调。因而，对于侵犯著作权犯罪中"以营利为目的"的主观构成要件的取舍，主要看是否满足以上两项原则。若满足，则废除"以营利为目的"的规定更佳，反之则反。

首先，侵犯著作权犯罪中的"以营利为目的"是否具有废除的必要性，在前文中可以看出不同阵营的学者从不同角度进行了论述，均具有一定的合理性。从这之中也可以看出，仅从理论、宏观等方面对这一问题进行讨论，不过是在为自己的先见添砖加瓦，其实际情形究竟如何，是否具有改动的必要性，还应当从实证研究中窥得一丝清明。一份实证研究中指明，2011年以后的案例中，"间接营利"已然出现。网络中的一部分用户出于满足虚荣心或单纯地分享各类资源，而对具有著作权的作品予以扩散，在这种情况下，虽然犯罪的数量巨大，但由于不具有谋求经济利益的目的而无法受到刑法的制裁。[15]而网络用户间接地获取经济利益的具体表现，例如微信公众号中的资源分享，行为人通过非法抓取网络小说供访客免费浏览或获取，在这其中添加广告或意在增加点击量，由此通过一定规则获取收益，等等。这类行为的目的不是被侵权的作品本身，而是将其作为获利手段，因而是"间接营利"。"其实2004年司法解释第11条已经确认间接营利属于'以营利为目的'，但是因为该规定较为简略且操作性不强，司法机关在实务中仍存在认定困难。"[16]由此可见，无论行为人是否具有营利目的，也无论行为人是具有直接营利目的还是间接营利目的，只要强调"营利目的"，刑法必然被束缚，在面对侵犯著作权犯罪时无法得到良好的施展。

其次，对于废除"以营利为目的"之后的法条的协调性，如前述提及的学者所表明的，将这一规定废除后，侵犯著作权罪以及销售侵权复制品罪将与其余侵犯知识产权犯罪在主观构成要件上达成一致，同时与国际著作权刑事保护的趋势相一致。此处不再赘述。可以说，取消了"以营利为目的"的规定，侵犯著作权犯罪刑事规范的协调性会得到极大的提升。

综上所述，对侵犯著作权犯罪的主观构成要件作更改，满足必要性及协调性两项原则。

2. 社会发展的需要

在21世纪的今天，首先，科学技术的发展已远远超乎前人的想象，互联网、大数据、区块链、人工智能等词汇屡见不鲜，标示着新兴技术正快速地融入人们的日常生活之中，给人们带来便利的同时，也使得许多犯罪有了较之以往全然不同的面貌，在侵犯著作权犯罪中同样如是。如前所述，当下的文字、图画、影像等作品均可数字化，借由互联网传播，不仅传播方式便捷且影响范围广泛，这是不争的事实。其次，随着文化、娱乐产业的发展，原创作随处可见，也即是说，享有著作权的主体数量迅猛增加。同时，以网络为载体的作品日益普遍，并仍持续挤占传统载体形式作品，根据国家版权局发布的《中国网络版权产业发展报告（2021）》，2020

年中国网络版权产业市场规模首次突破一万亿元。最后，社会的发展也必然带来观念的变化。初时我国民众著作权意识普遍不高，如今权利意识正不断觉醒，一是由于人们的文化水平有了极大提高，二是权利主体数量及权利对象体量急速增加，使得民众越发重视其著作权等权利。

一方面，法是一种社会现象，法律的基础是社会，社会出现巨大变动时，法也必然有所改变。为应对著作权领域巨大的社会变革，我国《著作权法》在1991年颁布后，迄今已经历3次修改，著作权保护范围不断扩大。然而，刑事规定却几乎没有任何变动。刑法所设置的侵犯著作权犯罪，在相关罪名成立之初时符合我国国情，但是，在社会变化如此巨大、著作权立法不断改进的当下，仍然固守早已不适应社会现状的规定，在《著作权法》已删除"以营利为目的"时仍将其作为判断行为是否违法的条件之一，对著作权的保护无疑是留有极大缺憾的。另一方面，我国刑事立法同时规定罪质与罪量，是区别于国外刑事立法的一大特色。侵犯著作权犯罪中，《著作权法》是《刑法》的前置法，二者对同一行为是否构成犯罪的考量，应当集中在罪量上，而罪质则应是相同的。《著作权法》无"以营利为目的"，而《刑法》有，很难说二者罪质统一，两法律之间的不协调显而易见。删除侵犯著作权犯罪中"以营利为目的"的规定，不仅适应社会现实需要，也适应为应对社会变化而改变的《著作权法》。

（二）"以营利为目的"保留的商榷

废除侵犯著作权犯罪中的"以营利为目的"，刑法势在必行，但是，在作出这一主张后，理应对反对这一做法的学者的合理担忧作出回应。

首先，删除"以营利为目的"并不会损害刑法的谦抑性。刑法的谦抑性并不是一味地强调限制刑法的适用，而应当从刑法作为其他部门法的保障法这一角度进行考量。当不法行为超出其他部门法的规制范围后，刑法作为社会保护的最后一道防线介入对不法行为的治理之中。反过来说，当其他部门法足以规制不法行为时，刑法不应有所动作，这才是其谦抑性所在。保留"以营利为目的"，在一定程度上削弱了刑法作为最后一道屏障对侵犯著作权行为进行规制的作用，这种束缚刑法的做法并不能合理、正确地体现刑法的谦抑性,而删除"以营利为目的"的限制,能够使刑法摆脱"被迫"谦抑的局面,更能发挥刑法的保障作用。

其次,入罪范围的把控是必要的,但是在因犯罪圈过小而在承载犯罪时已显得颇为吃力的情况下,一味地强调入罪范围的控制是不合时宜的。现在的情形是,《著作权法》应不断地为著作权领域的发展变化而不断扩充,将保护范围扩大,且删除了"以营利为目的"的规定,然而刑法依然如旧,保护范围并没有得以扩充,限制规定仍旧保留。在著作权领域正在进行的巨大变革之中,刑法万万不能"以不变应万变",过于明显的滞后性无疑会阻碍著作权保护的进程。

最后,著作权涉及各方利益的考量,刑法对著作权的保护边界必须坚持利益平衡原则。此处的利益各方,最主要的是著作权的权利人和作品的使用人。各方所围绕的利益,则是权利人所享有的各项权利,以及使用人合理使用的权利,这二者之间应达到一定程度的平衡。在这一意义上说,"以营利为目的"对利益平衡所起的作用微乎其微。易言之,当使用人合理行使权利时,并不会侵犯权利人的权利,反过来,使用人以不合理方式使用权利时,无论其主观是否具有"以营利为目的",都会侵犯权利人的权利,破坏两方利益间的平衡。显然,目的为何并没有太大的影响,更重要的是行为方式。如何能够适当地平衡利益是著作权保护必须解决的问题,本文无意对此深入展开,仅仅只是说明"以营利为目的"的限制对平衡利益的贡献或许并没有一些学者所认为的那样巨大。

四、结　语

侵犯著作权犯罪主观构成要件"以营利为目的"的留存对整个著作权保护都是十分不利的,将其删除才是更具科学性的做法。废除"以营利为目的"的呼声,在这一构成要件的存废之争中日益占据高地,成为主流。争论不能仅仅只作为争论而存在,刑事立法采纳争论过后的主流意见,是可以期待的。

参考文献

[1] 赵秉志. 侵犯知识产权犯罪研究 [M]. 北京：中国方正出版社，1999：219.

[2] 王沙力. 互联网背景下版权保护的刑法应对 [J]. 出版广角，2018（03）：44-46.

[3] 陈兴良. 刑法哲学 [M]. 北京：中国政法大学出版社，2004：7.

[4] 曹刚，周详. 论侵犯著作权罪——兼论相关刑法条文的修改 [J]. 电子知识产权，2005（09）：16-20.

[5] 卢建平. 在宽严和轻重之间寻求平衡——我国侵犯著作权犯罪刑事立法完善的方向 [J]. 深圳大学学报（人文社会科学版），2006（05）：37-40.

[6] 杨彩霞. 网络环境下著作权刑法保护的合理性之质疑与反思 [J]. 政治与法律，2013（11）：54-65.

[7] 葛磊. 社会进步与法益保护的平衡——论网络环境下著作权刑法保护的有限扩张 [J]. 科技与法律，2007（02）：31-37.

[8] 张志勋，黄淑彬.《TRIPS 协定》与我国著作权的刑法保护问题 [J]. 南昌大学学报（人文社会科学版），2004（06）：73-77.

[9] 向鹏，张婷. 大数据时代数字版权保护"焦虑"的刑法治理探析 [J]. 华东理工大学学报（社会科学版），2019，34（02）：92-100.

[10] 邸瑛琪. 试析侵犯著作权罪的法律冲突 [J]. 河南社会科学，2002（03）：31-33+54.

[11] 任军民. 法国信息网络刑事保护对我国有关立法的启示 [J]. 知识产权，2006（05）：80-86.

[12] 田宏杰. 论我国知识产权的刑事法律保护 [J]. 中国法学，2003（03）：141-152.

[13] 赵国玲，刘东根. 中国内地与澳门刑法中侵犯著作权犯罪之比

较[J]. 犯罪研究, 2002 (05): 12-17.

[14] 管瑞哲. 网络环境下知识产权刑法保护问题[J]. 江苏警官学院学报, 2008 (01): 55-64.

[15] 程莹, 孟文玲. 网络文化背景下著作权刑法保护的困境与出路——基于近10年著作权犯罪相关案件的实证分析[J]. 理论导刊, 2018 (11): 88-93.

[16] 于志强. 网络著作权犯罪的实证分析与司法应对——基于100个网络著作权犯罪案件的分析[J]. 上海大学学报(社会科学版), 2014, 31 (02): 103-115.

生态环境损害赔偿磋商机制的贵州经验研究[*]

安喜芬[**]

（贵阳人文科技学院法学院，贵州贵阳 550025）

摘 要： 在我国生态环境损害赔偿制度改革优化发展的过程当中，创立了一种全新的制度体系那便是磋商机制，该机制对于各种冲突的解决以及纠纷的化解都具有十分重要的影响性作用。贵州省基于现实需要，以试行办法的形式对磋商进行了实践探索，明确了磋商的主体、程序等具体内容，尤其是基于司法实践审判，对磋商机制先行先试、大胆探索。贵州省截至2019年2月审理了八个案件，本文对八个案件进行总结分析，包含概括性授权、司法确认、磋商前置、第三方组织磋商等有益的经验，但也存在适用情形不够清晰、规范性建设不足、救济途径单一、社会参与度不够等不足之处。因此，有必要从合法性、平等性、效率性、公众参与、监督以及衔接机制上着手，不断升华。

关键词： 磋商；司法确认；贵州经验；升华对策

---

[*] [基金项目]：2020年贵阳市社会科学界联合会结题性成果。
[**] [作者简介]：安喜芬，女，苗族，贵阳人文科技学院法学院讲师。研究方向：环境与资源保护法学。

一、贵州生态环境损害赔偿磋商机制的司法实践

随着我国对环境问题的重视，2013 年，党的十八届三中全会审议通过了《中央关于全面深化改革若干重大问题的决定》，其中明确的规定凡是对生态环境产生损害的责任人主体一定要严格的遵循赔偿责任制度的约束并受到相应的惩罚，承担责任。《关于加快推进生态文明建设的意见》在 2015 年正式落地实施，在这一份意见当中，创新性地将损害赔偿作为生态文明制度体系当中的一项核心内容。中共中央审议通过《生态文明体制改革总体方案》，再次明确提出要严格实行生态环境损害赔偿制度。2015 年 12 月，中办、国办印发了《生态环境损害赔偿制度改革试点方案》（中办发〔2015〕57 号），在贵州等七个省、市统筹规划改革试点工作。在对已经取得的成绩进行归纳整理的基础之上，《生态环境损害赔偿制度改革方案》又获得了落地实施的机会，从赔偿的范围、加害人、受害人、索赔主体、纠纷解决方式等方面，有序推进生态环境损害赔偿制度建设。贵州省委、省政府于 2016 年 11 月印发了《贵州省生态环境损害赔偿制度改革试点工作实施方案》（黔委厅字〔2016〕72 号），2018 年 6 月印发了《贵州省生态环境损害赔偿制度改革实施方案》（以下简称《贵州改革方案》），贵州省全省范围之内的生态环境损害赔偿制度在 2018 年正式开始启动，这一体系在 2020 年又得到了健全和优化，磋商机制成为新的生态环境损害赔偿的纠纷解决机制。

最高人民法院发布了《关于审理生态环境损害赔偿案件的若干规定（试行）》，规定中将磋商程序进行了前置性规定，贵州省于 2017 年出台了《贵州省生态环境损害赔偿磋商办法（试行）》（以下简称《办法》），在司法实践中不断地探索、大胆地实践。贵州自开展试点以来，以案例为抓手，使得生态环境损害赔偿制度的改革工作走在了全国前列，对解决日益增多的环境保护纠纷案件发挥了示范作用，2017 年 1 月至 2019 年 8 月，贵州法院共计受理生态环境损害赔偿诉讼八件，贵州生态环境损害赔偿制度实践成果丰富，取得了良好的法律效果、生态效果和社会效果。审判情形以及是否经过磋商见下表。

(一) 2017年1月至2019年8月案件磋商情况①

序号	案由	原告	被告	是否经过磋商	案件审理情况
1	申请确认人民调解协议效力	贵州省某某政府	息烽A劳务有限公司、贵阳B化肥有限公司	是	磋商达成协议，申请司法确认
2	环境损害赔偿纠纷	贵州省某某厅	昆山某某化工厂、国营某某化工厂、贵州某某科技发展有限公司	是	调解结案
3	申请确认人民调解协议效力	贵州省某某厅	某某（集团）有限责任公司	是	经磋商，达成生态环境损害赔偿协议
4	申请确认人民调解协议效力	贵州省某某厅	贵州省某冶化有限责任公司	是	经磋商，达成生态环境损害赔偿协议
5	生态环境损害赔偿司法确认纠纷	贵州省某某厅、某某环保联合会	贵州某焦化公司	是	经磋商达成调解
6	生态环境损害赔偿司法确认纠纷	黔西南布依族苗族自治州某某局	贵州某公路工程有限公司	是	确认《调解协议》有效
7	生态环境损害赔偿司法确认纠纷	黔西南布依族苗族自治州某某局	某电力投资有限责任公司	是	确认《调解协议》有效
8	生态环境损害赔偿纠纷	贵阳市某某局	贵州省某某铝业有限责任、阮某某、田某某	是	调解结案

(二) 司法实践案件呈现的特点

通过对贵州省生态环境损害赔偿八个案件的分析，呈现出磋商成为案件提起诉讼前的必经程序，大部分案件均达成了赔偿协议，协议的履行方式多种多样，等鲜明特点。

---

① 数据根据课题组成员到各地法院调研所得。

1. 磋商为前置程序

通过表格中的八个案件可以看出，案件均先经过了磋商程序，或者是也可以借助于磋商这种方式，达成两方高度认可的赔偿协议。[1] 双方主体可以向人民法院进行司法确认的申请，这样执行也便具有了一定的强制性色彩；或磋商失败的情况下，赔偿权利人及时向人民法院提起了民事诉讼。前述两种方式"殊途同归"，最终目的都是让已经受到损害的生态环境能够在第一时间得到有效的修复和完善。因此可以将其看成一个十分典型的前置程序，也更加激励了赔偿义务人的履行积极性，对共护生态环境起到了极其重要的作用。

2. 磋商成功率高

表格中的八个案件，从案件审理情况来看，除了案件1、案件2是调解结案以外，其余均磋商成功，被授权的权利人与加害人经平等协商后达成了协议，并将协议进行了司法确认。

3. 赔偿协议履行方式多样化

从表格中的八个案件达成的赔偿协议履行情况来看，有自行修复、委托第三方修复等多样化的修复方式，以及对启动时间、监督方式、验收单位、修复时限均做了明确规定。

4. 磋商程序灵活便捷

表格中的八个案件，除案件2、案件8以法院组织调解外，其余案件的磋商程序较诉讼程序更加灵活，不受诉讼程序中起诉、受理、管辖、主体参与等方面要求的限制。磋商的程序更加灵活便捷，即权利人向义务人发出磋商的建议，义务人同意该建议，就可在损害调查的基础上，双方即可在第三方调解组织的主持下召开磋商会议，进行公平公正的磋商，一旦双方的磋商结果已成功告终，便可以进行赔偿协议的签订。

二、贵州生态环境损害赔偿磋商机制存在的问题

（一）适用情形细化不够

《贵州改革方案》在适用范围部分，具体展现了九种生态环境损害赔偿

的适用情形，并且特意说明个人要求赔偿适用侵权责任的是人身伤害、个人和集体财产损害，其中对"发生较大及以上""严重环境污染或生态破坏"的表述过于模糊。如若长期无对应的细化规定，给予赔偿权利人过多的"裁量权"，可能会导致义务人自身的权益受到不法的侵害。而一旦生态环境受到了一些损害或者是破坏，及时的修复就面临着很大的难度。

（二）规范性建设不足

当前贵州省在实践当中更多的是一种规范性文件，存在明显的位阶较低的问题，上位法上，也无立法层面的内容予以单独规定，且均以"试行"的方式在实践中运行。且《办法》中只笼统地规定涉及的部门都有权利去行使，但真正碰到生态环境损害赔偿案件，启动磋商程序的时候，到底由有哪个部门负责并不明确，部门与部门之间会因为职责不明确，推诿扯皮，工作开展缺乏约束力。总之，生态环境损害赔偿磋商机制有着诸多不完善之处，需要在具体的案件中不断总结经验强化规范性内容的建设，更需要一部统领生态环境各个领域的损害赔偿的专门性法律规定。

（三）救济途径单一

《办法》第十九条规定："赔偿协议经有管辖权的人民法院进行司法登记确认后，若赔偿义务人违约，赔偿权利人可以直接向有管辖权的人民法院申请强制执行。"从此处也可看出，关于赔偿协议中的内容，一方面需要靠赔偿义务人主动去履行，另一方面在赔偿义务人不履行的情况下，经司法确认的可以申请强制执行。如未申请司法确认或司法确认前反悔的只能向法院提起诉讼，无形中增加了磋商成本、司法成本，增加法院的审判压力，也不利于受损环境的及时修复，磋商机制的救济途径中，浙江省桐乡市探索了赔偿协议提交公证机关进行公证，为救济途径的多样化探索了另一种可能。

（四）社会参与度不够

《办法》第二十四条规定，相关生态环境保护职能部门应当及时将生态环境损害赔偿的相关工作信息在单位网站或其他媒体上公开。但从表格中的八个案件来看，被授权的行政机关开展磋商前，以及磋商的赔偿协议等内容宣传力度不够，不能起到很好的示范和震慑作用。同时，社会公众的参与度也不够，《办法》第五条，明确了权利人、义务人、第三人、社会组织都是参与磋商的主体。而在磋商过程中，社会公众只是对磋商结果发挥监督性、知晓性的作用，无法全方位地保护公众的参与权，且因生态环境损害赔偿遭到损失的社会公众没有利益表达的途径。

三、贵州生态环境损害赔偿磋商机制的有益经验

（一）磋商为前置程序

一旦生态环境遭到损害，在鉴定评估的基础上，被授权的权利人主动的和被害人主体进行磋商活动。2018年5月，贵州省高院印发了《贵州省高级人民法院关于审理生态环境损害赔偿案件的诉讼规程（试行）》，明确指出："在向法院提起诉讼之前，《生态环境损害赔偿制度改革方案》当中的相关约束可以作为生态环境损害赔偿磋商的主要依据。"在平等、自愿、合法、公正以及高效的原则上，对损害的现实情况、修复的基本期限以及修复的主要路径等等问题进行协商，达成赔偿协议。这是贵州对生态环境损害赔偿磋商机制的有力探索，是为了让人民群众享有在健康、舒适的环境中"恣意"地生存的权利，推动了磋商机制的发展。

（二）概括性授权

《关于指定省环境保护厅等相关部门代表省人民政府行使生态环境损害赔偿权利人权利有关事项的通知》的全面出台，明确地指定了以贵州省国土资源厅以及水利厅等为代表的一些部门，要积极的履行自身的生态环境保护的核心职责。并在2018年的《贵州省高级人民法院关于审理生态环境损害赔偿案件的诉讼规程（试行）》当中约束如下：贵州省人民政府以及各个地市的人民政府是本行政区域范围之内生态环境损害赔偿的主要

权利人主体。

(三) 第三方组织磋商

贵州省先行先试、大胆试点、积极创新，在《贵州省生态环境损害赔偿磋商办法》第九条中明确，赔偿权利人、赔偿义务人共同委托的调解组织必须是符合司法机关要求的第三方调解机构；生态环境保护人民调解委员会经过司法行政主管部门批准可以作为调解组织，如是熟悉生态环境保护工作的社会相关组织也可以作为调解组织。在息烽A劳务有限公司违法倾倒废渣生态环境损害赔偿案中，本着合法、平等、自愿的原则，引入第三方对双方的磋商活动进行组织，其中贵州省律师协会便是主持的第三方，充分发挥律师的法律专门优势，由专业律师提供法律服务、履行监督义务。

(四) 司法确认机制

贵州省息烽A劳务有限公司、贵阳B化肥有限公司非法倾倒工业废渣案，赔偿权利人与赔偿义务人在全国首次将磋商达成的赔偿协议进行司法确认，并赋予其强制执行力后，司法确认机制被2017年的《贵州改革方案》所吸纳，2018年的《贵州改革方案》中"开展赔偿磋商"一节"在磋商活动完成之后，应该达成的赔偿协议要……向具有管辖权的人民法院进行司法登记活动，对于那些不履行赔偿义务的责任人主体可以申请法院进行强制执行。"以及在2019年《最高人民法院关于审理生态环境损害赔偿案件的若干规定（试行）》第二十条所肯定和采纳，使司法确认机制正式成为国家生态环境损害赔偿制度的一项重要内容，有力地促进了环境法治的进程。

四、贵州生态环境损害赔偿磋商机制的提升对策

2020年6月5日是世界环境日，主题为"关爱自然，刻不容缓"，而我国的主题是"美丽中国，我是行动者"。细抠之，这不是一个应景的口

号，而是一个神圣重要的时代命题与历史使命：关爱自然、保护环境、美丽中国皆是关乎国运及人类生存发展的重大问题。自2007年我国提出"建设生态文明"以来，更加注重人类发展应当遵循自然生态规律和经济发展规律，实现又好又快发展。贵州省作为国家首批生态文明试验区，既要金山银山也要绿水青山，两者是否能够共存，就要看在经济发展的同时如何去保护人类赖以生存的生态环境。生态环境损害赔偿磋商机制正是贵州省在"后发赶超"发展新路径背景下，牢牢守住经济发展与生态保护两条底线，让受损的生态环境得到及时的修复，保护人类共同生存的家园是美丽贵州建设的应有之义。生态环境损害赔偿磋商作为一项新生的环境纠纷解决机制，在司法实践中得到了广泛的应用，也处于不断探索、完善的发展过程中。针对前文所归纳的适用情况不够清晰、规范性建设不足、救济途径单一、社会参与度不够等方面存在的问题，根据实践发展的具体诉求进行策略和方案的探究，希望能够通过不断的探索，为磋商机制的高质量发展提供更多的决策参考资源。

（一）生态损害赔偿磋商机制合法性的保障

如果将地球看作一个瓶子的话，就会延伸出"环境容量"的术语，由于地球承载力的有限性，要求必须对环境利用行为进行规制。由于环境污染和破坏既侵犯公共利益，也侵犯"私益"，"私益"通过侵权责任法的相关规定进行权利救济；而"公益"具有不可随意处置的特点，但也正因为未涉及个人利益，避免陷入无人提起的尴尬境地，转而必须概括性授权给指定的机关，由被授权的机关作为权利人提起相应的损害赔偿，该处的身份是赔偿权利人，而不是管理人的身份，这就涉及被授权机关的合法性问题。但同时，该种授权必须由明确限定的范围，不是"恣意"地授权，而是解决生态环境损害赔偿的"一揽子"必要性权利。同时，国家层面，可在地方探索的基础上，在环境保护法的配套法律中将生态环境损害赔偿磋商机制纳入其中，提高位阶，使得地方适用上于法有据；贵州层面，针对《贵州生态环境损害赔偿磋商办法（试行）》，当前只是以试行的方式运行，试行之后，在国家上位法的基础上，出台正式法规，保障实践中法规的确定性。

(二) 保障生态环境损害赔偿磋商主体的平等性

人类为满足生存需要对环境进行利用，环境利用行为具有典型的复杂性，按是否对环境产生不利影响分为本能利用行为和开发利用行为。其中的开发利用行为是赔偿义务人以谋取环境容量与自然资源的经济利益为目的，向环境排放或者处理废弃物质的利用行为以及改变受损环境的活动，磋商机制是为了展现出"环境有价、损害担责"的现代环境法理念。《贵州改革方案》中，与传统的损害救济模式相区别的是，不管是对环境服务功能的暂时性损害还是永久性损害，磋商机制都能够减少冗杂的诉讼程序，将更多的精力投入到环境修复的问题上来。因此，磋商只是作为到达途径的方式之一，一方面必须关注损害赔偿，另一方面必须对生态环境力求恢复到损害前的状态。磋商是加害人与受害人达成合意，这体现了两者在磋商过程中必须是平等的地位关系，与法院判决的强制性严格区分开来。此种平等细道来便是：主体身份上，与以往相关行政部门作为管理方的角色不同，而是作为授权的赔偿权利人，与赔偿义务人在法律地位上是平等的双方，任何一方在磋商过程中，基于合同的自愿性可随时退出磋商；程序上，双方基于损害事实、修复方案等议题"开门见山"地摆事实、提主张，是一个不断磋商、博弈的过程，任何一方都不得强迫他方，最终形成双方均接受的赔偿协议。在这一点上，贵州省可谓是大胆创新，有引入贵州省律师协会作为第三方的先例，更加保证过程的公平公正，并且将赔偿协议向人民法院进行司法确认，赋予其强制执行力。同时，也可以在之后的实践中，探索将赔偿协议进行公证，司法确认与公证两种方式可由当事人自主选择。

(三) 不断提高生态环境损害赔偿磋商机制的效率性

生态环境损害赔偿磋商机制包括前期实地调研、损害鉴定、恢复性措施、履行方式与期限等各专项问题的解决，参与协商的主体之间追求正和博弈关系，而不是零和博弈。被授权机关作为权利人，通过磋商而不是首先通过诉讼方式追究加害人的环境责任，提高磋商效率，避免因赔偿义务人无力赔偿，由"政府兜底"的赔偿模式。赔偿义务人在磋商过程中地位是相对平等的，赔偿义务人存在"讨价还价"的余地，改变了以往国家机关漫长司法追诉，赔偿义务人被动接受处罚，受损环境无法及时治理的传统模式。磋商是一种新型的解决机制，有助于平衡各方诉求，尽快达成共识，其核心就是提高效率，但也不能"久磋"不决，贵州省在《办法》中规定了磋商的次数，原则上不能超过2次，也为了提高索赔、主动履行、及时修复的积极性，加快节奏，最大限度减少对生态环境的影响。针对规范性建设不足的问题，可探索明确将生态环境厅代表省人民政府行使生态环境损害赔偿权利人的权利，其他相关生态环境职能部门予以协助配合，防止相互推诿困局，不断提高磋商机制的效率性。

（四）保障生态环境损害赔偿磋商的公众参与

公众参与原则实际上就是广大的公众有权利在一定程序或者是途径的支撑之下，参与公众环境权益的决策活动以及开发活动。这样一来也就可以有效地规避决策的盲目性和主观色彩的出现。[2] 此处的公众特指包括当地的居民，生态环境损害行为必然涉及侵犯当地居民的生态权益，他们或许受到经济利益的损害，或者其身心健康受到影响，甚至因为生态环境损害行为影响到了当地居民居住环境的舒适性、安全性和美感，成为生态环境损害的"利害关系人"，有必要考虑将其纳入参与生态环境损害赔偿磋商。除去那些和国家秘密以及个人隐私相关的资料之外，信息公开制度以及监督机制的完善化发展应该关注如下几个领域：一是要实施第一时间的公开活动，即签订的《生态环境损害赔偿协议》应让公众尽早了解相关信息，接受公众的监督；二是有效公开，对公开的场所或载体应当是具有较大的影响和代表性，力争家喻户晓、众所周知；三是全面公开，即公开的内容应当全文公开，且易于理解，减少使用的专业性和技术性的术语。同时，"法律的生命在于执行"，应建立生态环境损害赔偿磋商的监督机制，根据表格中八个案件，针对受损的生态环境，有自行修复、异地修复以及聘请第三方开展修复。但是否严格按照既定的修复方案对生态环境进行修复，并且修复后是否能达到修复的理想效果等诸如此类的问题，便需要在赔偿协议达成后，即执行过程中强调监督的重要作用，因此，不仅强调固定机关的经常性监督，更加强调当地公众的监督权。

（五）建立磋商与公益诉讼的衔接机制

建立诉前磋商是贵州省甚至是全国对环境保护不断走向多元化解决方式的拓展。众所周知，行政机关在处理环境危机、环境管理等事务上具有被动性、滞后性。因此，设置磋商程序的前置程序是为改变行政机关在处理环境危机、环境管理等事务上具有被动性、滞后性，能够高效率、高质量地解决生态环境损害修复问题。为妥善解决赔偿磋商制度与环境公益诉讼制度两者之间的衔接问题。在这一份改革方案当中明确地规定了我国最高人民法院可以根据既定的现实情况进行意见的作出，因此这种方式所表现出来的可操作性以及灵活性是相当明显的。司法实践中，在赔偿权利人与赔偿义务人未开始正式的磋商活动之前，不同的社会组织由于同一个生态环境损害行为提起的公益诉讼也是存在的。碰到此种情形，顺位如何处理？依据当前我国的法律规定，社会组织是依法行使诉权，反倒是磋商机制当前正处于探索试行的关键阶段，从这一个层面上来分析，需要法律法规予以明晰。也就是说，在未来环境损害赔偿的民事审判案件，可思考从诉讼前的保全方面、先予执行方面以及后续跟踪方面作为立足点，尽快出台相关司法解释，完善磋商与公益诉讼的衔接机制。

参考文献

[1] 韦旭丹. 生态环境损害赔偿责任制度研究 [D]. 华北电力大学（北京）博士论文，2020-04-01.

[2] 汪劲. 环境法学（第四版）[M]. 北京：北京大学出版社，2018：61.

[3] 竺效. 反思松花江水污染事故行政罚款的法律尴尬——以生态损害填补责任制为视角 [J]. 法学，2007（3）：6-15.

[4] 徐详民, 刘卫先. 环境损害：环境法学的逻辑起点 [J]. 现代法学, 2010 (4)：41-49.

[5] 梅宏. 生态损害：风险社会背景下环境法治的问题与思路 [J]. 法学论坛, 2010 (6)：118-123.

[6] 李挚萍. 论国有环境资源损害的民事救济 [J]. 重庆大学学报（社会科学版）, 2007 (2)：106-111.

[7] 高庚申等. 贵州省生态环境损害赔偿制度改革试点经验及启示 [J]. 四川环境, 2020 (01)：164-169.

[8] 邢鸿飞等. 水生态环境损害赔偿磋商制度：功能、困境及完善 [J]. 水利经济, 2020 (03)：46-50.

[9] 张辉等. 生态环境损害赔偿磋商制度的实践研究——聚焦 20 起磋商优秀候选案例 [J]. 环境保护, 2020 (11)：48-54.

[10] 彭中遥. 生态环境损害赔偿诉讼的性质认定与制度完善 [J]. 内蒙古社会科学（汉文版）, 2019 (01)：105-111.

[11] 吕忠梅. 中国环境司法发展报告（2019）[M]. 北京：法律出版社, 2020.

[12] 中华人民共和国最高人民法院. 中国环境资源审判（2019）[M]. 2020.

全面依法治国背景下基层人民法院参与诉源治理机制研究

——以G省R县为例

李小红 黄 杨[*]

(贵州民族大学法学院,贵州贵阳 550025)

摘 要:全面依法治国背景下,基层人民法院作为我国法院组织体系中的重要组成部分,其在推动诉源治理中发挥着重要作用。正确认识当前基层法院在参与诉源治理中积累的经验做法,厘清其在主体功能发挥不够、部门协同联动不足、社会组织参与不高等方面的困难和问题,并着力从加强党的领导、强化部门联动保障机制构建、提高社会组织参与度等方面明确其优化路径,明确提出人民法院应当立足于审判职能参与诉源治理,且需要多方协同推进方能从源头上、根本上化解矛盾纠纷,推动国家治理体系和治理能力的现代化。

关键词:全面依法治国;基层人民法院;参与;诉源治理

中央全面深化改革委员会第十八次会议审议通过的《关于加强诉源治

---

[*] [作者简介]:李小红,女,汉族,法学博士,贵州民族大学法学院副教授。研究方向:地方法治原理、立法学等。
黄杨,女,土家族,贵州民族大学法学院2021级硕士研究生。研究方向:地方法治原理、法社会学。

理推动矛盾纠纷源头化解的意见》强调，法治建设既要抓末端、治已病，更要抓前端、治未病。全面推进依法治国建设进程中，要坚持和发展新时代"枫桥经验"，应当准确厘定"枫桥经验"的实质内涵。这就必然要求应当把非诉讼纠纷解决机制挺在前面，依靠多方力量、运用多种方式将矛盾纠纷从源头抓好预防，前端及时化解，切实把好风险把控关口，建立健全相关预防性的法律制度，力促将矛盾纠纷化解在基层，进而从源头上减少诉讼增量，从本源上解决人民法院面临的案件数量居高不下、利益诉求不能得到及时解决等问题。因此，人民法院作为社会治理的重要主体之一，应当立足于司法机关的审判职能职责，积极思考、充分论证、深度参与诉源治理，勇于担当作为，维护社会公平正义，促进社会和谐稳定，进而推动基层社会治理法治建设，具有重要的理论研究和实践应用价值。

一、诉源治理内涵

诉源治理，顾名思义，"诉"即诉求、请求、权利主张；"源"即源头、根本；"治理"即纠纷解决、矛盾化解过程，规范秩序构建，也就是指运用法治、德治等多种治理方式，通过非诉或者诉讼程序对各类矛盾纠纷、诉求从源头预防、实质化解、根本解决，从而实现社会的良善治理。诉源治理作为"枫桥经验"的发展，已成为包括人民法院在内的各类社会主体推动矛盾纠纷多元化解的重要路径。就法院而言，诉源治理一词首次为最高人民法院确认的是在其印发的《关于深化人民法院司法体制综合配套改革的意见——人民法院第五个五年改革纲要（2019-2023）》中。纲要强调完善诉源治理机制，要坚持非诉纠纷解决机制走在前面，推动从源头上减少诉讼增量。[1] 在其制定的《关于建设一站式多元解纷机制一站式诉讼服务中心的意见》亦明确提出，要"主动融入党委和政府领导的诉源治理机制建设。"[2] 均明确人民法院在诉源治理中，应当是作为重要的参与主体，立足于司法职能而融入党委领导、政府主导的诉源治理机制建设工作大局中。总的来讲，参与诉源治理的主体应该是多维度、立体化的，主要有党委、政府、社会组织、社会公众、司法机关等主体，并着力形成党委坚强领导、政府主抓、社会各种力量广泛参与，以及包括法院在内的司法机关司法保障的诉源治理体系。由此可知，人民法院在诉源治理中的角色准确定位应当是重要的参与者，而不是主导者，更不是唯一的推动者，防止在诉源治理建设中，异化人民法院的角色作用，切实纠正有关人民法院参与诉源治理中的错位、缺位以及越位等错误认知和做法。

二、人民法院参与诉源治理的价值分析

从宪法的维度来看，人民法院作为国家的审判机关，负有化解社会矛盾纠纷、维护社会公平正义的职能职责。人民法院通过每一个司法案件的审理活动，切实发挥司法裁判的教育、预防、惩戒、约束等功能，规范各类社会主体在宪法法律范围内行使权利、履行义务。从功能主义视角分析，人民法院参与诉源治理，就是要求人民法院通过积极规范的行使审判职权，靠前化解各类矛盾纠纷，将矛盾纠纷化解在诉前、消除在萌芽状态，从而减少案件进入法院诉讼程序，以及减少诉讼内衍生案件的增量。同时，也可以将有限的司法资源更优质地适用于重大、疑难、复杂等领域纠纷的实质化解、处理，进而有效节约司法资源，提高司法化解矛盾纠纷的能力和效率，让人民群众实实在在地在每一个司法案件中感受到公平正义。

三、R县人民法院参与诉源治理的主要做法

G省R县旧称古州，为江南八百州之一，位于G省东南部，地处贵州高原向广西丘陵过渡的边缘地带，素有"黔省东南锁钥，苗疆第一要区"之称。全县面积3316平方公里，辖22个乡镇（街道）、261个行政村（社区），总人口37.9万，其中苗、侗、水、瑶等少数民族占总人口的80%以上。R县人民法院在依法履行宪法法律赋予的神圣审判职责过程中，始终坚持党的领导，及时主动向党委汇报法院工作，争取党委政府的支持，注重将法治工作方式与群众工作路线相结合，坚持以矛盾纠纷事前抓好风

险防范、事中及时跟进化解、事后常态总结固化作为总抓手，以派出人民法庭为联结点，加强与当地政法综治部门的协同联动，建立一系列沟通协调机制，力促实现"小事不出村、大事不出镇、矛盾就地解"，取得了良好的法律效果和社会效果，主要从以下几个方面加以推进落实：

一是建设立体化纠纷化解网络体系。R县人民法院在矛盾纠纷化解中，注重强调推行梯次调解，即法官助理庭前调解、主审法官庭中调解、审判长庭后调解、分管副院长庭外调解，院长最后调解，实现从"结案了事"到"案结事了"的良性转变。注重抓好基层群众联络员建设，以村、寨为"单元格"，以其中公道正派、威望高的人员作为联络员，并加强对这些联络员的基础法律知识培训，并争取党委政府支持，给予其部分联络补助，有效提升其积极性。同时，还对其所在村寨发生或者可能发生的矛盾纠纷问题，及时发现、准确研判、高效化解，将矛盾纠纷及时化解在萌芽状态。

二是强化部门协同联动。R县人民法院注重强化部门的沟通衔接，发挥"一庭（法庭）二所（司法所、派出所）"各自的职能作用，对辖区出现的各类民事、行政纠纷，借势借力政法综治力量，统筹各方协调，实现诉调无缝对接，既实质化解了矛盾纠纷，维护了地方的和谐稳定，又增进了部门之间协同联动，提高了矛盾纠纷化解能力。

三是运用多种方式开展法治宣传教育。R县人民法院以下设的人民法庭作为载体，在法庭辖区驻地之外的其他乡镇设立法官工作站，利用乡镇赶集、重大节日庆典等聚集性活动机会，进行巡回审判，推动实现"审理一案、教育一片"的良好社会效果。同时，R县法院在民族文化浓郁的村寨、异地扶贫搬迁所形成的新型聚居点组建法治文艺宣传队，动员民间的歌师、歌手通过歌唱的方式宣传法律并担当调解员，以种种基层人民群众喜闻乐见的方式宣传法治，化解矛盾纠纷。

四、基层人民法院在参与诉源治理的困难和问题

当前，R县人民法院在参与诉源治理的过程中，坚持以努力让人民群

众在每一个司法案件中感受到公平正义为根本遵循，充分发挥人民法院作为维护社会公平正义最后一道防线的作用，依法履行职责，积极能动司法，推动矛盾纠纷的多元化解、实质化解，力促将矛盾纠纷化解在诉前、消弭在萌芽状态，取得了显著成效。当然，R县人民法院在参与诉源治理过程中，仍然存在一系列困难、问题和不足，亟须加以厘清。主要体现在：

（一）多元治理主体的功能尚未完全发挥

在诉源治理建设体系中，人民法院原本应当只是立足自身司法职能作为诉源治理的参与者之一，但由于受到诸多因素的掣肘，导致"党委领导、政府主导、社会力量共同参与、司法保障"等主体的功能作用尚未能够得到充分有效发挥。

（二）部门协同联动保障机制仍不完善

基层人民法院在推动诉源治理过程中，往往由于受部门职能分工不同、财政经费预算不足、人员编制职数限制等方面的掣肘，致使其在矛盾纠纷化解所需要的经费保障、人员配备等方面存在明显不足，致使人民法院在推动部门协同联动中往往"响应"不够。矛盾纠纷调解员、便民诉讼联络员等由于缺乏必要的经费保障，导致其工作积极性不高，等等。这一系列因素影响了基层人民法院推动诉源治理工作的开展，使得诉源治理的效果大打折扣。

（三）社会组织参与诉源治理的程度不高

在社会治理体系中，社会矛盾纠纷的出现，往往并非某一个案件因素造成，也并非单一的类型化争议，而是多种因素、现象、行为的综合体。而由于主体认知差异、纠纷类型多样、利益诉求多元等客观情形，矛盾纠纷更是呈现出复杂多样性，从而也加剧了诉源治理工作的难度。从化解矛盾纠纷的方式来看，一般的人民调解、行政协调、商事仲裁和诉讼等都是矛盾纠纷解决机制的重要方式，但就社会组织而言，比如人民调解委员会、行政争议协调组织、仲裁委员会等都是重要的矛盾纠纷化解主体,而律师作为法律职业共同体之一,其在矛盾纠纷化解中,往往担负起其中一方当事人代理人的职责,其也应当作为重要的主体,充分利用其所学的专业知识和专业能力,加之为当事人提供专门服务的优势,其应当也将必然在推动矛盾纠纷化解中来,对于推动矛盾纠纷的实质化解起到独特的作用。但就当前而言,社会组织在推动诉源治理中的作用尚未完全发挥。

五、基层人民法院参与诉源治理的优化路径

基层人民法院作为我国法院组织体系中的重要组成部分,是与人民群众接触最为紧密最为广泛的司法审判机构,绝大部分民商事纠纷都在基层人民法院审理解决,也是参与基层社会治理的重要力量。故基层人民法院应当立足宪法法律赋予的审判职责,不断探索完善矛盾纠纷化解经验,积极参与诉源治理工作。

(一) 坚持党对诉源治理工作的领导

习近平总书记强调,"中国特色社会主义最本质的特征是中国共产党领导,中国特色社会主义制度的最大优势是中国共产党领导"。从国家制度和国家治理体系的角度来审视,党是决定整个诉源治理体系能否得到规范、高效运行的核心力量和关键环节。就治理维度而言,基层社会治理也属于国家治理范畴。因此,在推动基层社会治理法治化、现代化的过程中,必须要始终坚持党对诉源治理工作的领导。我们党作为中国特色社会主义事业的领导核心,只有始终坚持党的坚强领导,才能切实发挥党统揽全局、协调各方的作用。如在推动基层人民调解员、便民诉讼联络员等建设过程中,就可以发挥党员这一优势,积极规范、引导、鼓励、支持其发挥先锋模范带头作用,使其在推动基层矛盾纠纷化解中切实履行职责、充分密切协作,发挥党员的战斗堡垒作用。

(二) 完善诉源治理联动保障机制

诉源治理是社会治理体系中的一项庞大的、复杂的系统化工程，除了依托基层人民法院基于审判职责参与诉源治理外，还应当切实发挥各部门的协同联动作用。如人大、公安、检察、司法、综治、财政、人力社保等部门，分别基于各自的法定职能职责，协同联动，无缝对接，从立法、行政、执法、司法、守法等形成规范完善的诉源治理联动保障体系。如 G 省高级人民法院构建"一站式"矛盾纠纷预防调处化解综合新模式，也即通过联动各部门解纷资源、集中设立便民处进行诉前调处、联合处理纠纷促进矛盾化解，合力打造立体化、集约化、信息化的一站式诉讼服务中心。[3] 在诉调对接方面，以各地党委牵头总抓、政府主导负责，联合法院及相关部门共同出台矛盾纠纷化解的联动保障机制，既注重发挥好民间组织调解、商事仲裁等传统的纠纷解决方式，也充分利用公证、行政裁决、司法确认等方式"明权确利"，降低当事人的诉讼成本、节约司法资源，实现非诉讼纠纷解决与法院司法诉讼活动的有效衔接。此外，还可以通过明确专人专职专责做好人民法院与行政部门等的联络沟通，实现信息共享共用，提高矛盾纠纷化解的质量、效率和效果。

(三) 推动社会组织参与诉源治理

党的十九届四中全会提出，坚持和完善共建共治共享的社会治理制度，保持社会稳定、维护国家安全。诉源治理作为党和国家推动的社会治理的组成部分，这一社会治理体系的完善也必然离不开社会组织的广泛、深度参与，同样需要社会组织发挥其应有的功能作用。推进基层社会治理的现代化，吸引包括社会组织在内的各种社会力量参与基层治理，从源头上预防纠纷的发生，即使矛盾纠纷发生后，也有一套完整的纠纷解决机制及时化解，这也从客观上有效预防和减少了大量的纠纷案件转为诉讼案件进入法院，切实减轻了当事人为维护权利实现所付出的讼累，也从客观上缓解了基层人民法院的工作压力。如通过加强社会组织参与的协商解决机制建设，即通过社会组织作为中立的第三方，对争议双方当事人之间的矛盾纠纷，除了严格依照法律进行处理外，还可充分根据当地的村规民约、惯例习俗、乡风人情等开展非司法程序的协商解决，这样既不违反法律的禁止性规定，又可以依据双方当事人的意思自治行为进行纠纷调处。如果经社会组织参与调解达成调解协议后，调解组织应当依照法律规定，以人民调解委员等名义送人民法院进行司法确认，赋予其司法强制执行力。

在新的历史条件下，基层人民法院应当坚持和发展新时代"枫桥经验"，在推动诉源治理中，立足于自身审判职能职责，积极推动矛盾纠纷的前端解决，多元化解，切实畅通规范群众诉求表达渠道，统筹协调各方利益，切实保障当事人的合法权益，努力将矛盾化解在基层，既降低了人民群众维护权利成本，从形式上减少了诉讼增量，又从根本上维护了基层的社会和谐稳定，从而推动构建基层社会治理新格局。

参考文献

[1] 孙航：《最高人民法院发布"五五改革纲要"——构建10大体系深化人民法院体制综合配套改革》，载《人民法院报》2019年2月28日第001版，第1页。

[2] 薛永毅：《"诉源治理"的三维解读》，载《人民法院报》2019年8月11日第002版，第1-2页。

[3] 中共贵州省委全面深化改革委员会办公室：《贵州省高级人民法院积极探索"一站式"多元纠纷化解新机制》，载《贵州改革情况交流》2020年第153期。

[4] 习近平. 习近平谈治国理政［M］. 北京：外文出版社，2014.

[5] 苏力. 送法下乡. 中国基层司法制度研究［M］. 北京：中国政法大学出版社，2000.

[6] 朱力等. 社会问题概论［M］. 北京：社会科学文献出版社，2002.

[7] 朱景文. 比较法社会学的框架和方法［M］. 北京：中国人民大学出版社，2001.

[8] 顾培东. 社会冲突与诉讼机制（第三版）[M]. 北京：法律出版社，2016.

[9] 李少平. 传承"枫桥经验"创新司法改革 [J]. 法律适用，2018 (17).

[10] 汪世荣. 人民法院参与基层社会治理的"枫桥经验"研究 [J]. 国家检察官学院学报，2019 (3).

[11] 周苏湘. 法院诉源治理的异化风险与预防 [J]. 华中科技大学学报（社会科学版），2020 (01).

大数据时代侵犯著作权刑事规范重塑

——以"以营利为目的"要件为视角

张 婷[*]

(贵阳人文科技学院法学院,贵州贵阳 550025)

摘　要：随着大数据时代的到来，侵犯著作权的方式在不断变化。《刑法修正案（十一）》对侵犯著作权罪的条文、构成要件要素及法定刑进行了修改，但对"以营利为目的"主观要件的立法设置未进行更改。侵犯著作权罪"以营利为目的"主观要件的立法设置，对于罪刑相适应原则的体现、刑法之保护机能的彰显、作品的传播具有十分重要的意义。但侵犯著作权罪"以营利为目的"主观要件的设置面临着立法价值的偏差、不利于具体著作权的保护、与《Tips》协议的要求相悖等问题。需要从立法价值的转变、立法模式、构成要件及罪名体系等方面进行完善，遏制侵犯著作权犯罪，从而实现对著作权更好的保护。

关键词：侵犯著作权罪；以营利为目的；立法要件；完善

随着大数据时代的到来，侵犯著作权的方式在不断变化，使用作品的方式与传播作品的方式也在不断变化更新。《刑法修正案（十一）》对侵犯

---

[*] [作者简介]：张婷，女，汉族，法学博士，贵阳人文科技学院副教授。研究方向：刑法学、民族地区社会治理法治化。

著作权罪的条文、构成要件要素及法定刑进行了修改，但对"以营利为目的"主观要件的立法设置未进行修改。不以"以营利为目的"的侵权行为数量远高于"以营利为目的"的侵权行为数量，具有严重的社会危害性，最明显的是类似于使用商业盗版软件的行为与以共享为目的传播侵权作品的行为，这些行为由于不是"以营利为目的"，依据现行刑法的规定，不能追究其刑事责任，只能按照《著作权法》的规定，追究民事或行政责任，追究其民事责任及行政责任很难达到威慑之作用，导致对非营利侵犯著作权的行为的法律治理不够。长此以往，非营利侵犯著作权的行为会恶性发展，对不具有"以营利为目的"类似于使用商业盗版软件的行为与"以共享为目的"传播侵权作品的行为如何治理，是立法急需解决的问题。本文以侵犯著作权罪"以营利为目的"要件的立法完善为研究对象，对"以营利为目的"要件设置之合理性与非合理性进行分析，探究其完善对策。

一、"以营利为目的"之理论表述

本部分探讨侵犯著作权罪"以营利为目的"要件的基础理论，分析"以营利为目的"的内涵、外延及与其他主观要件的关系。

（一）"以营利为目的"之内涵

要把握"以营利为目的"之内涵，应从一般语义上与法律语义上两方面进行理解。一般语义上，"以营利为目的"应被理解为通过某种方式、手段或者行为，以达到谋利或经济价值之目的。法律语义上，"以营利为目的"是由刑法专门条款所规定，是犯罪成立与否的主观要件。大陆法系国家以构成要件之实施行为与目的实现之间的关系为基础，将这类要件称为"行为犯之目的"，这一目的的实现不仅有赖于侵权行为的完成，而且还有赖于行为人完成与侵权行为不同的其他行为。对于"以营利为目的"，应该理解为行为人复制他人作品，不会立即产生经济效益，还必须通过销售或登广告来帮助或协助实现这一目的。在我国刑法条文中，还存在类似于"以营利为目的"的语义和目的的规定,即我们通常所说的"以牟利为目的"。但它们在词性和适用语境上都不一样"。"营利"是一个中性词,基本上没有价值倾向,"牟利"是一个贬义词,带有情感色彩和价值倾向,"营利"通常被理解为以正常的经济活动,或者通过正常的手段获取经济利益。"牟利"是指以最低成本获得最大的价值,或者通过非正常竞争方式获得高额的回报、高额利润。二者虽有差异,但追求的目标、法律意义和法律功能等相同,都追求经济利益,它们都是通过犯罪的方式和行为达到追求经济利益的目的;是刑法规定犯罪构成的主观目的要件;用于评估社会危害性和是否构成犯罪的依据。[1] 因此,可以将两者归为一类进行研究,以便把握"以营利为目的"的内涵与规律,推进该要件的立法完善。

(二)"以营利为目的"之外延

在一般意义上理解"以营利为目的"是指以获取利益为目的,在外延上包括"直接营利"与"间接利益"。详而言之,"直接营利为目的"是行为人通过直接销售违法复制品的方式获取经济利益,不需要任何辅助手段,在销售中已达到"营利之目的"。"间接营利为目的"指行为人经作品侵权之后,以刊登广告、对第三方软件进行捆绑或传播盗版作品等方式而收取费用之情形,行为人侵犯著作权之后,并未直接获取经济利益,还需要通过其他方式或手段来帮助、辅助经济利益之取得,依靠此种方式获取经济利益之目的应属于间接营利目的之范畴。应予以重点思考的是附赠式销售,或对第三方软件进行捆绑式销售以获取的利益是否应为"以营利为目的"之外延范畴。附赠式销售与销售的主商品构成了一个完整的整体,都属于买卖合同的内容,都是通过销售获取利益,名义上附赠式销售不需支付对价,实际上它的对价已在支付主商品的价格时已进行支付,应为"以营利为目的"之外延范畴。同理可得,对第三方软件进行捆绑式销售也属于"以营利为目的"之外延范畴。

(三)"以营利为目的"与其他主观要件的关系

"以营利为目的"与其他主观要件的关系主要分成两个方面进行讨论,

即讨论"以营利为目的"与犯罪故意之间的关系;"以营利为目的"与犯罪动机之间的关系。

1. "以营利为目的"与犯罪故意之间的关系

由于本文研究的需要,只讨论"以营利为目的"与直接犯罪故意之间的关系,主客观上对应的关系不同是两者主要的区别。"以营利为目的"需要借助于辅助手段,从犯罪构成要件进行考虑,主观要件有超过客观要件之程度。具体到侵犯著作权犯罪中,特殊目的的犯罪构成要件要求行为人在实施侵权后,需要诸如销售、广告费的收取等手段或方式实现其经济利益之目的,此类犯罪行为人在侵权时其犯罪已成立,后续获取经济利益的行为不影响犯罪的成立,"以营利为目的"对于客观要件而言有超过之特性。"以营利为目的"与直接犯罪故意之间的联系表现在两个方面:内容上具有相似性,行为人都认识到自己的行为具有社会危害性,都对行为危害的结果持有积极追求的态度。内容上还具有连续性,在侵犯著作权中,在直接故意驱使下,支配行为人有侵犯著作权的故意,侵权行为发生后,其故意之内容已完成,而特殊主观目的还要求行为人持续实施侵犯他人著作权后获取经济利益之目的,具有更深层次的心理态度,因此两者在内容上还具有连续性。

2. "以营利为目的"与犯罪动机之间的关系

"以营利为目的"与犯罪动机皆属于犯罪主观方面的范畴。两者的区别表现在两方面:一是产生的时间不同。犯罪动机先于犯罪目的产生,在侵犯著作权犯罪中,行为人可能由于生活、经济拮据而产生犯罪动机,犯罪动机产生后,通过不法侵权行为侵犯著作权,获取经济利益的犯罪目的。二是犯罪动机更具有隐蔽性,属于更深层次的心理活动。具体到侵犯著作权犯罪中,"以营利为目的"的指向是外部的版权和版权管理制度,获取经济利益之目的,容易被判断和感知。犯罪动机具有隐蔽性、模糊性的特点,可能是由于行为人生活、经济拮据而产生,不易被观察和感知。"营利"的犯罪目的比犯罪动机更容易考察,更有利于犯罪的证成与认定。[2]

二、"以营利为目的"要件立法的合理性、非合理性及存废之争

在上文讨论了"以营利为目的"之内涵、外延及与其他主观要件的关系,本部分主要讨论"以营利为目的"要件立法之合理性、非合理性及存废之争,为后文的研究奠定基础。

(一)"以营利为目的"要件立法的合理性与非合理性

讨论"以营利为目的"要件立法之合理性、非合理性,为"以营利为目的"要件的存废,以及对进一步探究立法完善做铺垫。

1. "以营利为目的"要件立法的合理性

"以营利为目的"要件立法的合理性表现在三个方面:有利于罪刑相适应;有利于突显刑法的保护机能;有利于作品的传播。

(1) 有利于罪刑相适应

相较于国外侵犯著作权犯罪的刑罚设置,我国的刑罚偏重,"以营利为目的"要件的设置具有科学性,使犯罪圈的打击与刑罚的轻重相匹配。[3] 我国《刑法》对于侵犯著作权犯罪的规定,以营利为目的,对于数额较大或者数额巨大的侵权行为,加重法定刑可以最高判处10年有期徒刑(《刑法》修正案十一修正)。国外对于侵犯著作权犯罪刑罚的设置较轻,《法国知识产权法典》规定除侵犯软件著作权之外,对于其他作品复制、发行的侵权犯罪行为,最高可以判处5年的自由刑;《德国著作权法》规定未经同意或者允许而复制、发行他人作品的侵权犯罪行为,最高可以判处3年自由刑;《日本著作权法》规定用传统的方式复制、发行他人作品的行为,最高也只能判处5年的自由刑。[4] 总之,在侵犯著作权犯罪中,国外法律规定最高可以判处5年的自由刑;与之相比,我国《刑法》规定法定加重情节可以判处10年有期徒刑,刑罚的设置明显较重,由此可以看出,在我国侵犯著作权犯罪的打击面不能涉及过大,才能使著作权的刑事法网与刑罚的设置相适应。"以营利为目的"要件的设置具有科学性,对

于一般的著作权的侵权行为限制其入罪,有利于罪刑相适应,具有科学性。

(2) 有利于突显刑法的保护机能

从立法过程来看,著作权的刑事保护经历了一个从缺失到存在的过程,1990年颁布的《著作权法》确立了"以营利为目的"的要件,这一要件的设立早于刑法中的设立。在民事法律中设置了"以营利为目的"要件,刑法的设置不能超越民事法律的规定,若随意设置在刑法中,容易造成一般侵犯著作权的行为会被科处刑罚,这违背了刑法谦抑性的原则。[5]在传统领域对于作品的复制、发行其成本较高,这就导致在传统意义上侵犯著作权犯罪时会以获取经济利益为目的,无论是民事领域,还是刑事领域设置"以营利为目的"要件符合实际情况。尽管2001年在修改《著作权法》时,修改了原著作权法中以获取经济利益为目的的要件,而《刑法》中并未对该要件进行改动,《刑法》对"以营利为目的"之要件的保留,有利于突显刑法的保护机能,也有利于与民事法律形成合理的保护梯度。从节约司法资源的角度来看,若刑法保护的范围过大,势必会造成司法资源的浪费。在《刑法》中设置"以营利为目的"要件,防止一般意义上侵犯著作权的行为入罪,有利于集中力量打击那些侵犯著作权获取经济利益的行为,同时有利于突显刑法的保护机能。

(3) 有利于作品的传播

我国著作权制度的建立,一方面赋予作品创作者一定范围的垄断权,以获得经济利益之回报;另一方面激励更多的创作者进行创作,使作品的种类越来越多,以实现著作权领域繁荣现象持续。笔者认为不能给予作品创作者绝对的垄断权,若对作者著作权保护过度,相应其传播的成本会增高,会影响作品的传播和使用。这意味着在保护作品著作权的同时,要合理限制创作者的权利,使作品在社会上合理流动和传播,更有必要对其进行刑法限制。具体到侵犯著作权犯罪,"以营利为目的"要件来区分罪与非罪的标准,将一般意义上的侵犯著作权的行为排除在外,比如对他人的作品进行教学、科研使用的复制行为等,这些行为未征得著作权人的同意,属于侵权行为,但对作品的传播、使用具有积极的推动作用,因此在侵犯著作权犯罪中设置"以营利为目的"要件作为入罪的标准具有一定的合理性。[6]

2. "以营利为目的"要件立法的非合理性

"以营利为目的"要件立法的非合理性表现在三个方面：立法价值存在偏差；不利于具体著作权的保护；与《Tips》协议的要求相悖。

（1）立法价值存在偏差

"以营利为目的"的立法设置对于纠正立法价值的偏差不利，国外一直认为著作权属于无形的新型财产权，具有私权的性质，在立法中应被体现出来。多国都承认著作权的私权性质，在立法中体现了"以私权保护为主"的价值取向。国外著作权理论认为，著作权是作品创作者辛苦劳动的体现，其作品应归创作者所有，应属于私权，具有排他性。对著作权的保护应对作品创作者垄断性的私权进行保护，然后才是对创作者私权的约束与限制。在国外著作权立法中体现了"私权保护为主"的立法价值。《德国著作权法》规定了"本法保护作品创作者的权利"；《法国知识产权法典》在开篇就规定了"作品的创作者享有依据该作品而具有的所有权，且具有排他性"；《Tips》协议直接写明"承认知识产权是私权"的条款，明确要求各缔约国要遵守。综上所述，著作权是私权以及"以私权保护为主"的立法价值取向被各国所接受与认可。

我国对侵犯著作权犯罪"以营利为目的"的立法设置，刚好与国外的立法价值相悖，我国在立法上坚持"以社会利益为主"的价值取向。[7] 从"以营利为目的"要件的分布上来看，我国《刑法》中共有9种"以营利为目的"的罪名，主要分布在《刑法分则》的第三章与第六章，《刑法分则》章节的设置是根据法益类型的不同，由重至轻依次设置的，也体现着立法的理念与价值取向的轻与重，《刑法分则》的第三章和第六章所保护的法益分别为社会主义市场经济秩序与社会管理秩序，所以这两章的内容主要与"以营利为目的"的罪名相关。这在一定程度上也反映出在设置目的要件时，将作者的著作权视为一种社会性权利来看待，著作权应先保护社会利益，然后才考虑作品创作者的权利。这种理念与国际上主流做法相违背，著作权保护上的立法价值存在偏差，也正好说明我国对侵犯著作犯罪"以营利为目的"的立法设置存在不足的状况。

(2) 不利于具体著作权的保护

"以营利为目的"作为侵犯著作权罪的主观目的要件及入罪门槛，显得笼统，对著作权法益性质、客观的侵权行为缺乏深入的分析，使作品创作者的著作权权利不能被很好地保护。

对著作权的法益性质考察不足。纵观国外著作权法理论，各国都承认著作权包含财产权和人格权双重性质。"二元制"是我国著作权的特点，在认可著作权包括财产权的同时，又包括人格权，所以对著作权的保护，既要保护作品的财产性利益，又要保护作品创作人的人格利益。目前我国《刑法》对侵犯著作权犯罪"以营利为目的"的立法设置，存在一个问题就是对作品创作人的人格利益缺乏深入考察与分析。[8] 冯·吉尔克认为，作品之权利的基础为人格权，经济权利只是作品权利的附带之权利。在作品之权利中，人格利益之位置及意义较重要。作品创作人人格权的法益客体是创作人的精神利益与人格利益，具有抽象性的特点，而非财产性，若与名誉等非抽象性的精神利益相比，不能简单地用金钱进行衡量，对作品创作人人格权的立法保护，包括刑法立法在内，不宜过多涉入经济因素，以营利为目的。考察《刑法》条文对其他人格权的保护规定，《刑法分则》第246条规定了诽谤罪及侮辱罪，条文规定只要行为人有损害他人人格之行为，或者毁坏他人名誉之行为，其情节严重，可以对行为人定罪量刑，根本不考虑经济利益因素。作品创作人的人格权类似于人格尊严、名誉等，同属于我国人格权，《刑法》对作品创作人的人格权的保护，不应与人格尊严、名誉等的人格权存在不同之处。所以对作品创作人人格权的立法保护，应主要考量人格利益本身，减少经济性因素作为入罪的标准。反之，"以营利为目的"作为侵犯著作权罪的主观目的要件及入罪门槛，刑法对其进行设置，侵犯著作权犯罪的入罪标准以经济性因素为主，具有逻辑自洽性，从而说明侵犯著作权犯罪以"以营利为目的"的目的要件为入罪的主要标准，就是对作品创作人的人格利益缺乏深入考察与分析，在立法上需要完善。

对网络领域著作权侵权行为之特点考察不足。随着大数据时代的到来，网络技术已深入我们工作、生活的方方面面，对侵犯著作权犯罪"以营利为目的"的立法设置是否存在科学性，应综合考察网络领域著作权侵权行为之特点。

第一，网络领域著作权侵权数量大，具有严重的社会危害性。网络领域著作权侵权的主要对象是电脑软件和数字作品。2015年和2017年，软件侵权总额分别为86.57亿美元和68.42亿美元，这就加大了网络领域著作权侵权行为的治理难度，《刑法》对其相关规定应与时俱进，"以营利为目的"立法设置并非一成不变，应及时调整，为网络领域著作权侵权的治理服务。[9] 第二，网络作品的复制和传播的目的不再局限于经济利益，其主观目的已经成多元化的趋势，非营利的作品传播行为也是目的之一。在网络领域，网络作品复制发行的特点为传播速度相对较快，成本相对较低，侵权人随时都可以传递网络作品，其主观目的不仅是经济利益，还可能存在打击报复、满足个人欲望及损害社会公共利益等目的，主观目的出现多样化的趋势，不仅只具有以营利为目的，"以营利为目的"作为侵犯著作权罪的主观目的要件及入罪门槛，刑法对其设置的做法不科学。第三，除了非营利的作品传播行为，网络领域中其他"新型行为"也挑战于"以营利为目的"的立法设置。网络领域中其他"新型行为"包括违法使用盗版软件行为与规避技术保护措施行为。通常认为违法使用盗版软件行为是通过降低成本的方式获得大于使用正版软件的利益与利润，具有经济利益的行为。通过深入分析就会发现，降低成本的方式并不必然等同于"以营利为目的"。如一个持续处于亏本状态的公司，使用盗版软件的目的是使公司减少亏本，或者持续经营以至于使公司不破产，这样违法使用盗版软件，肯定不存在"以营利为目的"，但相较于"以营利为目的"侵犯著作权行为而言，在危害性上，使用盗版软件行为与其没有什么不同，都对软件权利人的权利造成侵害，对其进行刑法规制有必要。就规避技术保护措施行为而言，规避技术保护措施行为只是可能造成侵权，并未直接侵犯作品著作权，使作品著作权处于被侵犯的风险中，从此种层面可以看出危险犯是规避技术保护措施行为的特征，只有通过立法的形式对其进行保护，防止被侵权的风险，从而保护作品创作人的权利，在此种情况下过多考虑经济因素,"以营利为目的"显然不合适。所以网络领域中其他"新型行为"也挑战于"以营利为目的"的立法设置。[10] 第四,大多数社会公众认为网络中非营利的作品传播的侵权行为同样具有严重的社会危害性,以笼统的"以营利为目的"的刑法立法设置不科学。有学者对网络中非营利的作品传播的侵权行为,是否有必要进行刑法规制进行调查,在接近1600份的调查问卷中,有1000人认为其商业主体为节约成本,未经过作品创作人的同意而违规使用软件,应受刑法规制。由此可见在一般社会公众眼里网络中非营利的作品传播侵权行为,同样具有严重的社会危害性,应受到刑法规制,承担刑事责任。

(3) 与《Tips》协议的要求相悖

2001年我国加入世贸组织时签订了《Tips》协议,《Tips》协议是一项国际条约,该条约采取明示的方式规定了各缔约国的权利与义务。《Tips》协议规定的内容,各缔约国要遵守,若违反要承担责任。我国《刑法》对侵犯著作权罪"以营利为目的"的立法设置,显得笼统、单一,对著作人格权及网络作品著作权保护不利,还与《Tips》协议的要求相悖。根据《Tips》协议第61条规定,我国作为缔约国,对侵犯著作权犯罪在主观要件上的设置,必须遵守"商业规模的故意"之标准,而我们采用"以营利为目的"的主观要件,与《Tips》协议的要求相悖。"商业规模的故意"之中的商业规模应理解为达到与一般市场经营活动相当的规模与格局,是从客观角度对侵权行为进行描述、限制,应属于客观要件,而不属于主观要件。若从严格区分主客观要件出发,《Tips》协议第61条规定的"商业规模的故意"之标准,属于侵犯他人版权之故意,"以营利为目的"作为侵犯著作权罪的主观目的要件,同时属于一种特殊目的要件,具有限制其入罪之用,与《Tips》协议第61条规定的"商业规模的故意"之标准相比,我国刑法所采目的要件的范围及外延显得更小,所以有悖于《Tips》协议的要求。[11]

(二)"以营利为目的"要件的存废之争

在侵犯著作权犯罪中,关于以"以营利为目的"主观要件是否有必要存在，是学术界讨论最为热烈的话题之一。概括起来有"取消论"与"保留论"两种较为代表性的观点。

第一，"取消论"。主张"取消论"的学者认为，不管是传统的现实环境还是在网络环境中，很多不以"以营利为目的"而实施的侵犯著作权的行为仍具有严重的社会危害性。如损坏他人名誉的目的、共享的目的等，随着时代的发展，侵犯著作权犯罪的目的已向多元化趋势发展，而当前的仅以"以营利为目的"作为犯罪构成的必备要件已不能顺应社会的发展，规制相应的严重社会危害性的侵犯著作权的行为。"取消论"学者所主张的直接删掉"以营利为目的"要素的主张虽能扩大对著作权的保护，但是该观点不区分传统现实环境与网络环境的区别，可能导致传统现实环境下刑法保护著作权的过度化，所以仅是简单的删除该要素，并非最佳解决之道。

第二，"保留论"。持"保留论"学者的观点认为，侵犯著作权犯罪中不能删除"以营利为目的"这个主观要素，否则会无限扩大对侵犯著作权行为的入罪，不利于社会的进步和发展。"保留论"学者的观点认为，为了适应当前这种新的网络环境，对于该主观构成要素，只需要不断地赋予网络环境下"以营利为目的"的内涵和外延即可。但是，文字本身都有其最大的语义范围，如果超出了它本身的语义内涵范围，就不是扩大解释而是类推解释了，不是解释法律而是创造法律了，并且即使做扩大解释，"以营利为目的"也不可能囊括网络环境中出现的所有情况，所以"保留论"的主张对著作权的保护不尽全面。

总之，"取消论"的观点对于著作人格权的保护和网络作品著作权的保护，以及满足《Tips》协议精神等具有重要意义。但"取消论"的观点扩大了刑法治理范围，一般意义上的家用、科研或者教学等复制行为就可能触及刑法，这样不仅使传统领域著作权刑法保护的利益遭到破坏，对刑法稳定性的维护也不利。[12] "保留论"的观点可以使刑法过于干预生活的情况得到限制。[13] 单纯的"保留论"不能解决当下网络著作权侵权问题及非营利著作权侵权问题。"取消论"与"保留论"各具有优点，但又明显存在不足，不能简单地采用其中一种方式来解决侵犯著作权罪"以营利为目的"立法设置完善问题,只有另辟他径以寻求解决著作权的侵权问题。

三、侵犯著作权罪"以营利为目的"要件之立法完善

上文讨论了"以营利为目的"要件立法之合理性、非合理性及存废之争,对于该要件立法之完善,不能单纯地采用"取消论"或"保留论"的观点,要解决当前的困境,不能故步自封地陷入存废之争的死循环,而应跳出该惯性思维中,寻求应变之策,"以营利为目的"这一主观构成要素,对于传统现实环境中的侵犯著作权罪有其存在的合理性,在现实环境中不以"以营利为目的"的严重侵犯著作权的行为非常罕见,所以,在传统现实环境中,侵犯著作权罪的构成必须具备这一要素。而对于当前出现网络的新环境来说,这一主观构成要素就不能适应网络环境中的复杂情形了,所以,对于该构成要素,应基于不同的环境而区别对待,在传统现实环境中予以保留,在网络领域则予以删除。在区别对待的同时,应兼顾著作人格权的特殊性,对该目的要件进行取消。具体的建议是,在当前的《刑法》中增设两个新罪,分别是:侵犯著作人格权罪和侵犯网络著作权罪,这样就能够很好地解决当前不同环境中著作权保护的现实困境了。

(一)立法价值取向的转变

第一,著作权的私权性要求"以私权保护为主"的立法价值取向。无论是在我国还是国外的著作权理论均认可著作权属于私权的范畴,具有私权的属性。洛克的劳动理论从权利的来源阐释著作权为作品创作者凭借智力劳动之形式完成作品,毋庸置疑,著作权是创作者的权利,当然排斥其他权利,所以著作权是私权。同时我国著作权理论也承认著作权是新型无形财产种类之一,私权是其基本属性。

第二,国外立法都强调保护作品的私权。治理犯罪之目的就是减少或遏制犯罪,就侵犯著作权罪而言,限制其行为人之行为入罪,提高入罪之门槛。相对于特殊目的,将主观的故意设置在侵犯著作权犯罪中,更能体

现对私权的保护。通过对国外 54 个侵犯著作权犯罪罪名的考察,设置特殊目的之罪名仅有 10 个,仅且占十分之一,以主观故意的罪名有 44 个,占全部罪名的五分之四强,由此可见,国外立法都强调保护作品的私权。[14]而我国较强调"社会本位"刑事立法思想,为了更好地保护我国的著作权,应凸显"以私权保护为主"的立法价值取向。

(二) 构成要件的完善

笔者主张新增侵犯著作人格权罪与侵犯网络著作权罪,对于新增这两罪在构成要件上的设置,并不需要"以营利为目的"的主观目的要素,在主观要件上建议只要具备故意的罪过要件即可。

对于新增两罪构成要件上的设置,为了对其保护的法网更加细致及系统化,应增加一些与经济利益有关的客观要件对其入罪进行必要的限制。具体而言,限制实行行为的设置范围,例如在业务计算机上违法使用软件之行为,实质上就是对盗版软件的使用行为进行一个必要的限制,对其限制表现在行为主体及行为方式两个方面,行为主体限制为商业主体,行为方式限制为在业务计算机上使用。同理可以在其他行为中考虑也设置客观行为要件进行调整。如对现在的侵犯著作权罪的复制及发行行为,可以修改为"通过自动复制机进行复制、发行",针对侵犯网络著作权罪可以设置为"通过信息网络传播",通过该行为要件的调整,可以合理界定两罪的行为之范围,避免两罪产生冲突。还有如不管是现在的侵犯著作权罪与新增的这两罪都可以将"数额较大"的表述修改为"造成著作权人较大损失"这样的规定,这样的修改一方面从著作权人损失入手,体现"以私权保护为主,兼顾社会本位"的立法价值,以保护著作权人的利益,另一方面又防止无"以营利为目的"的要件后,产生较大的不适应,因此,新增了两罪后,对于现在的侵犯著作权罪中的构成要件还需要进一步的修改完善,与新增的两罪配合,以便全面保护著作权。

(三) 罪名体系的设置

针对目前著作权的侵权形势,《刑法分则》仅设置侵犯著作权罪以达到治理著作权侵权犯罪之目的，表现出其容纳性不足的问题，不能从根本上解决问题。新增侵犯著作人格权罪及侵犯网络著作权罪的设置非常之必要。

1. 设置侵犯著作人格权罪

新设置侵犯著作人格权罪具有合理性。著作人格权与侵犯作品财产权有不同的法律特征。当作品被创作完成后自然产生人格权，是作品创作者精神世界的客观反映，著作人格权与作品创作者紧密相连，不会随着时间的变化而变化，也不会随着作品财产权的转移或者继承而改变，也不能用经济利益来衡量其存在的价值。目前社会中人格权的立法保护日益被加强的趋势明显，当然著作人格权被保护的趋势也日益被重视起来。在我国《民法典》中专编设置人格权，这充分显示人格权被重视的程度日益增加。著作人格权系人格权中重要的内容之一，理应顺应立法变化之趋势，加强刑法立法对著作人格权的保护力度也是大势所趋。在国外立法中，有许多国家设置有与著作人格权相关的罪名。

侵犯著作人格权罪所规制的犯罪行为应较广，具体如包括公开出版、展览、分发以及以传播方式公开发表他人作品的行为；将假冒署名作品的制造行为及销售行为；违法篡改著作权管理信息的行为等。

2. 新设侵犯网络著作权罪

新设侵犯网络著作权罪具有合理性。首先，我国《民法》对侵犯网络著作权与传统意义上侵犯著作权做了区分。现行《著作权法》第10条规定的对网络著作权的侵犯，主要是传播网络作品，侵权的方式是通过有线或无线的方式进行。在刑法领域，以司法解释的形式对网络著作权进行解释与规定，"以信息网络形式传播作品之行为"解释为"复制、发行"，较多的学者对该解释提出了质疑。王迁教授认为，将网络传播行为解释为《刑法》第217条中的"复制、发行"行为，这有悖于刑法的罪刑法定原则。民事领域中的复制发行行为仅针对传统意义上侵犯著作权的行为，并不适用于网络侵权领域。因此，如刑事领域不加以区分的适用该行为，将使部门法之间的适用产生矛盾。所以有必要从刑法的角度单独设置侵犯网络著作权罪专门的对网络传播行为进行规制。其次，在侵权特点上，网络著作权侵权不同于传统意义上的著作权侵权。网络领域对作品的传播不受地域、人力因素的限制，网络领域著作权侵权行为的目的具有多样性、复杂性，传统意义上著作权侵权一般都涉及经济利益的因素，总之网络领域著作权侵权的特征具有独特性，不同于传统意义上的著作权侵权特点，因此有必要从刑法的角度单独设置侵犯网络著作权罪对网络传播行为进行保护。[15]最后，从国外的立法来看，《德国著作权法》《日本著作权法》及《法国知识产权法典》都以专门的条款，对侵犯网络著作权的行为从刑法的角度进行规制。从刑法的角度规制侵犯网络著作权的行为已成为世界网络作品侵权的立法趋势，因此，我国也应紧跟世界发展趋势。

侵犯网络著作权罪的犯罪行为多样。第一，应包括对网络作品非法使用及非法传播行为中的实行行为、帮助行为。网络技术带给人们方便的同时，也加速了不同主体之间对网络信息的使用及传播，若使用人未经权利人的同意而非法使用或传播，或将违法作品上传到网络，其危害性不言而喻，有必要从刑法的角度对网络作品非法使用及非法传播行为中的实行行为，或者帮助行为进行规制。第二，应包括以规避、破坏作品保护措施为业；提供规避、破坏作品保护措施服务装置；在业务上计算机上违法使用软件作品等行为。规避、破坏作品保护措施为业及提供规避、破坏作品保护措施服务装置，这两种行为虽未直接侵犯作品之著作权，但使作品著作权失去保护，而处于遭受违法侵害的危险状态，完全有可能造成严重后果，也有必要适用刑法进行规避。国际上，在业务上计算机上违法使用软件作品适用刑法进行规制已成为一种趋势，计算机软件基本上是在网络环境中使用，与网络难以割舍开来，这种行为侵犯了作品创作人的权利，具有严重的社会危害性，应适用刑法规制。

侵犯著作人格权罪、侵犯网络著作权罪的内容规定，既要与侵犯著作权罪加以区别，又要统一协调，防止重复与交叉规定。如出版与发行他人图书行为，与发表权与复制发行权具有重合的地方，对于此种情况应做拆分处理，在侵犯著作人格权罪与侵犯著作权罪中，对图书的发表权、复制与发行权分别进行规定与保护。通过对已有侵犯著作权罪的完善和侵犯著作权人格罪、侵犯网络著作权罪的设立，在刑法中形成一个著作权保护的完整体系，实现对著作权的全面保护。

参考文献

[1] 黄旭巍. 对销售侵权复制品刑事司法的实证分析 [J]. 中国出版，2015（21）：14-19.

[2] 李海良. 数字版权时代著作权犯罪的刑事治理探析 [J]. 出版发行研究，2017（2）：77-80.

[3] 彭辉，姚劼靖. 侵犯著作权罪刑罚适用的理论与实证研究——以33例判决分析为视角 [J]. 中国刑事法杂志，2012（2）：41-47.

[4] 田村善. 日本知识产权法 [M]. 周超，李雨峰，李希同，等译. 北京：知识产权出版社，2011：11.

[5] 王冠. 深度链接行为入罪化问题的最终解决 [J]. 法学，2013（9）：142-151.

[6] 向鹏，张婷. 大数据时代数字版权保护"焦虑"的刑法治理探析 [J]. 华东理工大学学报（社会科学版），2019，34（2）：92-100.

[7] 于志强. 网络知识产权犯罪制裁体系研究 [M]. 北京：法律出版社，2017：14.

[8] 李国权. 数字时代著作权刑法保护的机制向度：兼论从回应到预防的范式演变 [J]. 电子知识产权，2020（4）：96-103.

[9] 王志远. 网络知识产权犯罪的挑战与应对：从知识产权犯罪的本质入手 [J]. 法学论坛，2020，35（5）：114-123.

[10] 田宏杰. 侵犯知识产权犯罪的几个疑难问题探究 [J]. 法商研究，2010，27（2）：110-116.

[11] 张素敏. 全媒体环境下"深度链接"行为的刑法规制 [J]. 西北民族大学学报（哲学社会科学版），2021（2）：97-105.

[12] 吴满意. 网络意识形态相关问题初探 [M]. 北京：人民出版社，2019：60.

[13] 吴满意. 网络意识形态相关问题初探 [M]. 北京：人民出版社，

2019：63.

［14］曾粤兴，魏思婧. 我国知识产权刑法保护现存问题分析与完善［J］. 知识产权，2017（10）：84-108.

［15］孔祥俊. 网络著作权保护法律理念与裁判方法［M］. 北京：中国法制出版社，2015：140.

教育教学

高校大学生防范网络诈骗教育路径探析[*]

田 雪 王永祥[**]

(贵阳人文科技学院,贵州贵阳 550025)

摘 要：随着我国金融与通信产业的飞速发展，电信网络诈骗等新型网络犯罪严重侵害大学生的权益，威胁校园和谐与社会安宁。尽管高校已采取防范措施，但学生受骗事件仍时有发生。为强化反诈宣传、提升学生安全意识，需深入分析学生受骗根源，全面了解校园网络诈骗现状，探讨有效的防范与管理举措，有助于构建"平安校园"，并为高校制定更完善的网络诈骗防范管理策略提供参考。

关键词：大学生；高校；网络诈骗；防范管理

互联网技术的广泛应用已逐渐渗透到社会各行各业，同时也深深地影响着大学生的学习与生活。然而，令人担忧的是，部分在校大学生对社会

---

[*] [基金项目]：贵阳人文科技学院 2022 年度科研基金项目（重点课题）"基于大学生获得感的贵州民办高校思政教育改革创新研究"（项目编号：2022rwjs002）阶段性研究成果。

[**] [作者简介]：田雪，女，土家族，贵州省贵阳市人，讲师，贵阳人文科技学院建筑工程学院党总支书记。研究方向：思想政治教育，创新创业教育。

王永祥，男，汉族，江苏省连云港市人，副教授，贵阳人文科技学院党委副书记，菲律宾圣保罗大学土格加劳校区（St. Paul University Philippines）哲学（教育学）博士研究生。研究方向：思想政治教育，创新创业教育。

及网络环境的复杂性辨识不足,因此容易成为诈骗犯罪分子的重要攻击目标。网络诈骗行为已成为危害校园安全的重要因素,对在校大学生的财产与安全构成严重威胁。因此,如何有效防范校园网络诈骗、建立健全校园管理体系,对于"共筑网络安全防线,同守网络清朗家园"具有至关重要的意义。

一、大学生受骗的诱因

诈骗分子之所以将涉世未深的大学生作为目标,主要是利用了部分大学生对社会和自我认知的相对模糊。受骗学生大多对网络依赖程度较高、社会阅历不足以及网络信息甄别能力有限,其受骗原因主要体现在以下几个方面。

(一)客观因素:防不胜防

1. 虚假宣传和诈骗手段层出不穷

诈骗分子常常采用虚假宣传、夸大承诺或高科技欺诈手段来诱骗大学生。这些手段让大学生误以为自己参与的活动是真实可靠的,从而上当受骗。例如:(1)提供虚假的兼职或实习机会,以高薪、轻松工作、快速晋升等诱人条件吸引大学生投递简历,实则旨在获取他们的个人信息或骗取钱财;(2)宣传虚假的投资机会,以低风险、高回报等承诺诱使大学生进行投资,利用虚假的平台或项目来实施诈骗;(3)举办虚假的奖品和抽奖活动,诱骗大学生提供个人信息或支付费用参与抽奖,而实际上这些活动要么不存在,要么中奖率极低;(4)运营虚假的购物平台,宣传低价商品或限时特惠活动,但却存在不发货、延迟发货或销售劣质商品等问题;(5)冒充慈善机构或个人发起虚假的慈善募捐活动,发布虚假的悲情故事或紧急援助信息来诱骗大学生捐款。

2. 不良网络习惯

瑞士研究网络犯罪的索朗热·戈尔纳奥提指出,网络犯罪运用"钓鱼"等成熟的社会工程技术在网上诱骗人们泄露私人数据、银行账户信息和密码,进而实施各种网络诈骗。[1]部分大学生存在不良的网络使用习惯,例如对个人隐私保护不够重视、过度分享个人信息、位置信息或敏感数据、使用简单密码、轻率点击未知链接以及容易相信陌生人。此类行为导致个人数据面临被盗用或泄露的风险,从而使他们容易成为网络诈骗分子的目标。

3. 社交和沟通

社交压力和人际关系也可能导致大学生陷入"熟人陷阱",从而遭遇网络诈骗。在社交圈子中,他们容易受到同学、朋友、同乡等的影响。由于存在信任关系,他们较为倾向于参与由"熟人"推荐的网络活动或者为了追求虚假的网络声誉、迎合他人的期望,他们可能会参与一些不安全的网络行为,如分享个人隐私、参与网络暴力或欺凌等。这些行为使他们成为网络诈骗分子的潜在目标。

(二) 主观因素:认知偏差

1. 思想相对单纯,辨别能力较弱

在校大学生正处于从校园生活迈向社会的关键转型期,个体社会化程度还不够高。部分学生由于知识储备不足,未能很好地掌握现实社会的生活法则,也缺乏对各种社会和网络现象进行理性判断的能力。诈骗团伙往往利用这些特点,设下陷阱引他们上钩。

2. 过于相信他人

大学生身处相对封闭的大学校园,与社会环境的接触较少,因此可能认为自己置身于一个相对安全的环境,无需对自己的人身及财产安全过于担忧。即便是面对素不相识的陌生人,他们也可能会轻易地吐露自己的心声,容易相信别人所说的话或承诺的利益。诈骗分子利用大学生的单纯、疏于防范以及易于表露内心等特点,与他们套近乎、拉近关系,从而轻松地获取他们的信任并骗取钱财。

3. 知识、经验及安全意识不足

许多在校大学生对于网络诈骗手法认识不足,且在防护方面经验匮乏。他们对诸如钓鱼网站、假冒社交账号、虚假招聘等新型诈骗方式警觉性不足。与此同时，大学生思维活跃，具有团队合作精神，热衷于通过参与社会活动和实践来提升自我。然而，受限于社交范围及信息获取渠道的有限性，部分大学生可能无法投入足够的时间和精力学习反诈防骗知识。因此，在网络安全意识不足的情况下，他们容易陷入诈骗分子精心设计的圈套之中。

（三）主观因素：侥幸心理

1. 急功近利

在全球化、网络化的背景下，多元文化导致了大学生价值观的多元化。部分大学生在很大程度上受到享乐主义与消费主义的影响，在面对现实生活的种种挑战时，可能产生一种无助与挫败感。在这种情况下，自我调节能力较弱的大学生往往会选择逃避现实，将自己沉浸在自我想象构建的空间里，误认为网络世界中无处不在的成功与财富皆可轻易仿效和实现。由于存在侥幸心理，对快速获得财富或成功抱有强烈的渴望，少数大学生在网络上参与一些风险较高的活动，如赌博、网络兼职、投资理财、网络贷款等。这些大学生对参与活动的风险和诈骗的可能性缺乏辨识与判断，因此容易受到欺诈分子的利用。

2. 情感需求

在大学生群体中，部分人对情感需求的满足抱有强烈的渴望，他们或是期待建立恋爱关系，或是寻求外界的关注与支持。然而，这种心理状态使他们容易成为网络情感诈骗的受害者。诈骗分子常借助社交媒体或在线交友平台，伪装成异性，进而利用受害者的情感需求与他们建立关系。在取得信任后，诈骗分子便会编造各种借口向学生借款或索要贵重礼物，随后销声匿迹。此类诈骗行为不仅对学生的情感产生负面影响，同时也会给他们带来经济损失。

二、网络诈骗：认知与现状

校园网络诈骗具有手段多样、高度隐蔽、广泛波及、迅速蔓延以及经济损失严重等特征。通过对大学生受骗案例进行剖析，得知诈骗分子主要通过刷单返利、校园兼职、虚假网购、虚假中奖、"校园贷套路贷"、伪装电商物流客服及虚假购物服务等网络诈骗手段来骗取学生财产。

（一）大学生对网络诈骗的认知

1. 部分大学生对常见诈骗手法的了解尚不全面，对诈骗手段的认知存在模糊之处。随着社会的发展及信息化技术的不断进步，网络诈骗手段多样且不断更新，大学校园已成为网络诈骗犯罪的"多发区"。在面对校园诈骗时，大学生的防范和处理能力存在明显差异。许多同学在遇到网络诈骗时会果断向学校或辅导员求助，这反映出他们的权利意识和法律意识不断增强，懂得如何追回损失。然而，仍有一部分学生选择寻求安慰、忍气吞声，这暴露出他们心理上的不成熟。

2. 典型案例表明，在校大学生对网络红人、流量明星及软新闻的关注度较高，但对诈骗案件的关注度相对较低。他们通常仅通过学校反诈骗宣传活动了解校园诈骗相关信息。网络诈骗与学生的人身及财产安全息息相关，其造成的伤害巨大，包括财产损失、心理健康严重受损以及影响学业等方面。令人关切的是，部分学子遭受网络诈骗导致财产损失巨大而陷入困境，难以面对家人与同学，甚至萌生了轻生的极端想法。

（二）校园网络诈骗现状

1. 大学校园内的网络诈骗手法层出不穷，防范难度日益加大

从作案工具上看，形式多样、更新极快；从作案组织上看，组织缜密、分工明确；从作案目标选择上看，广泛撒网、目标随机。[2] 学生一旦上当受骗，往往蒙受巨大的经济损失，动辄数千元甚至数万元。对学生而言，被诈骗分子骗取一年或数年的学费无疑是一种奇耻大辱，这种经历可能让他们感到愤怒和无助。诈骗行为不仅会对学生造成经济损失，同时还可能对其自尊心产生严重损害，甚至导致他们不再信任他人。

2. 大学校园中的网络诈骗问题值得关注

学生账号被盗用、虚假招聘信息和实习机会、社交媒体等行为给学生

带来了经济和心理困扰,必须意识到网络诈骗在校园中的危害性,并采取措施加以防范。根据公安机关发布的反诈专项行动通报,网络诈骗呈现出目标精确化、产业链条化、领域广泛化和对抗白热化等特点,互联网已逐步成为电信网络诈骗的主要滋生土壤。在校大学生应增强安全意识、提高识别和防范能力;同时,学校也应加强网络安全教育建立防范机制并提供有效的技术和管理支持。

3. 在校大学生成为网络诈骗行为的重点实施对象

截至 2022 年,我国接受高等教育的人口已达到 2.4 亿人。我国已建成世界最大规模的高等教育体系,在学总人数超过 4430 万人。[3] 随着我国高等教育进入普及化阶段,大学生人数屡创新高,而在社会受骗群体中,大学生的比例亦呈上升趋势。面对这一严峻形势,必须集中关注反诈防骗教育的推进及《中华人民共和国反电信网络诈骗法》的落实,以提高学生的安全防范意识。对于学校而言,帮助学生增强反诈防骗意识已成为高校学生管理工作的重中之重;同时,网络安全教育与诈骗防控宣传也成为学校教师的重要工作内容之一。

三、高校反诈防骗体系的构建与完善

在数字化时代,高校大学生网络诈骗问题给学生和学校带来了严重的危害和挑战。为共同保护大学生的权益和安全,做到自我防范诈骗、坚决抵制诈骗行为、全力打击诈骗活动,必须对网络诈骗有深刻的认识并采取有效的防范管理措施。

(一)提高政治站位,完善管理制度

1. 完善网络诈骗防范治理制度体系

该体系应涵盖预防、应对和处理等各个环节,并明确各环节主要负责人的权力和责任,确保他们能够充分履行职责。同时,建立完善的信息安全管理制度,包括规范的网络安全使用准则和操作指南,以确保学生在网络环境中的安全。对于诈骗案件的处理,应指定专人负责,确保管理、跟

进和协调的及时性。此外,管理指标应细化、量化并体现人性化,以避免部门间相互推诿而延误工作。

2. 建立网络安全指导小组

该小组应负责网络安全方面的指导、防范和处理工作,提供相关咨询和支持,并及时解答学生的疑问和报告网络诈骗事件。同时,为学生提供安全防范指导和个性化辅导,如诈骗案例分析、防范技巧分享和安全意识培养等,以增强学生的自我防范意识和能力。

3. 强化信息审核和筛查,加强社交网络管理

学校及相关部门在发布官方网站信息时,应进行全面严谨的审核与筛查,力求剔除存在安全隐患的内容,降低学生接触不良信息的风险。同时,学校应与社交平台合作,加强对虚假账号的管理和欺诈行为的打击,尽量避免大学生在社交网络中受到诈骗。此外,还应加强对校园网络的监测和管理,及时发现和阻止网络攻击和恶意行为。

4. 建立举报机制和支持系统

学校须构建高效便捷的网络诈骗举报及处置体系,鼓励大学生主动举报网络诈骗行为,并提供快速响应、支持和帮助。确保举报者的安全和隐私得到保护,同时配合相关部门追究诈骗者的责任。

(二)坚持教育在先,加强安全教育

1. 激活"思政引擎",催发"矩阵效应"

在现代信息技术的推动下,思想政治教育不断探索智慧教育、大数据分析、人工智能等新方法,切实发挥个性化推送、分众化传播、情景式再造、沉浸式体验等技术方法的功能优势。[4]将安全教育管理和构建严密防范体系纳入思想政治教育重点,列入教学管理工作考核范围,融入主题班会、课堂教学,开展专题讲座、推广宣传、专题培训、学生活动和座谈会等。针对诈骗内容、诈骗方式、防范方法及相关法律法规等进行详细讲解,提高大学生学法、知法、懂法、用法、守法的能力,着力提升他们的法治思维和法律素养,强化思想引领,弘扬法治精神。通过丰富多彩的教育活动,推动反诈防骗教育进校园、进课堂、进头脑,

引导师生共同筑牢"防火墙"。

2. 加强对大学生的网络安全宣传和教育

提供网络安全知识和技能培训，使大学生掌握互联网的基础知识和使用技巧，增强他们的网络安全意识和识别能力。同时，将网络安全教育与校园活动、文娱活动等有机结合，通过生动的演绎展示真实的网络诈骗案例，让学生深切感受到诈骗的危害和后果，在潜移默化中增强他们的警惕性和防范意识，使其在面对网络诈骗时能够做出理智的决策和行动，保护自己的财产和安全。帮助大学生拧紧世界观、人生观、价值观这个"总开关"，是抵御网络诈骗侵害的核心要素。唯有大学生践行社会主义核心价值观，尊崇劳动、脚踏实地、实事求是，方能在历练与考验中坚定信仰、恪守初心，避免被物质至上、不劳而获等观念所侵蚀。

3. 引导大学生保持理性谨慎态度

同时，教授他们如何保护个人信息，避免随意泄露个人敏感信息，使用安全的购物平台，通过官方渠道进行慈善捐款。此外，还应教育他们学会运用安全的网络使用习惯来保护自己的个人隐私和财产安全。

4. 提供实用的网络安全技巧和指南

高校应积极为在校学生提供安全可靠的网络安全知识与操作指南。包括如何设置强密码并定期更新、避免点击不明链接、谨慎分享个人信息等。通过智能手机使用指导，学生可以学习如何安全地使用手机和互联网。通过网络平台、国家反诈中心 App 等途径，学生可以了解常见的网络诈骗手段，并学习识别与应对的方法。同时，要避免盲目信任"包考、包过、包分配有证、有编、有高薪"等承诺，规范电话卡、银行卡的"租、卖、借"行为，切勿为诈骗分子提供软件与硬件支持，切勿协助诈骗分子引流和拓展渠道。

（三）聚焦联合联动，主动服务在前

1. 采取联合防控、校警合作措施

学校应积极配合警方对校园安保部门的培训和指导，确保与当地公安部门保持紧密沟通与合作。邀请公安机关走进高校开展安全教育活动，为

大学生提供防骗知识、防骗技巧等方面的教育培训。同时，鼓励学生围绕防"校园贷、套路贷"、防电信网络诈骗等主题创作微电影、短视频、海报等作品，助力学生增强防范意识，提高防骗能力。

2. 联合多方力量进行安全隐患排查和疏导

针对校园内诈骗案件高发区域，如自习室、学生宿舍以及校园周边公共场所等，应当全面强化管理措施，并定期邀请警方对保卫部门及学生干部进行培训，重视事前预防，从而有效减少诈骗事件的发生，避免不必要的悲剧给学生们带来伤害。对于已发生的诈骗案件，及时向公安机关报案并积极配合侦办工作。

3. 提供安全技术设施和工具，注重安全认证和加密保护

校园内应确保网络技术设施和工具的安全性，例如强化防火墙、实施网络过滤等措施，以保护学生免受网络诈骗的侵害。同时，还需定期更新和升级安全设施，提高防范能力。此外，应对敏感信息加强安全认证和加密处理，防止信息泄露和被不法分子恶意利用。

4. 建立持续的网络服务、安全监测和评估机制

定期对校园网络进行检查及漏洞修复，及时发现和解决安全隐患问题，从而保障学生网络安全。党的二十大报告指出，互联网上网人数达十亿三千万人。人民群众获得感、幸福感、安全感更加充实、更有保障、更可持续，共同富裕取得新成效。[5] 迈向新征程，需要不断完善线上线下的服务体系，加大个人隐私保护力度，筑牢安全防线。

（四）狠抓追责问责，营造良好环境

1. 以专项行动为载体，将相关工作措施纳入绩效考核体系

建立灵活的反馈体系，确保信息在学生、学校管理人员、安保部门和警方之间流畅传递和安全共享，从而形成有效的闭环管理机制，同时建立可行的目标管理体系，将防范诈骗措施纳入责任部门和员工的绩效考核范围以激励其积极履行职责。

2. 坚持技防和人防双管齐下策略

动员全校师生参与校园诈骗的防控工作，及时向校方安保部门和当地

警方报告校园内的可疑人员和异常情况，以便及时采取措施予以制止和处理，从而将诈骗分子的非法企图扼杀在摇篮之中，切实保障广大师生的合法权益不受侵害。

3. 督促相关部门和人员按照制度要求尽职尽责

防止因监管不力导致制度形同虚设或产生漏洞而被不法分子利用进行诈骗活动，同时不断改进和完善校园防范措施，完善校方、学生、家长、警方四位一体的防控体系，以应对日益严峻的网络诈骗严峻挑战。

4. 强化责任倒查机制以确保各项工作落到实处并取得实效

建立追责问责机制和责任分工机制，明确相关责任主体在防范网络诈骗方面所承担的职责义务，并对其履职情况进行评估和考核，以确保责任落实到位，从而有效避免由于工作责任分配不明确而导致全校防控措施的不统一问题出现。

四、结　语

目前，各高校在严厉打击网络诈骗、构筑坚实防控屏障方面不断推陈出新。然而，校园网络诈骗仍呈蔓延之势，对学子、校园及社会产生负面影响，若不及早采取坚决有力的措施，无疑是对诈骗行为的纵容。要根治这一顽疾，治理与预防需同步进行，仅依赖简单的"防骗指南"或对新入学学生进行基本安全教育远不足以解决根本的问题，在网络诈骗防范中难以发挥实质作用。消除校园网络诈骗是一项长期而艰巨的任务，它不仅关系到高校作为育人高地所承担的"立德树人"和"时代新人铸魂工程"的使命，更关乎整个社会公平正义的实现，需要学生及家庭、学校和社会的紧密协作和共同努力。

在数字化时代，网络诈骗手段持续更新迭代、演变升级，相应的安全防范措施也必须不断优化和进步。唯有汇聚学生、学校以及社会的共同关注与积极参与，方能有效应对和降低网络诈骗风险，为学子们营造一个安全、可靠的学习环境。让我们携手前行，向着校园稳定和谐奋楫再出发，为培养担当民族复兴大任的时代新人迈出坚实一步，共同打造一个充满信任和安全的高校网络社区，踏上充满光荣和梦想的新征程，为大学生的成长和发展保驾护航。

参考文献

［1］索朗热·戈尔纳奥提．网络的力量：网络空间中的犯罪、冲突与安全［M］．王标，谷明菲，王芳，译．北京：北京大学出版社，2018：44-48．

［2］王宗强，韩锐．高校防范电信网络诈骗风险研究［J］．高校辅导员，2021（04）：62-65．

［3］赵婀娜．推动高等教育高质量发展（人民时评）［N］．人民日报，2022-06-07（05）．

［4］刘宏达．中国式现代化进程中完善思想政治教育现代化体系［J］．思想理论教育，2023（02）：20-26．

［5］习近平．高举中国特色社会主义伟大旗帜，为全面建设社会主义现代化国家而团结奋斗——在中国共产党第二十次全国代表大会上的报告［N］．人民日报，2022-10-26（01）．

品牌化思维在高校创新创业教育中的应用分析*

李明慧**

（贵阳人文科技学院创新创业学院，贵州贵阳　550025）

摘　要：大众创业万众创新背景下，高校创新创业教育已深耕多年，但在就业压力严峻、毕业生延迟就业意愿增多的形势中，品牌化思维运用在创新创业项目、创新创业教育的认识度还有待提升。品牌化思维能够为高校创新创业教育带来新角度的拓宽，通过在课程中引入品牌概念、创新创业项目中鼓励大学生创建品牌、日常教学作业中强调品牌化思维，可以在一定程度上帮助大学生提高对创新的关注，培养客户以体验为中心的创业认知，为学生未来生活与工作养成顶层设计思维，有利于帮助学生在进行创新创业项目时有规划、整体性与可持续性发展，清晰大学生对自己的定位，实现积极、正确的职业规划。

关键词：品牌化；创新创业；高校教育

一、高校创新创业教育的发展

（一）发展情况

大众创业万众创新是深入实施创新驱动发展战略的重要抓手，2021年

＊　［基金项目］：本文系贵阳人文科技学院2022年度科研基金项目（青年项目）"新媒体时代贵州农产品区域公用品牌的视觉形象研究"（项目编号：2022rwjs009）的阶段性成果。

＊＊　［作者简介］：李明慧，女，布依族，贵阳人文科技学院教师。研究方向：品牌形象，创新创业教育。

9月22日国务院办公厅印发《关于进一步支持大学生创新创业的指导意见》中提出,要打造一批高校创新创业培训活动品牌,创新培训模式,面向大学生开展高质量、有针对性的创新创业培训,提升大学生创新创业能力。大学生作为大众创业万众创新的主要力量,高校对他们的职业教育起到了重要作用。新冠疫情以来,延迟就业现象明显,2021届本科毕业生直接就业的群体持续减少,读研究生、考公务员或事业单位人数的增加虽然缓解了当前部分就业压力,但对于未来一到三年内的就业构成了一定的挑战,研究生毕业后的就业问题同样存在,随着高校毕业生每年的数量不断增加,滞后就业压力需要社会与高校的重点关注。[1] 根据此报告统计2017—2021届这五年内毕业生在毕业半年后的自主创业去向分布变化,可以看出,地方本科院校的毕业生在自主创业上的比例较"双一流"院校略高,对创业的积极性较大,但不论"双一流"院校还是地方本科院校,自主创业的比例都呈逐年下降的总趋势(见图1)。如何引导大学生树立正确的职业观、就业观、创业观,对于高校创新创业教育来说仍然是值得思考的问题,提高大学生在创新创业项目中的参与度与热情度,帮助学生更好地理解创新创业课程的重要性,需要不断拓宽教育的思维,融入多学科的思维。

图1 2017—2021届毕业生毕业半年后的自主创业去向分布变化

数据来源:麦可思研究院. 就业蓝皮书:2022年中国本科生就业报告[M]. 北京:社会科学文献出版社,2022.9-12.

大学生创新创业需要许多科技支撑与经济扶持，对于初入校园的大学生来说，许多学生认为创新创业需要的资金成本高、难度较大，与自己未来的工作生活关联度不大，因此对创新创业相关的课程、教育活动积极性不高，创业的意愿较低。其实，创新创业教育不仅是传授大学生新技术、新产品的知识，更是对学生个人能力的培养与职业素养的提高。本科高校对大学生的创新创业教育更多的是在创新创业课程中帮助学生树立职业规划目标，培养大学生团队协作、勇敢实干的精神，加强对大学生的抉择能力和把握机遇能力的培养。[2] 部分高校在创新创业教育中过度追求"变现"的价值取向导致创新"山寨化"的现象凸显[3]，学生对创新创业多通过"互联网+"大学生创新创业大赛、"挑战杯"中国大学生创业计划竞赛等比赛接触，较为模式化地撰写创业计划书，比赛结束后难以继续落实创业计划，在申报项目时充满热情与动力，比赛后对创业计划的后续发展没有规划，导致项目草草了事或提前中断[4]，这在一定程度上消耗了大学生对创新创业的期待与认同，对毕业后真正进入社会创业发展产生不利影响。通过创业类竞赛，高校可以引导大学生进行可持续、可落地的创业观念，在创业前思考可行性，对创业的风险与时机进行把握。创业计划大赛必须走出功利化误区，真正使竞赛达到提升学生能力、素质的目的，解构人才的"被格式化"[5]。创新创业教育需要因材施教，在大学生进行创新创业项目、比赛时进行有效的引导，帮助学生梳理自身优势，找准定位，对学生的创新创业项目跟进与维护，及时与学生沟通在创新创业上遇到的难题，助力大学生更好地自主创业。

（二）品牌化思维在高校创新创业教育中的应用现状

目前，品牌理论相关的教材在高校教育中以管理学、传播学、艺术学学科使用的《战略品牌管理》《品牌学》《品牌营销学》《品牌策划与设计管理》等教材为主，品牌化思维在管理学、传播学学科中的使用较为广泛，但在创新创业的教材中提及较少。大部分高校使用的创新创业教材为统一选用，面向不同学科、专业的学生教学，使用的教材如《大学生就业指导》《大学生创业基础》《大学生创新创业教育》《创业基础》等[6]，主要从创新创业意识、创业能力、创业方法、创业案例等方面培养学生,将品牌理论加入创新创业意识培养、项目打造的内容较少。虽然部分高校已将大学生学科竞赛的项目"品牌化",把参赛项目建设为品牌项目[7],但在创新创业项目策划上如果学生缺少品牌的整体认知,只是把项目作为短期的作业或任务,容易脱离创新创业教育的培养目标,阻碍创业项目的品牌化、规模化发展。

二、品牌化思维对高校创新创业教育的意义

建立商业战略离不开品牌化思维,在了解社会、经济发展方向的同时,从顶层规划品牌的定位与发展。品牌化思维目的是解决消费者的深层需求,提供客户体验。[8] 重要的在于细致地观察并了解消费者的想法,在高校教育中能够帮助大学生形成对市场、对消费者敏锐的洞察力,把握市场动向,分析产品或服务的优势劣势,找到自身的差异之处,及时抓住机遇,品牌化思维是创新创业的有力抓手,有利于拓宽大学生的认知思维。

(一)提高学生对创新的关注

品牌化思维关注的是不断突破与创新,在对竞争者分析过程中,找出品牌与竞争者不同的独特优势,放大差异,在时代的变迁中不落伍,不断追求新的突破。"创新"需要打破学生固有的思维认知,脱离平时课堂上作为知识接收方的舒适圈,独立思考项目孵化前、运行中、立项后不同阶段的复杂问题。品牌化便是不断追求与众不同的过程,创新创业教育中的品牌化思维可以运用在大学生创新创业课程中的各方面,例如创新创业项目中学生需要找准项目的创新点,在现有技术或商业模式的基础上,从不同角度思考问题,敢于突破已有认知,创造性地将不同事物搭建起联系,建立新的事物,满足社会上、市场上不同人群的需求。

(二)培养客户体验为中心的创业认知

围绕着客户体验、消费者满意度进行的创新创业,更有利于创新创业

项目的传播与推广，品牌与消费者不是割裂的两个个体，而是相互成就，品牌为消费者提供了满意与美好的体验。反过来，消费者对品牌的忠诚度与美誉度使品牌能够持续经营与创新。大学生对创业的认知不单是实现个人的财务自由，更可以是以分享的心态，将优质、实用的产品或服务提供给大众，为社会创造价值，让更多人实现美好生活。在创业过程中，高校对大学生创新创业的教育不应该单纯、笼统地把目标消费者视作只有明确和传统需求的群体，而可以引导学生更多地关注消费者内心，了解当下消费者在使用产品或服务时还存在哪些可以提升的空间，挖掘客户体验中传递的深层、微弱的需求信号，开发出更符合客户体验的项目。

（三）养成顶层设计的思维

区别于个别能力的展现，创新创业教育中的创新能力与创业能力是大学生综合能力的集成，其中包含无数个具体能力，如协调统筹能力、市场营销能力、团队合作能力、技术创新能力、产品开发能力等，归根结底是一种实践能力[9]，培养学生从多角度看待问题，能够灵活运用自己的能力，发挥自身个性，使用不同的方式解决问题。实践能力的落地需要提前规划，进行顶层设计，对创新创业项目的背景调研、定位、分析、制作或实行都要统筹规划与顶层设计，使项目有条不紊地按时间规划进行，对项目有整体的进度掌控。养成顶层设计的品牌化思维，在今后大学生们的未来研学生涯、工作中都具有重要作用，帮助学生理性思考问题，有谋略、有目的地规划学习与工作任务，勤于思考与反思，对未来职业进行规划，避免在毕业时对自己的职业认知不足，盲目跟随他人，缺乏对自己的研判与期望。

三、品牌化思维在高校创新创业教育中的应用策略

大学生在创业领域上，首先是大多选择自己感兴趣的创业项目，其次是选择自己熟悉的行业、成本与风险较低的项目（如图2）。在创业初期，兴趣的确是项目开展的主要驱动力，但光凭自己的兴趣，如果没有经过市

场调研、定位分析，缺乏领域相关的前沿知识，不了解该行业的方向，很难将兴趣发展为创业项目。创业项目是考验学生综合能力的活动，在高校创新创业教育中，可以通过分析优秀的品牌案例，建立起品牌的整体思维，对创业项目不光凭着一腔热情，而需要对产品或服务做到熟悉、了解其优势与劣势，热情才不会被后期的困难所磨灭，面对创业的问题与困境做到冷静思考，虚心请教老师与同学，与团队成员共同解决困难，敢于直面难题，培养大学生不惧艰难、刻苦奋斗的精神。

（单位：%，百分比）

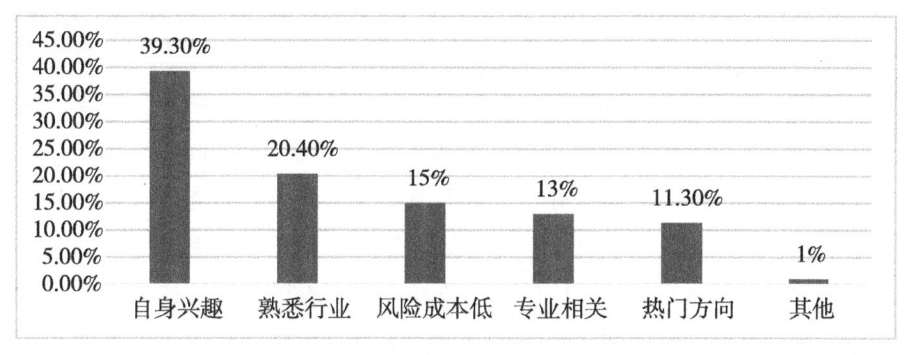

领域	百分比
自身兴趣	39.30%
熟悉行业	20.40%
风险成本低	15%
专业相关	13%
热门方向	11.30%
其他	1%

图 2　大学生创业领域分布

数据来源：北京中科创大创业教育投资管理有限公司，中国与全球化智库. 中国高校创新创业发展蓝皮书. 2016 [M]. 北京：机械工业出版社，2017：33-43.

（一）课程中引入品牌概念

2012年以后，我国高校创新创业教育已经进入了加速发展的阶段，在创新创业课程体系的设置中，实践性和应用性强的课程较少。[10] 实践性课程需要学生在听完教师的授课后，将学到的知识实际运用到项目中，通过项目的锻炼，将学进去的知识输出到实践中来。品牌在日常生活中无处不在，大学生在购买产品、体验各类服务时都会在自己认可的品牌中挑选，"品牌"对大学生来说并不陌生，但如何构建品牌、如何将品牌更好地推广出去也许大学生们并不了解，在做创新创业项目时也没有将项目作为一个"品牌"来打造，容易导致项目的成果偏离预期，或者视觉呈现与行业属性不匹配等问题，在创新创业教育课程中增加品牌的概念，讲解品牌调研、品牌形象、品牌价值、品牌文化、品牌传播、品牌管理等相关知识，让大学生了解建立品牌的流程，品牌构建的要素组成等，为正式项目铺垫理论基础，对创新创业的项目理解更加深刻。

（二）项目中鼓励大学生创建品牌

在学生创新创业项目与比赛中，鼓励学生创建自己的品牌，学会品牌的定位，能够帮助项目更好地立足于市场。虽然品牌相较创业项目看起来更加宏观，但实质的能力是贯通的，都需要创业者或品牌的创建者具备较强的综合实力。通过创建品牌的模拟运作，学生可以掌握构建一个品牌需要准备的工作有什么，从品牌的隐性要素，如品牌理念、使命与愿景、品牌文化的挖掘、危机与管理；再到品牌的显性要素，如品牌的视觉形象、品牌的宣传推广、市场运营等，实质上锻炼了创业项目的能力，又在此能力上增加了品牌化的系统思维、可持续性思维、用户体验思维等。创业项目虽然只是一个项目，但高校创新创业教育需要教导学生做任何事情都要对自己有严格要求的态度，将创业项目作为自己的品牌打磨，而不仅是为了参加比赛，当作完成课堂作业的任务。对于大学生来说，深入参与比单向的学习更能锻炼创业能力，使实干精神内化于行动中，让学生今后做任何事都敢于创新、勇于挑战。创业项目的打磨并不逊色于品牌的构建，都需要投入时间与精力，才能获得一定的成功。品牌化思维从消费者行为、消费者心理等方面分析客户体验，锻炼大学生"以人为本"的思想，摒弃过度功利化、世俗化的心态，形成积极、正向的职业观念，不论大学生创业成功与否，都能在这个过程中收获到为客户着想、服务群众的良好认知，在未来的求职中赢得社会的认可。

（三）作业中强调品牌化思维

品牌化思维在于其整体性、消费者为中心、动态创新的特征。整体性关系到创新创业项目的统一与系统，使整个项目到最后不会脱离计划；以消费者为中心可以使项目获得更多忠实客户，形成口碑传播；动态创新是随着时代与技术改变，核心使命与愿景不改变的情况下，不断更新项目的新手段、新方法，使项目保持活力与创新力。创新创业课程目前在许多高校中已经作为必修课或选修课，那么表现在布置创新创业教育的作业时，教师可以在教学中强调品牌化的重要性，例如在课题作用中划定学生创建品牌的行业范围，如某个农产品品牌、互联网品牌等，可根据学生喜爱品牌的所属行业，让学生对相关品牌进行调研，梳理出所选品牌的构建过程，通过 PEST 分析、波特五力模型、SWOT 分析模型等方法，得出该品牌还存在哪些进步的空间与面临的困境，由学生提出个人的解决方案，最终呈现出演示文稿，在课堂上分享。这样既调动了学生的兴趣，又在完成作业的过程中培养学生资源整合与调查、分析问题、语言表达的能力，进一步培养创业认知，为参与真实的创业项目打下基础。在创新创业教育时可有更多的学生进行互动，了解大学生当下喜爱、热衷的品牌、产品，提升学生对课程作业的参与度与兴趣，将创新创业教育真正落到实处，使学生受益。

四、结　语

品牌与创新创业项目有着紧密的关联度，都在追求不断的创新与满足社会需求。学生培养品牌化思维，对于创新创业项目的持续有效开展有重要作用。品牌化思维帮助创新创业项目更加贴合当代消费者的需求，及时捕捉客户的消费观念变化，避免同质化竞争，拉开与同类创新创业项目的差距。在高校创新创业教育中加入品牌化思维，需要提高专业教师对品牌的理解，将品牌学的认知融入教育教学中，使大学生在参与创新创业项目时对自己的项目有所认知，对市场环境有更多分析与洞察，对研究消费者心理增添体悟，为未来职业生涯储备综合能力。

参考文献

［1］麦可思研究院. 就业蓝皮书：2022 年中国本科生就业报告［M］.

北京：社会科学文献出版社，2022：9-12.

［2］王洪才，郑雅倩. 大学生创新创业能力测量及发展特征研究［J］. 华中师范大学学报（人文社会科学版），2022，61（03）：155-165.

［3］徐萍. 高校创新创业教育文化意识培育路径略探［J］. 学校党建与思想教育，2022（10）：76-78.

［4］易雯静. 民办高校大学生创新创业教育模式的研究现状［J］. 现代交际，2016（16）：223-224.

［5］丁三青. 中国需要真正的创业教育——基于"挑战杯"全国大学生创业计划竞赛的分析［J］. 高等教育研究，2007（03）：87-94.

［6］张培彦，薛国芳. 高校创新创业教育教材建设路径研究［J］. 创新创业理论研究与实践，2020，3（02）：1-3.

［7］冀宏，费志勇，张根华，钱忆平，周步昆. 地方应用型高校创新创业教育实践与思考［J］. 实验室研究与探索，2016，35（08）：185-189.

［8］［瑞典］托马斯·迦得. 品牌化思维［M］. 北京：中国友谊出版公司，2018：2-9.

［9］王洪才. 创新创业能力的科学内涵及其意义［J］. 教育发展研究，2022，42（01）：53-59.

［10］北京中科创大创业教育投资管理有限公司，中国与全球化智库. 中国高校创新创业发展蓝皮书. 2016［M］. 北京：机械工业出版社，2017：33-43.

OBE 理念下大学英语线上线下混合式教学模式研究

张海航[*]

（贵阳人文科技学院文学与新闻传播学院，贵州贵阳　550025）

摘　要：近年来，随着大学英语课程改革的推进以及课程思政教学理念的推广，大学英语教学由传统的西方文化及语言知识的传播逐渐更多地要求融入中国故事，且更加注重培养应用型人才。因此，强调学生的预期学习成果，注重学生实践能力培养的 OBE 教育理念得到了广泛的关注。鉴于此，笔者在日常英语教学中引入并实践 OBE 这一全新理念，采用线上线下混动式教学模式，将线上授课与传统课堂二者的优势相结合，在实践中探讨并总结出一个较为完善的 OBE 理念下大学英语线上线下混动式教学模式，以期更好地提升大学英语教学质量及学生的英语实际运用能力。

关键词：OBE 理念；应用型人才；线上线下混合式；教学模式

一、引　言

随着高等教育改革的推进以及我国经济社会发展要求的变化，用人单位对当代大学毕业生提出了更高的要求。社会急需的不单单是英语水平高

---

[*] ［作者简介］：张海航，男，汉族，贵阳人文科技学院讲师。研究方向：英语。

的毕业生，而是既能熟练使用英语又可以掌握并实践专业知识的应用型复合型人才。但反观当代大学毕业生，英语专业的学生英语水平较高，但缺乏一门专业技能。而技能型专业的人才又往往英语水平很难达到用人单位的要求。因此，国家和社会对大学英语教学的应用性及实践性也就一并提出了更高层次的要求。大学英语教学既要满足国家社会发展需求，更要做到有助于学生的就业及工作实践；既要全面提高学生的英语输出和英语运用的能力，也要辅助于学生的专业学习及专业技能。因此为了应对"重技能"的时代要求，OBE 这一以学生产出为导向的教育理念和模式，近年来受到了大学英语教学的广泛推广与实践。同时，随着科技及教育技术的不断发展及全球新冠疫情的影响，线上教学方式应运而生。无论是慕课、云课堂或是学习通等线上教学软件的应用都变得更加普及。但是，通过实践发现，单纯的线上教学或传统课堂讲授都存在其特有的弊端。例如，线上教学无法做到有效的监控，导致自控力差的学生非常容易脱离课堂，而线下教学同样缺少线上平台的资料分享、课后练习、作业互评、线上讨论、签到等便捷性。

鉴于此，笔者在日常英语教学中引入并实践 OBE 这一全新理念，采用教育行动研究法，将线上授课与传统课堂二者的优势相结合，通过采用线上线下混合教学，在实践中探讨并总结出一个较为完善的 OBE 理念下大学英语线上线下混动式教学模式，以期能够更好地调动学生对英语学习的积极性，激发其英语学习动机，提高大学英语课程的教学质量，以及学生实际运用英语的能力。

二、OBE 理念的内涵

由美国学者 Spady 撰写的《基于产出的教育模式：争议与答案》一书对 OBE 理念进行了深入的探析与研究。书中把 OBE 定义为"清晰地聚焦和组织教育系统，使之围绕确保学生在未来生活中获得实质性成功的经验"。这种教育理念即：以成果为导向的一种教育方式，注重在培养学生的过程中，以学生所取得的成果为标准，确定学生的学习方向和学习进度，能够真正地做到以学生为主体，很好地摆脱当前英语学习的困境。学生在英语学习的过程中，不再以基础作为评判标准，而是以预期的产出效果作为依据，这就避免了学生英语学习过程中分级教学所带来的偏见、抵触情绪，同时也能够充分调动学生的主观能动性，激发其学习兴趣。尤其在高校中，学生根据自己专业特性，以预期符合专业的产出效果为导向，进行有针对性的学习，能够真正地做到学以致用，学有所用。从根本上提升大学英语学习在学生心目中的地位。

三、大学英语教学现状与困境

近年来，很多专家学者针对大学英语教学模式改革进行了很多尝试，但始终没有提出一个完全满足英语学科发展、国家社会需要、学生就业素质要求的系统的改革方法，主要原因在于大学英语教学存在以下几个方面的困境需要突破。

（一）大学英语教学观念问题

一直以来，大学英语传统课堂的教学都是以教师为中心，以教师讲授为主，学生只是被动地听课，大多数的研究也只重视教师讲什么、教师怎么讲，而忽略了用人单位及学生的需求以及学生的主观能动性。这是因为传统的教学观念一直认为英语教学即让学生学会阅读、写作、语法，能够应付考试、应付过级即可。却很少增加技能应用的教学及实践训练的课程。因此，大多数学生都出现了"哑巴英语"问题，阅读写作能力尚可，英语输出能力却很弱，这样的教学模式非常不利于应用复合型人才的培养。因此如何从应用型英语教学改革出发，改变教师传统的教学观念，重技重能，把英语学习与应用真正的结合起来，即为大学英语教学观念改变的重点。

（二）大学英语教学内容问题

通过调查发现，现阶段各高校在大学英语的教学内容上、教材的选用上和教学辅助教材的选用上，大多还是应对考试及英语四、六级为主，很少考虑教学内容对学生的吸引力，以及学生的英语实践能力的培养。但如果想要重技重能，仅凭教材内容是很难满足的。因此，大学英语教学改革也应该从教学内容、教材这一方向入手，用丰富的、学生喜闻乐见的、更加契合学生实践与就业的多样性内容来完善大学英语的教学，并使之形成完整的教学体系。同时，相应的大学英语教学的培养方案应该有所修改与突破，增加一些英语实践实训内容，同时增加学生英语输出能力的培养，如英语口语、英语听力的练习等。

（三）大学英语教学形式问题

传统的大学英语课堂还是以教师讲授式教学为主，配以视频、音频等教学媒体。但随着教育技术及科技的发展，线上教学模式、线上线下混合式教学模式应运而生。教学形式的多样性可以强化学生英语学习的兴趣和动机，使大学生可以主动地去接受英语、学习英语、运用英语。因此，在教学形式上也应该有所突破，除了讲授教学也可以适当应用翻转课堂、实践训练等形式，增强学生的英语应用性练习。

（四）大学英语课程评价方式问题

当前，高校大学英语课程的评价方式依然是卷面成绩+平时成绩按比例折算，差别在于每部分的比例，但这种评价方式的形成性评价考核指标模糊，平时成绩很难切实地反映出学生真实的学习水平。甚至有时平时成绩只是教师根据学生的课堂表现主观进行的分数评定，但这种评定存在很多主观性也就是不公平性。因此，大学英语教学的评价也应该制定多元化的记忆更加完善的评价制度，完善的形成性评价指标与方法，能够更加真实地反映学生的英语学习效果，更能激励学生在更加努力学习的同时，了解从哪个方向进行提高，从而使整体水平有所提升。

四、OBE 理念下大学英语线上线下混合式教学模式设计

OBE 理念强调以成果为导向，以学生获得学习成果为目的，教师采用

逆向思维方式设计教学过程，即教学目标的设定、教学策略的设计、教学评价方案的制订均应围绕如何获得学习成果展开，最终助力每位学生取得学习成果。笔者针对当前大学英语教学存在的困境，在 OBE 教学理念的指导下，探索更具效果的线上线下混合教学模式。

（一）修订教学大纲，明确教学目标

OBE 教育理念是一个以学习结果为导向的教学活动，这种教学理念着重强调课程的教学目标、课程模式的设计、学生评价的标准、学生毕业的要求，且以上要素皆要服务于学生最终的学习成果。基于该理念的"大学英语"课程，务必在培养方案的设定、教学大纲的制定以及教学目标的明确上考虑学生的实际需求及用人单位的要求。例如，在教学目标的设定上要从知识目标、能力目标、情感态度目标、课程思政目标四个方面，统一设定同时兼顾线上目标与线下目标。基于以上教学目标，可以根据教学内容为学生们确定具体的学习成果，如能用英语讲述中国故事，传播中国声音，能运用英语制作与专业相关的作品或书写专业相关的论文等。有了具体的成果导向，使学生的学习更加有针对性，也更加能够激发学生的求知欲与主观能动性。

（二）采用线上线下相结合的混合式教学模式进行教学

在进行线上线下混合式英语教学模式时，我们需要兼顾线上教学的自主性、灵活性和线下教学的直观性等优点。因此笔者从课前、课中、课后三个学习环节进行了完整且连贯式的教学设计。首先，课前通过学习通、慕课或其他网络学习平台发布本节课的教学目标、任务设计、重难点、需要注意的知识点以及先行组织者等材料。学生可以在课前进行在线自主学习，并进行学习效果的测试，教师通过进入后台查看学生测试成果的方式，了解学生预习过程中存在的难以理解的知识点和薄弱点，了解学生的整体水平。其次，课中采取线下集中授课的方式，以提问或者测验的方式检查学生的预习情况并基于 OBE 教育理念，在课堂设计中设置符合学生能力发展的任务型课堂活动。有趣的课堂活动既克服了英语教学内容枯燥的

问题，又能很好地激发学生的参与性及学习的积极性。线下讲解环节针对线上的学生成果进行重难点着重讲解，帮助学生对重难点知识进行吸收和消化，达到教学所要求的效果。最后，在课后，教师利用学习通、iSmart 平台、批改网或慕课的课后作业练习板块发布作业、讨论、测试等任务，强化学生的知识点吸收。在日常的学习中教师也可利用线上平台进行口语练习的小任务发布、美篇阅读、写作技巧等知识的分享，充分填充学生的课余时间，使其可以随时学、随地学，形成一个完整连贯的教学体系。

（三）采用形成性评价与终结性评价相结合的课程评价方式

线上线下混合式教学的优点之一即在于线上学生的自主学习、测验、练习、讨论等都留有痕迹。同时作业、测验的批改方式也可以从教师主导转变为生生互评，以此增强学生对知识点的巩固。因此，基于 OBE 理念，笔者尝试将大学英语课程的评价由期末+平时成绩的方式转变为线上形成性评价（自主学习监控、测验成绩、作业成绩、讨论成绩等）与终结性评价（阶段性考核、期末考核）相结合，通过多维度、综合性的考核方式来客观评价学生的学习行为。平时成绩的给定有据可依，真正实现公平性，从而更能让学生信服并且激发学生线上学习的积极性。

五、OBE 理念下大学英语线上线下混合式教学模式成效探究

在笔者经过为期一年的 OBE 理念指导下的线上线下混合式教学探究，通过对学生学习成绩比较、学生学习兴趣调查、学习效果访谈等方式，总结出该种学习模式在大学英语课程课堂效率、学生自主学习能力、学生英语学习兴趣方面都取得了良好的成效，现总结如下：

（一）有效提高了课堂教学效率

线上线下混合式教学模式的设计使学生很好地完成了课前预习、课中吸收、课后复习的连贯性学习模式。课前的预习使教师更加清楚学生的薄弱点及疑惑点，了解学生的整体水平，既可以实现因材施教，也可以在课

中讲解时有的放矢进行教学，减少学生理解内容的赘述。课后的线上答疑、测试、作业等可以帮助学生进一步巩固重难点知识。这样的教学模式可以使课堂教学更有针对性地开展重难点知识的讲解，有效地提高了课堂教学效率。

(二) 有效培养了学生的自主学习能力

一方面，线上教学大量的优质资源可以很好地匹配学生的不同要求，并且通过线上学习学生能够更好地了解西方国家的研究进展和入手点，充分调动学生自主获取资源的能力。此外，线上教学的另一个优势就是学生学习不再受时间、空间、人员的限制，学生可以随时获取对于他们成果有益方面的帮助，这对于提高学生的自主学习能力很有帮助。另一方面，线上学习的分数可以直接影响学生的平时成绩，这在一定程度上会督促学生进行练习、预习、复习等，长此以往对学生自学学习能力的提升是非常有效的。

(三) 有效激发了学生英语学习兴趣

首先，线下课堂中在 OBE 教学理念的引导下，我们的课堂设置了任务型活动，每完成一个任务均可以获得分数或奖励，这在一定程度上可以激起学生的挑战欲望，也很好地提升了学生英语学习的兴趣。其次，线上线下混合的教学模式，线上测验、作业、讨论等任务的安排，学生需要一步一步按顺序进行，学生可以看到全班同学的完成进度及所得分数，对比自己的分数后可以激起学生努力向前争当第一的主观能动性，这是非常好的由内部动机引起兴趣促进学习的方式。

六、结　语

大学英语教学在新时期迎来了前所未有的挑战，我们要不断深化教学改革，为国家培养适应新时代要求的应用型复合型人才，英语教学由原来传统的"引进来"向"走出去"发生转变，发出时代最强的中国声音，线上线下混合式教学与 OBE 教学理念相结合，既符合时代发展需要，又能激发学生的学习兴趣，完善评价体系，真正做到以学生为主体，成果导向更为明确，切实提高学生的学生能力和教学效果，对大学英语教学改革发展至关重要。

参考文献

[1] 连颖. 基于移动 App 的大学英语混合式教学模式构建 [J]. 佳木斯职业学院学报，2021，37（11）：79-80.

[2] 李婷婷，李宏新，段树斌. 基于 OBE 教育理念下的高职院校思想政治教育实践育人体系研究 [J]. 国际公关，2020：68-69.

[3] 李志莹. 基于 OBE 理念的大学英语教学设计与实践研究 [J]. 现代商贸工业，2021，42（33）：128-129.

[4] 教育部高等学校大学外语教学指导委员会. "大学英语"教学指南（2020 版）[M]. 北京：高等教育出版社，2020.

[5] 郭爱萍. 线上线下混合式教学模式方案的设计和实施——以高职英语读写课为例 [J]，2018：230-231.

[6] 王博佳. 基于建构主义的英语辩论混合式教学范式 [J]. 海南师范大学学报，2021（1）：84-92.

[7] 齐书宇，李国香.《华盛顿协议》毕业生素质规定及其对地方高校工程人才培养的启示 [J]. 高校教育管理，2018，12（1）：48.

职业教育专业课课程思政教学路径研究

陈 雪[**]

（贵阳人文科技学院经济与管理学院，贵州贵阳 550025）

摘 要： "课程思政"教育的本质就是要旗帜鲜明加强社会主义核心价值观教育，引导学生自尊自信、自立自强。面对当前职业教育发展改革背景下，如何提高职业学校教学质量？如何实现职业教育技术与思想政治价值教育双向奔赴，使学生掌握基本知识的同时提高思政素养？根据在职业院校调查的问题现状，研究提出了目标至上的学习动机理念、课程重塑的情景至要观点和教学有方的教学路径，为积极探索"课程思政"视域下知识与价值相结合的职业教育教学提供现实参考。

关键词： 职业教育；专业课；课程思政；路径探索

近年来，国家陆续发布了《关于推动现代职业教育高质量发展的意见》[1]、《国家职业教育改革实施方案》[2]，以及教育部等十部门联合印发

---

* [基金项目]：2023年度贵阳人文科技学院经济与管理学院"辅导员（班主任）"项目：学生管理工作重融入思政教育的路径与对策建议；贵阳人文科技学院科研基金项目"乡村振兴背景下民办学院高质量人才发展路径研究"（项目编号：2022rwjs017）。

** [作者简介]：陈雪，女，贵州省遵义人，贵阳人文科技学院教师，研究方向：教育经济与管理。

的《全面推进"大思政"建设的工作方案》[3]聚焦立德树人根本任务，推动用党的创新理论铸魂育人，不断增强针对性、提高有效性，实现入脑入心。2022年教育部10年一次的义务教育课程标准强化了课程育人功能，提出育人目标要更加彰显国家意志，体现创新性和实践性。思政教育在发展学校教育环境和整体教育生态中的地位日益凸显。一系列相关文件为整体推进"课程思政"建设，提供了宏观政策支持。基于此，研究"以生为本"从学生角度出发，提出激发学生学习动机、创设学有氛围的教育环境、运用多元的教学方法探索职业教育专业课课程思政的教学路径。

一、职业教育课程思政的理论阐述及意义

"课程思政"是我国新时代背景下提出的教育理念，它不是一门新课，更不是要将所有课程都上成马克思主义理论课，它是以构建全员、全程、全课程育人格局，并把"立德树人"作为教育根本任务的一种综合教育理念。它的提出顺应了时代发展与国际格局背景，成为当下新时代的思想革命和发挥教育主阵地育人作用的应有之义。

（一）发展职业教育课程思政的理论研究基础

《高等学校课程思政建设指导纲要》指出，要落实立德树人根本任务，必须将价值塑造、知识传授和能力培养三者融为一体、不可割裂。目前，国外没有专门的"课程思政"研究，但这并不意味着他们在淡化教育中的"政治意蕴"。近年来，互联网、物联网发展迅速，信息多元化背景下西方意识形态以隐形加显性的方式加紧对我国青年渗透。并且，某些发达国家通过慷慨地向一些不发达国家捐书、赠书来实现资本主义政治思想渗透，宣言一整套政治制度的"普适"性。西方资本主义统治阶级在维护国家主流意识形态方面，具有同质性和共同性，且政治韵味更加隐蔽和难以分辨。[4]这让我国不得不提高警惕意识，众多学者通过研究发现，将政治思想、道德规范、意志培养、情感陶冶的教融入学科教学，对回归教育的本质具有重要意义。[5]对学生和教师而言，"课程思政"融价值塑造、能力

培养和知识传授三位一体，强调在知识传播中蕴含价值引领实现立德树人润物无声，有利于教师师德培养和技术水平的同步提升，切实提高教师的立德树人能力。[6] 同时，在众多研究文献中各高校的思想政治理论课、专业课和通识课，基本上都实现了课程与"思政"有效融合，即"学科德育"效果明显。[7] 这些丰硕的研究成果，为职业教育课程思政的教育教学活动的开展提供了研究理论基础。

（二）职业教育课程思政研究的实际意义

全面推进高校课程思政建设，科学建设高校"课程思政"教育教学体系，已经迫在眉睫。职业教育课程思政与思政课程同向同行已经成为高校思想政治教育的必然趋势。刘宝民，金正连（2021）[8] 指出，积极推进"课程思政"是落实立德树人根本任务的重要举措，有利于克服职业院校思想政治教育与专业教学"两张皮"现象。彭泽艳（2020）[9] 指出，将党中央和习近平同志所要求的热爱党、热爱社会主义融入课程教学，为学生世界观、人生观、价值观的塑造和发展夯实基础，有利于促进学生成长过程中"政治认同、国家意识、文化自信、公民人格"的形成，从而发挥专业技能与价值引导同向同行，形成协同育人格局。毕竟教育的重要任务，不单只是向学生传授专业知识技能，更重要的是坚持社会主义方向培养学生的思想品格，为国家培养更多优秀的社会主义建设者和接班人。[10] 从根本上更好地体现高校专业课程的育人价值。另外，将思政元素融入职业教育课堂教学已是一项重要的研究课题。职业教育对接科技发展趋势和市场需求，培养的是高素质劳动者和技术技能人才，但目前研究各校的学科课程主要是思想政治理论课、专业课和通识课，鲜有关于职业教育专业课教学中思政教育研究。因此，研究如何通过正确引导、帮助大学生树立积极正确的价值导向，使学生掌握知识、技能的同时拥有健全人格、思想是高校思政教育面临的新的难题和根本意义。

二、职业院校专业课课程思政教学问题现状

尽管"三全育人"和"大思政"教育观点早已提出,但直到现在仍未形成真正有效的机制和平台,职教"课程思政"建设仍处于个别探索阶段。[11] 研究设计了贵州 X 职业院校专业课"课程思政"情况调查表。选择财经系电子商务、市场营销、物流管理、会计、财政事务、金融事务等专业学生进行调查。发放调查问卷 428 份,收回有效问卷 428 份(α 系数 = 0.714,信度较好)。运用 SPSS2.0 进行分析,KMO = 0.739,介于 0.7 ~ 0.8 之间,可以进一步研究。调查发现,除以往学者提出课程思政教学问题外,研究还发现存在以下问题:

(一)学生学习被动化,教学氛围不佳

调查显示,只有 27.57% 的学生表示非常喜欢教师在讲课过程中加入一些思想教育的内容,38.79% 的学生表示中立,学生对"课程思政"教学课堂积极性不高。大部分教师在上课过程中会进行思想政治教育,但融入频率较低。在提问学生是否满意当前专业课教师教学氛围时,选择满意的学生占比 37.74%。在向学生了解教学氛围与谁有关时,学生普遍表示与教师和学生互动有关。且增加课外知识和情景教学、游戏等互动模式,学生表示很喜欢。通过进一步调查发现,学生对于不感兴趣的课程,只要课堂教学氛围好,学生共鸣则强,学习欲更强。其次,"教""学"方法的适宜度也能在一定程度上激发学生的学习把控欲,使学生学习更有成就感,即教学效果与学生学习动机、课堂教学氛围、"教""学"方法具有一定相关性。

(二)技术技能本位下,思政合力不足

职业院校专业课教师思政专业知识比较欠缺。某些教师自身属于技术技能型人才上岗,对思政融入教学缺乏有效的学习典型,也没有专业的"课程思政"相关教研、教培。部分教师对"课程思政"的理解存在一定

的偏差和片面，认为"课程思政"就是一新课。职校专业课较强的"实践性"，使得教师常常一节课时间仅够几遍技术示范，专业实践对思政教学效果有一定的稀释消解。部分教师感到很难把握思政、专业和教学管理三者之间所占教学度。各个专业课教师直接交流沟通较少，存在专业"隔阂"，"课程思政"教育未深入人心，没有形成相应的学习、研究、教学共同体，课程思政教学不明显，课程思政合力尚未形成。

（三）学生自身成长特质，增加教学难度

职业学校学生具有较强的社会性，但相应的学生各种问题突出。与此同时，社会偏见并未完全消失，人们还会普遍认为读职业学校的学生文化素质偏低。受学生前置学习影响，部分学生自身学习兴趣淡薄，学生在自身价值取向上容易受到网络、社会、环境和教师课堂意识的影响。社会性认知也使他们对自身价值存在偏差，使其更加缺乏学习成就感，课堂参与感不强。但是，职业院校的学生重义气，存在一定的"群体抱团"、以自我为中心等情况。并且，很多同学他们有想法，也渴望表现自己。但某种程度上鉴于原生家庭以及教育成长环境的影响，学生又害怕表现自己，存在自信心不足，不会、不敢表达自己的真实情况。

三、职业院校专业课课程思政教学路径探索

职业教育具有独有的课程属性，使其具备"得天独厚"的"课程思政"理论探究、道德价值观建设和技能技术实践探索三大特性。传统教学中，教师在讲台上灌输式、独角戏式教学方式在新时代背景下愈发难以激起学生学习兴趣，学生对所授内容不仅记不牢，还容易搞乱产生逆反心理。由于"课程思政"教学理论概述较多，学生缺乏学习兴趣，沉闷的教学氛围使其产生抵触心理，不肯学，导致学生学习效果差，不利于培养学生创新思维。研究运用现代信息技术创设情景——问题职教课堂，增加学生体验感，延伸教学方法张力和效果。以知识传授、技能训练、方法掌握来激发学生兴趣，赋予教学情感，提出以下教学路径。

(一) 目标导向：坚持立德树人思想，激发中职生学习动力

目标至上，动机发力。美国心理学家 Deci Edward L 和 Ryan Richard M 等人在 20 世纪 80 年代提出，自我决定行为的动机过程理论（SDT）。[12] 他们认为个体有一种天性：相信他们是凭自己的意志力来活动的，是因为他们想做，而不是他们不得不做。适当的鼓励会增强被试能力感知，使其获得认可和自信，促进外部动机（External Incentive）内部（Internal Incentive）化。[13]

职业院校学生由于各种各样现实条件或者生理、心理因素导致学生对需要学习的事情缺乏学习兴趣，处于非自觉学习心理状态的学生学习行为大部分是为了获得某种报偿，或是臣服于父母的权威而听之，其外部刺激下的动机因子远高于内部刺激，但容易造成意识性学习叛逆。当学生自己选择来采取某项活动（阅读课外书），而不是完成某个外部（看教科书）目的时，同样的看书前者更可能被激发快乐保有持续学习的兴趣。教学中，针对性设计课堂教学，可以通过了解学生个体动机分类，激发学生好奇心和学习动力；在学习有兴趣的基础上，通过各专业领域的英雄、榜样人物，引导学生向优秀大国工匠靠齐，立志为振兴中华而不懈奋斗，升华其动机理想信念。除此之外，教师要坚持立德树人导向，肩负起为社会主义培养人才的崇高理想。以往职教教师更加注重技术素养，随着社会的发展对教师提出的更高要求，教师必须积极主动地在加强学生知识素养、技术技能的同时，重视其思想政治教育的价值引领。以深厚的理论功底赢得学生的信任，用高尚的人格感染学生。因为教师的教学态度直接反映了教学思想观以及价值判断与选择，影响着教师行为和教学效果。专业课教师应坚持基于马克思主义立场的"课程思政"观，强调政治认同与职业精神，强调个人之德与社会之德的统一，为社会培养更多优秀的技术技能人才。

(二) 课程重塑：增强大课程观，优化课堂"教""学"环境

情景至要，教研合力。职业院校专业课"课程思政"强调在专业课程中体现思政教育思想，即教师要具有一种大教育观理念。转变以往重技术轻价值塑造的思想观念，积极学习、吸收、借鉴不同专业领域的知识融

合，丰富自身人文知识素养，技术技能和道德品质修养，形成课程思政合力。通过教学观摩、课例研讨、集中学习，优帮带、示范引领，拓宽教学思维、视野，吸收借鉴其他优秀教学情景设计，提升职业教育专业课教师思政素质，打造各具专业特殊性的教师学习、科研和教学共同体。

美国教育心理学家加涅就提出，学习是人的倾向或能力的改变，这种改变能够保持的教育理念。学习过程是发生在学生头脑中的内在活动，当一些外在条件按照发动、激化、维持、促进学习的内部过程的种种方式加以设计和执行，即学要有氛围。学习对学习效果产生影响，也应从情境、协作、会话、意义构建等方面着力构建学习的环境。[14] 不断用知识、爱和思想去浇灌学生。职业院校"小团体"盛行，教师必须重视学生群体气氛，及时阻止消极氛围传播者的扩散化，用和谐快乐的课堂氛围从本质上带动学生个人心理偏差。积极发挥中职学生群体中的"小团体效应"，以专业课程内容为载体，营造专业课程观意识，使课堂充满活力，引导学生在和谐的教学氛围中产生强烈的学习意图愿望和内在力量，吸引学生主动参与学习。通过外部良好的学习氛围环境，使部分学生的潜在状态转变为激活状态。

(三) 教学有方：整合方法资源，提高教师育人效能

教学有方，方法蓄力。这里的方法是学生在内化知识、增长见识、内化道理的基础上所掌握的方法，是自己习得的生存技能。可能是某种技术方法，也可能是某些为人处世的道理。授人以鱼不如授人以渔，教会学生掌握学习方法，并运用到实际生活中解决实际问题。整个过程包括了教师引导学生、学生自我感知、学生操作运行，促进学生由被动学习转换到主动学习，达到知行合一。良好的方法可以增进学生的学习效能，乃至加速他们的心理成长而无所损害。教师作为教学重要主体，肩负着学生价值引领作用；必须深化对世情党情国情学情的把握，从而坚定教育信仰、热爱教育事业。

一个高质、高效的教学应具有具体的教学方法。职业教育的就业导向决定了职业院校专业课教学需要突出"行"的主体地位，建立"行知有序"的教学观，形成"先行后知"的方法序列。[15] 专业课教师在教学过程中根据班级情况设计教学策略，不一定是范式的，可能是自己在教学实

践中总结出来，也可能是吸收借鉴他人教学方法，但不论来源如何，根据学习内容载体不同、教学场景不同、教学对象不同要使方法有效可行且有针对性。这就需要改善教学内容及教学形式，从多个方面刺激学生技术技能掌控感，通过引入"文化、体验、案例、任务、行动、成果"等内容设计教学策略，让学生在体验情景中强化体验，获取知识，实现价值共鸣。除了传统的讲授法、讨论法和师生互动法以外，教师要积极尝试智慧教育背景下的教学平台，利用信息化的技术增强学生对国家自信、对社会主义制度自信、对自身学到的专业知识和操作技能自信，从而实现学有所用，进一步强化知识、巩固思想。

参考文献

[1] 中共中央办公厅 国务院办公厅.《关于推动现代职业教育高质量发展的意见》[EB/OL]，国务院公报第30号，2021-10-12，http：//www.gov.cn/zhengce/2021-10/12/content_ 5642120.htm.

[2] 教育部关于深入学习贯彻的通知，《国家职业教育改革实施方案》[EB/OL]，教职成11号，2020-02-28，http：//www.moe.gov.cn/srcsite/A07/zcs_ zhgg/201905/t20190517_ 382357.html.

[3] 教育部等十部门，《全面推进"大思政课"建设的工作方案》的通知 [EB/OL]，教社科3号，2022-08-10，http：//www.moe.gov.cn/srcsite/A13/moe_ 772/202208/t20220818_ 653672.html.

[4] 郗厚军，康秀云.国外思想政治教育可借鉴性：前提反思、根据认识及实现要求 [J].思想理论教育，2017（10）：17-22.

[5] 魏学清.寓思政于学科教学 回归教书育人本质 [J].中国教育学刊，2021（01）：214-215.

[6] 申瑞杰.中小学教师信息技术培训"课程思政"的实践探索 [J].教学与管理，2020，（24）：54-57.

[7] 赵继伟."课程思政"：涵义、理念、问题与对策 [J].湖北经济学院学报，2019，17（02）：114-119.

[8] 刘宝民, 金正连. 关于职业院校推进"课程思政"建设的思考[J]. 中国职业技术教育, 2021 (12): 105-108.

[9] 彭泽艳. 新时代高校专业课教师推进"课程思政"的实践路径[J]. 绿色科技, 2020 (19): 226-229.

[10] 刘永连. 教育生态学视角下的高校"课程思政"教学评价[J]. 文教资料, 2021 (19): 96-97.

[11] 肖香龙, 朱珠. "大思政"格局下课程思政的探索与实践[J]. 思想理论教育导刊, 2018 (10): 133-135.

[12] Richard M. Ryan, Edward L. Deci Dec. Self-Determination Theory: Basic Psychological Needs in Motivation, Development, and Wellness [M]. Guilford Press, 2018: 03.

[13] 乔慧芳, 孔娟, 李娜. 自我决定动机理论下听障学生家校结构支持的个案研究[J]. 中国听力语言康复科学杂志, 2020, 18 (05): 377-379.

[14] 舒卫英, 潘莉. 面向高职扩招生的教学改革: 环境营造与方法创新[J]. 中国职业技术教育, 2020, 41 (32): 58-61.

[15] 张国红. 行知有序: 中职专业课教学的应有之义[J]. 中国职业技术教育, 2015, 36 (07): 35-39.

浅析短视频盛行下民办高校网络与新媒体专业人才培养研究

——以贵州民办高校为例

杨 晨[*]

(贵阳人文科技学院,贵州贵阳 550025)

摘 要: 近些年来,以抖音、快手等 App 为首的短视频发展迅速,不仅引领了新媒体行业的蓬勃发展,与此同时也对高校网络与新媒体专业人才培养提出了新的要求。该专业在时代的推动下应运而生,民办高校作为人才培养的重要基地,近些年来也陆续开设了该专业,然而由于该专业成立时间较短,缺乏一定的人才培养经验,加上民办高校自身存在的一些不足,因此在人才培养方案中,对于学生短视频创作能力、制作技巧等方面没有具体的课程安排和详细的要求。贵州是国家的大数据中心,当前贵州大数据与大生态融合,走高质量发展的新道路,因此,对于网络于新媒体人才的需求更大,要求更高。本文分析了在短视频盛行的当下,贵州民办高校网络与新媒体在人才培养方面存在的问题与挑战,并进一步提出相应的优化建议,为短视频盛行下网络与新媒体人才的培养提供一些参考。

关键词: 短视频;贵州民办高校;人才培养;网络与新媒体专业

---

[*] [作者简介]:杨晨,女,汉族,贵阳人文科技学院文学与新闻传播学院专职教师。研究方向:新媒体传播。

新媒体时代，媒介产业大阔步发展，短视频在媒介融合的大地上百花齐放。由 Mob 研究院于 2023 年 7 月 31 日更新的《2023 年短视频行业研究报告》中显示，短视频市场规模近 3000 亿，用户规模占整体网民的 94.8%。近四分之一网民因短视频与互联网结缘，远超游戏、直播等应用；短视频人均单日使用时长近 3 个小时，且 5 年持续增长态势。贵州素有"八山一水一分田"之说，复杂的地理环境使得贵州乡村的交通情况不容乐观，信息传播与接受，农产品市场与宣传等成为难点，而数字经济的蓬勃发展及当前贵州大数据与大生态融合走高质量发展新路的局面为此带来了转机。直播电商引领贵州农产品走出大山，走进千家万户，因此，网络与新媒体专业成为贵州民办高校尤为重视的专业之一。

网络与新媒体作为时代发展的产物，该专业在摸索中不断前行，在 10 余年的探索中，积累了一定的学科建设经验，培养了一批批新媒体领域的人才，特别是在短视频行业中取得了一定的成果。然而，网络与新媒体专业总体而言，成立时间短，在学科中的人才培养方面还存在一些问题，尤其是在短视频制作、数据分析以及个性化定制等方面还未有点对点的学习。与此同时，民办高校开设该专业时，也欠缺针对该方面能力的培养。短视频盛行下网络与新媒体专业在人才培养上面临着挑战，人才培养方案仍需与时代发展相契合。

相较于其他地方民办高校而言，贵州省民办高校由于地理位置存在劣势，经济基础不够雄厚，人才引进政策倾斜力度还有待加强，相应的薪资待遇还有待提高，与其他省份相比，吸纳优秀教师资源的吸引力不够强，并且留下来的教师大部分是具有贵州户口的本地人，往往难以留住省外的优秀人才资源，而优秀的教师资源恰恰是民办高校最重要的支柱。网络与新媒体专业实践性强，亟须具备在短视频制作、脚本写作、网络广告设计等方面上有实操能力的技术型教师。

一、短视频行业对人才素质的要求

随着移动互联网、4G 技术的普及与推动，各种短视频 App 走进人们的工作、学习和生活中,给人民的生活带来了翻天覆地的变化。短视频的蓬勃发展使得越来越多的年轻人看到了发展契机,对短视频产生了浓烈的兴趣,更加有意愿去投入短视频行业中。与此同时,各家互联网公司也顺势而为,将更多目光投向了短视频领域,对该领域的人才素质提出了新的要求。

(一) 捕捉热点的敏锐力和创新力

短视频具有内容多元化、传播方式双向化、传播行为个性化、传播速度实时化的特点,拥有广阔的市场和受众群体。短视频的出现改变了以往的传播方式和传播路径,实现了传播的高效互动。一方面,短视频的制作主题和内容应结合当下热点,只有这样才能把握社会风向标,发出时代最强音。因此,要求短视频行业从业者要有捕捉热点的敏锐力,及时发现社会热点,将主流内容和短视频相结合,从而制作出符合社会主流价值观的作品。另一方面,除了内容以外,还要求短视频从业者具有一定的创新力,尤其是在短视频的制作方式、画面呈现以及文案设计等方面都要进行创新,这有助于为视频内容增添色彩与魅力,从而制作出质量精良的作品。贵州的抖音博主凭借一句贵州方言"好嗨哟"在 2018 年火爆全网,引领潮流,除了这句"上头"的贵州方言外,在他的作品里,也能体现出对于热点的捕捉力、敏锐力、观察力和创新力。他的作品承载着时下大热的话题,例如催婚、网购、追星等,迎合了观众的真实生活和价值观,加上每一个镜头的精巧编排、快速的视频剪辑以及新颖的文案设计,使得每一个作品都十分完整和精良。

(二) 精良的短视频制作和数据分析能力

短视频制作看似简单,实则包含着众多技巧和设计。在制作过程中涉及的创作方向、脚本写作、摄影技术、视频剪辑与合成等方面都需要进行学习,特别是对于后台数据的抓取和分析显得更为重要。拥有千万粉丝的抖音博主李宗恒通过一个个喜剧段子来呈现生活百态,在脚本写作和编剧上下功夫,短视频制作精良,并结合当下的社会热点话题,引起观众共鸣，使得观众在捧腹大笑的同时仿佛看到了自己的影子。短视频时代的到来，数据与流量成为"变现"的媒介，因此对于数据分析能力的掌握也变得更加重要。因此，制作精良的短视频作品只是获取受众注意力的第一步，更加重要的是如何"掌握"受众的注意力，捕捉数据，深入分析，发挥"注意力经济"所带来的效益。

(三) 具有正确的社会主义核心价值观

短视频的出现使得传播格局得以改变，流量变现、算法当先、个性化定制等特点深深影响着短视频内容的制作，但不管怎样，短视频行业从业者的价值取向不能有偏差。短视频发展迅猛而制作门槛较低，因此在该领域更要秉持"弘扬正能量"的原则，不能投机取巧，一味地迎合市场需求，制作低级趣味、偏离主流价值观的短视频，短视频从业者必须具有正确的社会主义核心价值观。短视频的内容要与当下主流价值观相结合，在整个社会形成一种积极向上的引导作用。2021年在抖音App上大火的"张同学"，用短视频的方式记录了农村生活、再现了农村风貌、助力了乡村振兴，这正是一种对于时代正能量的记录，坚守"正能量"的价值传播既是一种时代责任，更是一种时代使命。贵州的抖音博主"杨妈记录日常"，拥有31.8万的粉丝，在作品中呈现了"农村宝妈"的带娃日常，在"熊孩子"的折腾下仍然热爱生活，不禁鼓舞了和她一样境遇的宝妈们。

二、贵州民办高校网络与新媒体专业人才培养面临的瓶颈

(一) 缺乏优秀的师资队伍

民办高校缺乏相应的学科优秀带头人，尤其是国家级、省级学科优秀人才，教师队伍集中在青年教师，在师资力量上还比较薄弱，所以缺乏优秀的师资队伍是民办高校面临的共同问题。而对于贵州的民办高校而言，这种困境显得尤为突出。一方面，在专业领域有一定建树的带头人大多从事相关的媒体领域，或者就职于公办高校，民办高校本身就缺乏竞争性，

而对高尖端人才的引流上也缺乏一定经验，固定时间举办讲座或开展交流会已经难以适应教育教学的新要求。另一方面，网络与新媒体专业成立时间较晚，在学科建设和课程设置上本就经验不足，更加需要经验丰富的优秀教师力量的注入。而贵州的大多数民办高校在人才引进机制上还不够完善，没有完整的人才引进规划，工资待遇、福利补贴等对高层次人才的吸引力还不够，导致人才流失严重。教育要想在网络与新媒体专业上有所突破，培养出高质量的复合型人才，就必须建设一支优秀的师资队伍。

（二）缺少与时俱进的人才培养理念

如何培养网络与新媒体专业的学生，形成具有针对性、科学性、有效性、实施性强的人才培养模式，一直以来都是各个高校不断探索的目标。网络与新媒体专业作为时代发展的产物，尤其是在短视频的盛行下该行业对于人才的需要，民办高校紧追时代潮流，效仿其他高校建立起网络与新媒体专业，这既是大势所趋，也是民办学院对于人才培养与社会接轨的重视。然而，民办高校对于网络与新媒体专业的人才培养理念还相对比较滞后，在学科设计上仍然延续传统的新闻学、传播学、新闻与传播等传统的教育教学方法，以新闻传播学理论性内容居多，没有结合当下媒介融合的新特点和新规律，适时更新人才培养理念，致使培养出来的学生与网络与新媒体专业不相符，与社会需要相脱节。

国家大力扶持西部教育，重视西部人才的培养，而传统的教育方式难以适应当下的时代发展。贵州作为西部大省，教育资源相较于其他省份而言比较欠缺，在人才培养的理念上还比较滞后，很大程度上仍然停留在传统的应试教育上，网络与新媒体专业在人才培养理念上要更加重视"美学教育"，这样可以帮助学生提高人文素养。贵州的民办高校网络与新媒体专业却很少有相关课程的设置。其实，该专业对于鉴赏美、品味美、实践美的能力要求更高，在这背后体现出来的其实是学生对于中华文化的自信，所以，对于学生美学教育的加强是网络与新媒体专业需要重视的一环。

(三) 实践教学力度有待加强

传统的新闻传播学科在课程设置上理论性内容居多，着重培养学生的文字表现力，该专业作为新闻传播学下的分支，延续着一些必须的主干理论课程，然而随着短视频领域的异军突起，传统的理论性教学模式已经远远落后于时代发展潮流。短视频行业实操性较强，对于短视频制作、数据抓取、甚至是舆情分析等方面都要迅速上手，而民办学院一方面由于缺乏政府的财政拨款，资金不到位，存在着设备供应不足的问题；另一方面实操性课时设置偏少，学生的实践能力没有得到相应的培养和提升，实践教学力度还有待加强。除此之外，在专业课程的设置过程中，要避免过量的守旧基础课程、重复性高的技术课程、单纯追求专业课程数量多、课程碎片化等问题。更加重视课程精品化、凝练化、优质化，注重搭建学生的专业知识体系，让学生搭建自主学习和深入学习的平台，围绕学生的兴趣点进行纵深挖掘，发现学生的爱好和专业倾向，从而帮助学生找到适合自己发展的方向。

为了提升学生的实践能力，充分掌握专业技能，必须匹配相应硬件设施。对于贵州的民办高校而言，在硬件设施的提供上与其他省份还存在很大差距。第一，硬件设施不够前沿，未能及时更新设备。很多高校为学生提供的相机或者电脑年代久远，设备陈旧，在实际的技能教学过程中，难以使用，达不到相应的教学效果。第二，演播厅的建设未能起步。由于场地限制和资金的欠缺，贵州的很多民办高校未能建立演播厅，这让学生在某些专业的课程上只能"发挥想象"，难以掌握实操技能。

三、贵州民办高校网络与新媒体专业人才培养方案的优化

(一) 加强大数据分析能力，建设优秀师资队伍

对于贵州民办高校而言，网络与新媒体专业教师具备短视频创作和大数据分析的专业功底较差，因而对于优质教师资源的需求更大。为了改善

这一现象，可以从以下几个方面入手。首先，加强培训，组织现有高校教师进行短视频创作等相关课程的培训，提升大数据分析能力，设置相应的结课作业，真正地提高教师队伍的能力和水平。其次，大数据分析很高程度上依赖于计算机，具有较强的专业性，因此，可以协调计算机专业的相关教师来进行课程讲授。最后，可以加强校企合作，定期安排专业教师到媒体进行挂职和学习，特别是到地方的门户网站，例如贵州的多彩贵州网、当代先锋网、法制生活网等，特别是多彩贵州网已经跻身全国同类新闻网站的第一方阵，到第一线去体验的学习方式，可以让专业教师熟悉短视频领域的最新动态，尤其是贵州的大数据和大生态的业态发展，经过一定时间的历练和培养，定会给高校教师的专业能力带来很大程度的提升，从而有利于建立起优秀的高校专业教师队伍。

（二）更新培养理念，优化人才培养方案

网络与新媒体专业作为一个较新的专业，随着互联网的发展在近两年广受关注，这也对高校在人才培养上提出了更多新的要求。首先，要更加科学地规划和设置课程体系。对于短视频创作和大数据分析的课程应该更加关注，完善校内实践教育环节，因地制宜地培养复合型新型人才。其次，在短视频课程上，可以围绕短视频脚本创作、微电影创作、短视频直播等方向上设置；在大数据分析课程上，可以在数据分析、数据可视化、模型设计上多下功夫，结合社会需求，进行课程的设置和完善，不断优化人才培养方案。最后，开设有关"网红经济""媒介经济学"等交叉性课程，帮助学生掌握经济学中的相关理论，了解"媒介"与"经济"的相互影响和相互融合，从而意识到网络与新媒体专业的变现可能与优势前景。

（三）全面推进课程思政建设

近些年来，短视频行业蓬勃发展，与此同时也出现了网络诈骗、销售假货等乱象，其中的原因之一就是该行业的从业人员缺乏正确的价值观引导，容易急功近利，利欲熏心。特别是"网红经济"在短视频行业异军突

起，给众多未成年人带来了巨大的利益诱惑，一定程度上产生了金钱观念的偏差，甚至是不屑于对学习的追求和向往，早早荒废了学业。因此，该专业必须要加强课程思政建设，特别是要设置与马克思主义新闻观相关的专业课程，在潜移默化之中将中华优秀的传统文化、历史典籍、民间习俗等方面内容渗透到教学过程当中，引导学生树立正确的价值观。同时，教师可以根据短视频特点渗透思政教育，利用短视频发掘和传播红色文化、时代楷模人物先进事迹等优秀文化，提升学生的职业素养。

贵州是中国的民族地区，有着深厚的民族文化底蕴，推进课程思政建设可以加强对民族文化传承与发展的教育，培养学生对中华民族优秀传统文化的热爱和认同，增强民族团结意识和文化自信。同时，通过思政教育引导学生关注国家和民族的发展需求，激发爱国情怀，培养他们担当民族复兴大任的使命感和责任感。

四、结　语

大学阶段是一个重要节点，是学生走向社会的过渡阶段，也是培养学生媒介素养的关键时期。互联网的发展，新媒体的变革，作为新一代建设者的青年大学生真正地成为媒介的使用主体，他们比任何时期的青年都要了解和把握媒介的使用路径，善于利用媒介所带来的发展契机，适应媒介融合所带来的社会变化。短视频时代的到来对网络与新媒体专业人才的培养提出了更高层次的要求，高校在人才培养方案的制订和设置上也有了更多的思考，对于教师队伍的完善有了一定的探索和尝试。贵州以大数据大生态著称，贵州高校更应将新媒体人才的培养放在更加重要的位置上，而对于贵州的民办高校来说，困难更多，阻碍更大，是挑战更是机遇，唯有把握机会，突破桎梏，方能有所作为，乘上时代的东风。因此，贵州各民办高校必须更加重视短视频行业的变革，在人才培养模式上深入思考，积极探索，不断革新，更好地培养出适合短视频发展时代下的复合型人才。

参考文献

[1] 彭兰. 智媒化时代: 以人为本 [N]. 社会科学报, 2017-03-30 (5).

[2] 李明德, 刘婵君. 对网络与新媒体专业人才培养模式的思考 [J]. 传媒, 2017 (21): 17-18, 20.

[3] 杨扬, 张文忠. 媒体融合视阈下高校出版人才培养模式研究 [J]. 编辑学刊, 2021 (01): 18-23.

[4] 李飞雪, 李涵. 短视频化: 新闻舆论引导新趋向 [N]. 中国社会科学报, 2021-07-22.

[5] 沈忠杰. 新文科背景下网络与新媒体人才培养探究 [J]. 传媒论坛, 2021 (12): 159-99.

新时代新征程建设科技强国的实践指向

王舒曦　郭　玮*

（上海师范大学马克思主义学院，上海　200234；
中共上海市松江区委党校科研室，上海　201617）

摘　要：在党的二十大报告中，科技创新是贯穿全文的一个关键词、高频词，这不仅体现在科技创新的新部署上，也体现在中国式现代化建设的各项部署中。党的二十大报告第五部分专门对"实施科教兴国战略，强化现代化建设人才支撑"作出了全面系统部署，对我们深刻理解国际国内大势、准确把握科技强国建设的重点和方向，具有重要指导意义。新时代新征程上，随着全面建设社会主义现代化国家不断推进，我国加快从科技大国向科技强国行进的步伐，时不我待且势在必行。建设科技强国应加强三个"引领"：一是加强新型举国体制引领，构建多元融合创新范式；二是加强战略新兴产业引领，不断增强整体创新能力；三是加强世界一流企业引领，不断营造创新生态环境。

关键词：科技强国；实践指向；新型举国体制

---

* [作者简介]：王舒曦，男，汉族，上海市人，上海师范大学马克思主义学院博士生，中共上海市长宁区委党校讲师。研究方向：马克思主义中国化理论。

郭玮，男，汉族，河北张家口人，中共上海市松江区委党校讲师。研究方向：马克思主义中国化理论、中共党史与党建理论。

一、引 言

在党的二十大报告中,科技创新是贯穿全文的一个关键词、高频词,这不仅体现在科技创新的新部署上,也体现在中国式现代化建设的各项部署中。党的二十大报告第五部分专门对"实施科教兴国战略,强化现代化建设人才支撑"作出了全面系统部署,并提出"坚持'三个第一'、实施'三大战略'、开辟'两新方向'"[1]等一系列新观点新举措,把科教兴国、人才强国、创新驱动发展"三大战略"放在同一高度上进行阐述,体现了以系统性观念推进科技创新,体现了我们党对当代科技生产力发展和现代化建设规律认识的新高度,同时也为科技强国建设提供了基本遵循。

科技创新是引领发展的第一动力。历史与实践充分表明,谁能在科技创新上先行一步,谁就能在高质量发展中胜出一筹,谁就能培育出新的增长动力和竞争优势。新时代新征程上,创新已经成为加快发展最显著的标志。与土地、资本、劳动力等要素的收益递减规律不同,创新驱动呈现出收益递增的赋能效应。要素驱动的老套路必将被创新驱动的新模式所取代。随着我国科技创新能力的持续提升,欧美发达国家的领先优势正在减弱。部分发达国家以零和思维对我国高新技术企业实施制裁,以确保其优势产业对外产生"挤出效应"。党的二十大报告提出"加快建设教育强国、科技强国、人才强国"的新要求,面对新国际局面、新经济形势、新问题挑战,我国加快从科技大国向科技强国行进的步伐,时不我待且势在必行。

二、加强新型举国体制引领,构建多元融合创新范式

构建多元融合创新范式。新型举国体制的本质是通过举国体制与市场机制的结合,促使集中力量办大事的制度优势转化为科技创新的强大动力。重点在于厘清"有为政府"与"有效市场"的功能定位和作用边界。

既要避免由于过度强调自主而错失吸收全球创新资源的机遇,又要防止由于过度强调开放而弱化自主创新能力。具体而言,对于涉及国家安全、战略需求、整体利益的关键领域,充分发挥国家的主导性地位。坚持问题导向与目标导向相结合,科学谋划重大科研项目选题,制定科学研究具体路径,组织国家战略科技力量攻关。对于市场竞争激烈的相关领域,充分发挥市场的决定性作用。通过构建链群融合的创新网络、完善创新体系的空间布局、优化创新力量的科学治理,促使创新资源充分流动。

三、加强战略新兴产业引领,不断增强整体创新能力

党的二十大报告提出了全面建成社会主义现代化强国的战略安排,其中的一个基本指标是进入科技强国。部分观点认为,科技强国的优势在于对关键核心技术的垄断。但实际上,技术领先与产业领先深度融合才是建设科技强国的关键。并且,后发国家对先发国家的赶超绝非所有产业全面超越,而是通过发展战略新兴产业实现非对称赶超。以美国赶超英国为例,在第三次技术革命中,美国通过发展以电气化为特征的战略新兴产业成功赶超英国,但此时英国仍然在生物制药、航空科技、电子光学等领域处于世界领先水平。面对如日方升的第六次技术革命,科技强国纷纷将目光聚焦在以人工智能、生命科学、区块链、新能源等为代表的新兴产业上。在激烈的国际竞争中,唯创新者进,唯创新者强,唯创新者胜。因此,要加强战略新兴产业引领,促使产业发展水平和整体创新能力持续提升。

一是构建产业生命周期治理模式。日本政府在第五代计算机研发项目中因预判失误所导致的严重后果表明,纯粹由政府主导战略新兴产业发展的管理方法并不可取。要变"管理"为"治理",并将这一理念内嵌到战略新兴产业生命周期中。在萌芽期,科学研判产业发展趋势。完善科技情报网络,健全科技智库体系,优化决策咨询制度,系统整合优势力量,围绕各领域中可能出现的新兴技术进行识别和预测。在探索期,加强基础和应用研究整体协同。引导基础学科研究中心进行前瞻型基础研究,将新兴

技术的底层逻辑搞清楚。引导国家企业技术中心进行引领型应用研究，促使新兴技术向高端产品转化。在过渡期，持续加大政府扶持力度。通过政府购买、财政补贴、税收优惠等方式，确保初入市场的战略新兴产业健康发展。在成熟期，加强战略新兴产业引领。以战略新兴产业带动传统产业转型，推动产业结构升级，形成现代产业体系。

二是大力实施产业基础再造工程。新兴技术和产业基础共同助力战略新兴产业发展。我国已建成全球最完整的产业体系，但"缺芯""少核""弱基"的现状说明产业基础仍然薄弱。科学评估产业基础能力。建立多元化、多层次、多维度的产业基础领域标准体系，构建政府主导、市场参与、专家评议相结合的评估模式，定期对产业链供应链进行评估，系统梳理产业基础发展的痛点、堵点、难点。积极推进工业强基工程。完善国家实验室体系，组建上下游企业技术联盟，围绕工业"四基"领域的"卡脖子"问题，研发一批性能好、寿命长的核心基础零部件（元器件），研制一批自主可控、供应充足的关键基础材料，形成一批绿色化、智能化的先进基础工艺，建立一批标准高、要求严的产业技术基础公共服务平台。

四、加强世界一流企业引领，不断营造创新生态环境

企业是科技和经济紧密结合的重要力量，也是最活跃的创新创造力量。科技就其本意而言包括两种属性，一种是通过探索自然获得规律认识的自然属性，一种是利用规律认识和改造自然的社会属性。抽象的规律认识只有通过具体化的创新产品才能改造自然。因此，企业是科技创新的落脚点，培育世界一流企业有助于科技强国目标的实现。根据《财富》杂志对世界500强企业的统计，2022年我国有142家企业上榜，企业数量位居各国之首，是拥有500强企业最多的国家[1]，但上榜企业并不等同于世界一流企业。综合规模、效益、创新、国际化、品牌价值五项指标进行分析

---

[1] 中国142家公司上榜2023年《财富》世界500强企业．中国新闻网．2023年10月12日．https：//baijiahao.baidu.com/s？id=1779555555376821571&wfr=spider&for=pc.

不难发现，我国上榜企业与世界一流企业相比，在可持续竞争、国际化程度等方面仍有一定的差距。因此，要加强世界一流企业引领，推动我国企业在国际分工中迈向价值链高端。

一是大力营造创新生态环境。从"外循环"主导的外向型开放创新转向"双循环"新发展格局的内向型开放创新，重点在于树立"以我为主，兼容并蓄"的创新观。营造"引进来"的创新环境。建设国家重大科技基础设施，强化知识产权保护，吸引国际创新资源向我国聚集，推动以自主创新为前提的开放创新充分发展。营造公平竞争的创新环境。技术迭代的发展趋势促使"大"和"强"呈现出二元分离的特征，即大企业不一定强，强企业不一定大。要把各类所有制企业当作平等市场主体，促使国有企业与民营企业、大型企业与中小企业公平竞争。以积极探索具有中国特色的世界一流企业创建之路为契机，不断积累创建世界一流企业的经验，按照先战略行业后普通行业的顺序，有序推进各类所有制企业共生共创。营造弘扬企业家精神的创新环境。建立新型政商关系，完善政商沟通渠道，激发企业家创新激情，树立优秀企业家典型，探索创新创业培训体系，形成大众创业、万众创新的良好氛围。

二是积极实施企业"走出去"战略。我国企业参与国际市场博弈的过程，就是人才、技术、管理、服务、产品、标准等要素不断优化的过程，也是世界一流企业养成的过程。参与国际市场布局。以混合所有制改革为抓手，促进本土企业与跨国企业、国有企业与民营企业组成利益共同体，提升"走出去"的整体竞争力。主动向国际新兴市场进军，与世界一流企业同台竞技，抢占新兴技术战略制高点。加强全球资源配置。以国际市场为主要赛场，以世界一流企业为竞合伙伴，以"一带一路"倡议为战略机遇，以实体经济为重点领域，加快对各种资源进行战略性配置，掌握核心技术话语权、提高品牌价值影响力。这里需要强调的是，为化解"走出去"战略与产业"空心化"的内在张力，要聚焦重点产业链和产业链上的关键环节，在本土培育一批制造业龙头企业和"小巨人"企业，夯实制造业基础，不断提升产业链供应链韧性。

参考文献

[1] 习近平. 高举中国特色社会主义伟大旗帜 为全面建设社会主义现代化国家而团结奋斗 [M]. 北京：人民出版社，2022.

[2] 王赤. 加速空间科学发展 建设世界科技强国 [J]. 红旗文稿，2022（19）：16-19.

[3] 奚洁人. 加快建设科技强国 [J]. 红旗文稿，2021（21）：29-32.

[4] 许先春. 中国式现代化的科技意蕴、战略支撑及实践要求 [J]. 北京行政学院学报，2023（01）：12-23.

[5] 李键江，冯雨矣. 党领导人民建设科技强国的百年演进及当代启示 [J]. 南京理工大学学报（社会科学版），2023（02）：30-37.

[6] 朱佳龙，陈宏达，肖童. 现阶段建设科技强国的主要矛盾分析——基于科技创新的结构失衡与高质量发展之间的视角 [J]. 赣南师范大学学报，2023（05）：98-103.

[7] 田进华，张卫东. 中国共产党百年科技强国的历史实践与基本经验 [J]. 江汉论坛，2022（07）：18-23.

[8] 王子琛，崔永进. 习近平法治思想中的科技创新理论 [J]. 理论导刊，2023（03）：25-30.

[9] 秦铮，韩佳伟. 世界科技强国：内涵、特征与建设思考 [J]. 中国科技论坛，2022（11）：1-8.

[10] 靳呈伟. 以科技创新支撑强国建设民族复兴 [J]. 新湘评论，2023（16）：32-34.

[11] 李善民. 加快建设教育强国、科技强国、人才强国 [J]. 人民论坛，2022（23）：8-11.

非遗论坛

政府视角下少数民族"非遗"保护与传承研究

——以云南省为例*

赵伦娜　张渊彧**

（中国人民大学，北京海淀区　100872；
西南民族大学，四川成都　610041）

摘　要： 中国是具有五千多年灿烂文明历史的多民族国家，经过漫长的时间积淀，各民族间文化精神的不断交流、传承，不仅共同谱写了以多样性、持久性、厚重性、独特性为特点的中华文化，更留下了具有独特的少数民族生命记忆和活态文化特征的非物质文化遗产。云南省作为少数民族聚居地区，其非物质文化遗产彰显了不同民族的文明历史与智慧结晶，更是各民族精神的延续和不朽。近几年来，政府对于少数民族非物质文化遗产保护传承工作高度重视，采取了有效措施，已经取得了很大的成效，但也面临各种问题。因此，本文从责任政府和有限政府视角下进行分析，政府如何在保护传承少数民族"非遗"过程中做到补位和到位，采用合理有效的措施，才能使少数民族非物质文化遗产能够"存、续、展、育"共同和谐发展。

---

*　[基金项目]：2022年云南省院校教育合作人文社会科学研究项目"民族地区中小学铸牢中华民族共同体意识教育的云南实践研究"（项目批准号：SYSX202204）阶段性成果。

**　[作者简介]：赵伦娜，中国人民大学教育学院博士研究生。研究方向：高等教育管理。
　　张渊彧，云南民族大学教育学院硕士研究生。研究方向：教育技术。

关键词：少数民族；非物质文化遗产；保护传承；政府

一、政府在少数民族"非遗"保护传承中职能发挥的现状

政府对于少数民族"非遗"保护传承中毋庸置疑有着不可替代的作用，近几年来党中央和国务院十分重视少数民族"非遗"的保护工作，当前阶段，政府已经对少数民族"非遗"提出了一系列保护理念和保护措施，以云南省为例，在政府保护工作不断推进下，对于少数民族"非遗"保护传承工作成效卓见，采取了形式多样的保护和传承措施。

（一）政府保护传承少数民族"非遗"采取的主要措施

1. 积极落实少数民族"非遗"普查申报工作

自从 2003 年以来，云南省已逐渐构建起从上至下的四级（国家级、省级、市级、县级）"非遗"保护名录机制，目前，通过 1999 年、2002 年、2007 年、2010 年、2014 年五次逐级申报认定，各州市都建成了国家、省、州（市）、县四级"非遗"保护名录和传承人认定体系，逐步形成了有重点、有规划的保护与运用。包含省级、市级、县级 147 项、3173 项、8589 项。其中，"阿诗玛"等 34 项被中央政府确认为首批国家级"非遗"。[1] 云南省于 1999 年、2002 年、2007 年、2014 年分五批认定命名了省级"非遗"代表性传承人，各州市、县也认定命名了一批州市级、县级"非遗"传承人，目前，全省已经认定和命名的各级"非遗"传承人共有 3907 人。其中，国家级传承人 68 名，省级传承人 1016 名，州市级传承人 970 名，县级传承人 1853 名，并且在云南省少数民族"非遗"名录体系和传承人体系中，16 个跨境民族拥有的国家级名录、国家级传承人、省级名录、省级传承人数量（人数）及其在全省所占的比重，都远超过跨境民族人口所占全省总人口的比重（详见表 1-1）。

表 1-1　云南 16 个跨境民族国家级、省级"非遗"名录和传承人统计表

类别	全省	全省少数民族	全省跨境民族
人口（人）	45966766	15349186	12490332
占全省总人口比重（%）	100	33.39	27
占全省少数民族人口比重（%）	100	100	81.37
国家级名录（项）	105	89	68
占全省国家级名录比重（%）	100	84.76	64.76
国家级传承人（人）	69	63	56
占全省国家级传承人比重（%）	100	91.30	81.16
省级名录（项）	376	309	241
占全省省级名录比重（%）	100	82.18	64.10
省级传承人（人）	1074	797	618
占全省省级传承人比重（%）	100	74.21	57.54

根据调查显示，云南省普洱市从 2003 年 3 月开始，就作为全省试点展开了对本地区民族民间文化遗产的摸底普查，全市抽调了 400 余人，深入所辖 90 余个乡镇的 430 个自然村，采访调查民间艺人和有关群众 3100 余人，拍摄录像资料 3600 分钟，拍摄图片资料 2200 余张，文字记录数百万字，从而基本摸清了市域内的"非遗"家底。

云南省德宏傣族景颇族自治州自 2004 年以来，在较大规模的民族民间文化普查中，发掘、抢救、整理了一大批少数民族非物质文化遗产项目，内容涉及语言文字、口述文学等 12 个类别数百个项目，形成了 100 多万字的文字材料，3000 多分钟的音像资料，5015 幅照片，207 份绘制图，49 份传统乐曲记谱和 513 个专题报告。

云南省玉溪市民宗局协同市非物质文化遗产保护中心，在过去"非遗"普查、保护级别申报资料的基础上，近期又组织实施并完成完善了《玉溪市少数民族非物质文化遗产保护名录及工作规划》，对全市 313 个少数民族"非遗"保护项目分门别类进行了认真整理并编目列表，开展了补充调查、撰写了内容简介，提出了详细的保护意见。

其他各州市虽然投入力量不同和进展时间不一，但都采用了同样的方法，对本行政区划内的"非遗"开展了普查工作。

2. 建立专门保护工作机构

自2007年云南省非物质文化遗产保护中心正式挂牌成立和相继设立了云南民族民间文化保护专家委员会后，各州市也先后成立了相应的管理机构和工作班子。大理白族自治州于2010年6月成立了州文化遗产局，并于同年7月成立了大理白族自治州非物质文化遗产保护中心；红河哈尼族彝族自治州继州非物质文化遗产保护中心成立后，各县（市）也成立了"非遗"保护中心，并落实了编制，配备了专职人员。据了解，现已有普洱、楚雄、昆明、怒江、迪庆、昭通等6个州市成立了"非遗"保护中心，这几个州市的"非遗"保护中心虽然人员多少不等，却都是有正式编制的事业单位。其他未正式成立"非遗"保护中心的地区，有的是在文化局设立了"非遗"科或文化遗产科；有的是在文化馆设立"非遗"保护工作部、室，指定专人负责此项工作，人员大多为兼职，没有专门编制。但在一些地区也有特例，如文山壮族苗族自治州，州级虽未成立有独立编制的"非遗"保护中心，但州域内的广南县却在2013年8月成立了"广南县非物质文化遗产保护中心"，正式编制15人。在其他州市也有一些县在文化局或文化馆内成立了"非物质文化遗产保护办公室"，有了编办特批的事业编制。

3. 建立以"传承人"为主的专业传承队伍

云南省对一些濒危的国家级、省级"非遗"项目和代表性传承人，各地按照"抢救第一"的方针，建立了专业的队伍，对少数民族"非遗"进行了录音、录像、图片、文字的搜集整理，普遍建立了电子文档和相关的资料数据库。红河哈尼族彝族自治州2012年拍摄制作了《红河哈尼族彝族自治州"非遗"传承人电视纪录片》，对全州范围内的国家级、省级、州级的11个项目类别共289名传承人的相关资料、传承谱系和技术技艺进行了全面系统的记录。昆明市石林县用彝文、国际音标、录音、录像和多媒体数字化手段，对彝族民间叙事长诗《阿诗玛》的口传吟唱做了真实、全面、系统的记录，并将《阿诗玛》的源流、现状和所有传承人的资料进行了细致的整理、分类存档录入数据库。普洱市墨江县早在1995年就整理了哈尼族民间叙事长诗《洛奇洛耶与扎斯扎依》由德宏民族出版社出版，2014年又将这首长诗绘制成连环画，由云南出版集团、云南美术出版社出版发行。西双版纳傣族自治州录制了《傣族慢轮制陶制作技艺教学课件》光盘，在傣族慢轮制陶制作技艺的保护和传承上发挥了重要作用。

另外，各地通过建立各类"非遗"传习基地，为"非遗"的活态保护与传承提供了极大便利。德宏傣族景颇族自治州2009年在芒市风平镇弄么村挂牌成立了"芒市非物质文化遗产传习所"，开展国家级非物质文化遗产项目"傣族剪纸""傣族孔雀舞""傣剧"和州级项目"傣族竹编"的传承培训；梁河县每年安排资金3万元，资助传承人开展培训工作，每年开办传承培训班六期以上；盈江县在傣剧发源地旧城镇旧城村办起了傣剧传承培训班，培训内容涵盖剧本创作、唱腔设计、身段、表演、演唱、武打、弦乐、击乐等方面；丽江市2010年在玉龙县鲁甸乡新主村建起了国家级非物质文化遗产"东巴画传承基地"，每年定期举办以东巴画为主，涵盖东巴礼仪、东巴文及经书诵读、东巴祭祀道具制作、东巴舞的培训，有力地推进了东巴文化的保护与传承。2012年又在玉龙县宝山乡悟母村建起了"丽江市东巴文化传习基地"，在玉水寨建起了"东巴文化学校"，在古城区金山乡三元村建起了"纳西东巴文化传承中心"；临沧市建立了"沧源翁丁佤族民间传统文化传习所""临翔区青华傣族象脚鼓制作技艺传习馆""沧源曼来佤族蜂桶鼓传习馆"，已开展传习活动19期，培训学员达1000余人。这些基地、馆所的建立，为传承人开展传承活动提供了极为有利的条件，使各类"非遗"的保护与传承得以有声有色地开展起来。

4. 制定保护计划、管理办法和补贴措施

自2011年《中华人民共和国非物质文化遗产法》和2013年《云南省非物质文化遗产保护条例》颁布实施以来，全省各州市大多依据和遵循这两个法律法规有效开展"非遗"保护工作。有的州市还根据本地区实际情况，参照这两个法律法规，制定了更为具体的保护计划、管理办法和补贴措施。如大理白族自治州制定了《大理白族自治州非物质文化遗产项目保护与管理办法》《大理白族自治州非物质文化遗产项目代表性传承人认定与管理办法》《大理白族自治州加强和改进白剧传承发展工作的实施意见》；普洱市制定了

《非物质文化遗产保护与传承五年规划》；楚雄彝族自治州制定了《楚雄彝族自治州非物质文化遗产项目代表性传承人的申报、认定与管理办法》等。这些地方性文件的制定与出台，使有关部门进一步明确了自己的职能职责，管理工作有章可循。各地对传承人补贴的发放也各有办法，有的是在年初与传承人签订传承协议和年度承诺书或目标考核责任书，到年终进行检查考核，完成目标责任者即兑现补贴；有的是在每年6月的"文化遗产日"集中本州、市、县传承人进行传承展示并汇报传承情况后发放。这些办法措施的制定和实行都切实有效地推动了"非遗"的保护和传承，不仅体现了各级地方政府对民族传统文化的重视，也激发了传承人带徒传艺的热情。

5. 日益拓展少数民族"非遗"展示平台

云南丰富多彩的民族民间传统节日和庆典，是展示、传承、弘扬"非遗"项目的大好时机。近年来，云南各地充分利用举办活动的机会，为"非遗"项目搭建平台，使各类少数民族"非遗"得到充分展示。如在壮族的三月节上，演出壮剧和举行山歌比赛成了不可缺少的内容；在傣族的泼水节中，孔雀舞的表演和章哈演唱展示也必不可少。其他诸如苗族花山节中的芦笙舞、白族三月街时的绕山灵、彝族火把节时的跳弦罗和烟盒舞等等，都早已成为惯例。有的地方还利用节庆活动的机会，安排了一些技艺性的"非遗"传习活动。这不仅让"非遗"项目得到了充分的展示，也使传承人得到了群众的公认，从而提高了"非遗"传人的社会知名度和自身的传承使命感、责任感。除此之外，各地区还利用国际文化交流活动加大对"非遗"的宣传，如德宏傣族景颇族自治州已将泼水节、目瑙纵歌节打造成区域性的世界节庆，每逢举办节庆，都会有许多国际友人参加。在对外进行的国际文化交流活动中，各地"非遗"项目也大多成为交流内容的首选，如著名的"纳西古乐""白沙细乐"和各种民族民间音乐歌舞、东巴画等，都参加过世界不少国家和地区展示演出。

二、政府在少数民族"非遗"保护传承中面临的问题

少数民族"非遗"在其自发的保护传承发展过程中，政府在其中所发

挥的作用无处不在，政府的主体地位不可动摇。因此，可以通过政府在少数民族非物质文化遗产"存、续、展、育"过程中，采取各类措施的实然层面来分析政府职能发挥过程中所存在的问题。

（一）法规建设、资金扶持、宣传力度均不到位

1. 法规建设滞后

从中央到地方，对非物质文化遗产抢救和保护的力度都在不断增强，2013 年出台了《云南省非物质文化遗产保护条例》。以云南省红河哈尼族彝族自治州为例，在云南省申报非物质文化遗产保护名录中，国家级项目红河哈尼族彝族自治州排列云南省第一，红河哈尼族彝族自治州虽然在非物质文化遗产保护方面已出台一些政策措施，基本达成了物质文化遗产与非物质文化遗产保护机制构建的全面涵盖，但是对于少数民族"非遗"保护的长效工作机制尚未形成，传承人的保护缺乏有力的措施。

2. 云南省的州、县市级政府专项保护经费到位率不高

目前，红河哈尼族彝族自治州市级非物质文化遗产保护传承经费非常少，各项"非遗"申报的费用也都由各文化主管部门办公经费里列支承担。州级今年的"非遗"经费也迟迟不到位，州级传承、保护经费不能及时兑现，影响了传承人的积极性。

"非遗"保护工作从普查到资料的搜集整理、归类存档、人员培训、项目申报、传承人管理、项目开发利用，每一个环节都需要经费支持。据目前掌握的情况，各地"非遗"保护和传承所需经费 70% 以上是靠国家和省上拨付，各地虽然都曾经为支持这一工作拨出了相应的经费，做出了积极的努力，有的已列入地方财政预算，有的却只是临时拨一点经费解决急需的问题。特别是在县级，保护面大，传承人多，工作机构必需的经费投入明显不足，传承、弘扬、开发所需经费更谈不上，致使一些可以开发利用的项目因缺乏经费支持得不到开发利用，也有一些因过去得不到重视，应及时抢救和保护的项目因得不到抢救保护而陷于断代和濒临消亡的境地。还有一种情况，因经费投入不足，保护单位现有设备配置低、老化，造成大部分图像、音频清晰度低，难以存档和进行后续申报。又因"非

遗"项目的申报得到国家、省的批准，才有专项保护经费，有的州县因财政困难，致使不少"非遗"项目无法实现有效的申报、保护与传承。还有一些县，至今未落实传承人补贴，上级拨给的项目专项经费被截留或挪用的情况时有发生。由于经费不足，不少传承人常常把自己的补贴经费拿出来供给前来学习的徒弟做生活费或购买培训材料。

(二)"存、续"中的政府缺位

由于"非遗"保护工作是一项新的工作，过去并没有设置管理这一工作的专门机构，"非遗"保护政策实施后，各地在机构设置上采取了不尽相同的做法，云南少数州市单独成立了有编制、有专门人员和独立办公地点的"非遗"保护中心，专门负责此项工作，多数地区则是在文化局或文化馆内增加了一块牌子或指定一个科室、部室分管，实行"一套班子，两块牌子"的管理模式，工作人员多为兼职，未形成长效性和专业性较强的工作机制，由此带来的结果是"重申报、轻管理"的倾向较为严重，只把"非遗"项目的申报看成一种业绩，申报成功之后便很少再过问了。显然，机构设置的不规范和不确定性，急功近利的项目申报观，对"非遗"保护传承工作的正常开展是十分不利的。另外政府部门在关于保护传承发展中权利的归属不明确，在相关政策下达执行的过程中，政府是作为委托人将政策层层下达至地方政府各部门，但往往地方政府表面遵从，实质上并未落实。造成这一情况的原因在于保护区政府和地方政府二者之间存在着信息不对称的问题，保护区政府无法真正站在该少数民族地区的立场落实政策的可行性，而地方政府也难以领会其政策精神所在，这时候无论是中央政府还是地方政府都处于缺位的状态，执行困难重重，无法落实。

(三)"展、育"中的政府越位、错位

政府主导讲求"有所为、有所不为"，意味着政府需要"度"的存在，或者说有个边界。[2] 政府对于少数民族非物质文化遗产"展、育"中，实际上没有在一个合理的行政监管体制内运行。首先，表现在行政人员权责尚未明确，尤其地方政府下的文化管理部门内部存在着权责混杂、职责边

界不清这类问题，这无疑是政府越位甚至错位的表现。其次，上级下达的行政指令落实缓慢，少数民族"非遗"保护传承工作的质量和效率普遍较低；政府文化管理部门与政府成立的专门针对少数民族"非遗"保护机构之间没有准确的界定。因此，在少数民族"非遗"政策的具体落实过程中，一方面会出现机构设置的交叉和重叠的问题，另一方面很多涉及对后续部门发展有益的情况下，相关部门会出现越位甚至错位的现象，都希望有权利涉及其中，但是真正出现问题的时候却难以确定责任的主体。政府对少数民族"非遗"保护工作进行中还会出现干预过度，取代传承人，反客为主的现象，这不仅会影响传承人的积极性，更会影响少数民族"非遗"原本的生态性、民间性与真实性。不可否认，一般当地政府的初衷是好的，但好心却办错事，实际上是政府越位、错位的表现，一定程度上破坏了民间文化的自主传承。

三、完善少数民族"非遗"保护传承中政府职能的思考

（一）责任政府视角下对少数民族"非遗"的保护——政府补位

1. 完善政策体系

政府要处理好"保护"与"传承"的关系，更要在"存、续、展、育"的每个阶段做好部署工作，要意识到少数民族"非遗"作为公共文化事业的重要组成部分，政府要进一步加强对少数民族"非遗"保护传承工作，采取行政、技术、财政、法律等保障措施，逐步构建更加行之有效的少数民族"非遗"保护机制，传播机制、产业运行机制，深入探究出台推动少数民族非物质文化遗产全面保护、科学运用等方面的法制章程。值得一提的是，我国第一部关于保护民族民间文化的地方性法规是云南省于2000年颁布的《云南省民族民间传统文化保护条例》，随后包括贵州省、福建省、广西壮族自治区等地也先后颁布了保护当地民族文化和"非遗"的地方性法规，云南省也是中国少数民族"非遗"保护工作首批综合试点省份之一，近十多年来，云南省也一直以实施民族民间传统文化保护工程

为切入口，建立法规体系和领导机制为先导，以资源普查为基础，建立名录体系和传承人体系为核心，以实现活态传承和整体保护为目的，政府在保护方法方面做了积极、创造性的探索。但俯瞰政府对于少数民族"非遗"的保护实践，法规政策的实施至少有两个问题无法回避，首先，《中华人民共和国非物质遗产法》《云南省非物质文化遗产保护条例》尚无实施细则，影响到立法的全面实现，近十年来，云南少数民族各级"非遗"名录及传承人的推荐者、申报者、评审者、命名者和公布者一直是各级政府和相关文化行政部门，包括一些少数民族地区的文化馆和"非遗"中心，受时间、经济、信息、语言和受教育程度等因素制约，到目前为止，还没能看到边境公民向相关文化主管部门提出将某项"非遗"列入名录的建议；并且由于受到边境地区经济发展层次低、地理环境等诸多因素制约，很多法规政策的效益都没能发挥出效果，因此，应该在完善政策体系做出创造性的革新、拟定翔实的细则，才能让更多边境少数民族更好地保护传承其"非遗"项目。

2. 健全组织机构

云南少数民族"非遗"不仅种类繁多而且范围广，保护传承工作涉及政府多个不同的部门。必须自上而下地建立管理机制，明确各部门的职责权限，避免部门之间的权责不清、互相推诿。明确少数民族"非遗"管理机构的权责，增强少数民族非物质文化遗产保护组织架构的构建，配备专门的从业人员，提供专项活动开展资金。培育与发展一支综合素养高、责任认知到位、组织水平高的非物质文化遗产保护全职和兼职有效融合的工作团队。构建完善社会民众参与和监督的有关体系，增强民众对非物质文化遗产保护的监督权、参与权、知情权。推动少数民族非物质文化遗产保护决策的合理化、有效化，且对做出卓越贡献的企业与个体予以经济与精神方面的奖励。

从学理上而言，公共文化服务与少数民族"非遗"保护不是一个范畴，前者的外延、服务对象比后者宽，但是二者在政府主导、公共财政支撑、公益性、非营利性、社会参与、关注贫困地区方面都有共通之处。因此，在云南省公共服务体系内不断健全组织机构和对少数民族"非遗"进行保护传承,有着千丝万缕的密切关联性,鉴于此,少数民族"非遗"作为我国建设繁荣文化事业的重要组成部分,云南省要根据自身发展情况,不断健全政府组织机构,是作为云南少数民族民众基本文化权益、建设国门文化、维护边境文化安全的重要途径。

3. 加大财政投入

少数民族"非遗"的保护传承所需的经费是十分庞大的,虽然我国已经建立了"非遗"的专项基金,但主要用于那些国家级或重大项目的建设中,还有很多优秀的少数民族"非遗"作品是没有足够的基金来支撑的,云南各级政府要将非物质文化遗产保护经费纳入本级财政预算,设立保护专项基金,保障濒危和重点项目的抢救、整理和保护经费落到实处。云南各级政府还需拓宽思路,寻求其他途径对少数民族"非遗"的保护资金加大投入,鉴于包括云南在内的边境大部地区经济社会发展总体水平仍较低的实际,建议继续加大对云南及其他少数民族边境地区的公益文化事业的投入,确保财政预算逐年增加。制定和出台更加优惠的人才吸纳政策,可试行"大学生站长"计划,招聘一些大学生到云南的一些乡镇文化站当站长,以吸引更多的优秀人才为云南省少数民族"非遗"建设服务;提高云南边境地区基层文化工作者的待遇,享受特殊津贴。

4. 引入市场机制

云南省政府应该积极引入市场机制,倾力打造文化名片,做大做强云南地方民族文化品牌,向外界展示独特的云南少数民族"非遗"特色,把文化建设与旅游开发结合起来,让文化产品依托旅游走向市场,这已成为近年来边境一线最为显著的一个发展趋势。无论是各种民族传统节日、精品节目的打造、民族文物的保护和利用、非物质文化遗产的传承和展示、地方土特产的生产加工和各种民族传统工艺品的开发制作,都以旅游产品开发的形式逐渐呈现出来。最重要的是民族文化生态村的打造与运营,目前已发展为边境一线文化创建工作中十分突出的亮点。云南西双版纳傣族园民俗文化生态村的开发和建设就是例子,着力打造了"百名小卜哨天天欢度泼水节"这一核心文化品牌,景区还专门成立了培训中心,长期聘请傣族民间艺人和歌舞团的教师对员工进行歌舞和民间乐曲的培训,聘请傣族民间手工能手和"非遗"传承人进行傣族民间手工工艺的传授,在景区内还开展葫芦丝、贝叶经制作和象脚鼓舞现场演练,使游客一到这里,便能在充满激情和新鲜感的愉悦中领略到傣族文化的精髓和魅力。故而,傣族民俗文化生态村从2001年建立到现在,对中外游人始终保持较强的吸引力。

(二) 政府视角下对少数民族"非遗"的传承——政府到位

1. 整合市场资源,适度开发

非物质文化遗产是从民间来,繁荣于民间。政府不可能代替民间包办一切,因此政府需要调动社会各界的资源,施行各种办法鼓励各界参与其中。云南省很多少数民族"非遗"项目需要有牢固的群众基础,政府可利用该机会全面优化市场资源,指引企业采用对关键技艺有益的方式恰当开发。如云南省红河州建水的紫陶开发,在开发过程中,要尊重紫陶的本真性,保留其精髓制陶技术,要杜绝政府行为对其过度开发。在建立少数民族生产性保护基地时,把"非遗"本身、传承人和传承基地进行"三位一体"捆绑保护,相互依存、责任共担。传承基地必须聘请代表性传承人开展保护传承活动;同时在基地采取"展示馆保护"的开发模式,与普通博物馆区分,这类展览馆以现场感为重心,依托传承者有关技艺的展示,给游客最真切的体验。可以由政府主导,社会、企业和"非遗"传承人共同承办少数民族"非遗"展览馆。可以选择以下的联办模式:其一,政府拿出一定的资金筹办展览馆,由传承者进行运营管控;其二,政府与本地非物质文化遗产旅游景点一同投资,创办展示馆且负责后续的运营工作;其三,采用竞标的方式由企业投资创办展示馆,之后由地方政府负责运营;其四,民企民办,由企业出资创建、经营展示馆,大多由传承者建设、传承者运营,一方面是践行传承者责任,另一方面是提高企业知名度。

2. 发挥民间组织力量

少数民族"非遗"是历史的、静止的、不可再生的,它的精神蕴含极深,很多少数民族"非遗"甚至已经远离它原本的生态环境,因此是很难把它全部激活、接受和传递的。抢救与保护少数民族"非遗"应当成为全民的共识、自觉投身于此的行动,而不仅只是政府部门、某些人的事,因此，政府应该不断鼓励支持相关的民办文化机构参与少数民族"非遗"的保护工作，要简化对民办文化机构的审批程序，并对各种民办文化机构、民族协会的工作给予鼓励支持。通过民办公助的形式，鼓励群众自办文化，自发参与保护传承少数民族"非遗"，如创建民间剧团、文艺社、博物馆、文化室等，并鼓励群众兴办文化产业，开展文化经营，如组织有偿文艺演出、生产加工销售民族工艺品等。要在鼓励支持民办文化方面制定和完善相关的政策法规。同时支持帮助少数民族"非遗"传承人对外进行有偿表演，使他们在享受成就感的同时，获得较好的经济收益，以激发更多的年轻人乐意学习和继承本民族传统文化艺术，为繁荣边境地区文化事业做出贡献。

3. 加强专业团队建设

少数民族"非遗"是一门涉及多学科知识系统，需要学界同人以及"非遗"的专业团队的积极参与。政府部门无法替代相关科研机构在少数民族保护方面的作用，尤其少数民族"非遗"具有其特殊性质，为了避免造成难以挽回的损失和破坏，各级文化遗产管理部门通过设置少数民族"非遗"专家委员会来进保护、开发是必不可少的。就云南而言，大多数县级文艺团队成立于1965年。县级文艺团队是基层文化工作的重要力量，是社会主义文化建设的主力军，更是对少数民族"非遗"保护传承最早的专家队伍。数十年来，他们为促进民族团结、传承民族民间优秀文化、保护传承少数民族"非遗"方面做了很多有利工作，作用十分明显。自20世纪80年代以来，由于对艺术表演团体改革的认识不一，一些县级文艺团队被相继撤销。随着提高群众文化自信热潮的兴起，云南一些边境县又从实际需要出发恢复了文艺团队（如贡山县于2006年重新组建了"三江源艺术团"，江城县于2007年恢复了县文工团）。鉴于云南边境一线文化市场尚未成熟以及文艺宣传队伍不可或缺的实际，建议明确边境一线文艺团队的公益性事业单位性质。对于少数民族"非遗"专业团队的建设，还要进一步加强扶持，不断巩固，以便更好地为包括云南在内的边疆少数民族地区文化建设服务，更好地传承发展少数民族"非遗"。

4. 培养民众文化自信

在国家文化战略和云南桥头堡建设、文化强省建设战略的有力推动下，云南各州市也先后提出了文化强州、文化强市的战略口号，各民族群众空前高涨的文化自觉，为文化战略的实施奠定了坚实的群众基础。云南省各民族学会、协会卓有成效的工作，是各民族群众空前高涨的文化自觉的生动体现。如文山壮族苗族自治州壮族学会自成立以来，面向社会出版了《坡芽歌书》等诸多具有少数民族非物质文化遗产探究意义的书籍，还积极协助地方政府组织了"陇端街"等少数民族重大节日庆典。还比如，2008年，红河哈尼族彝族自治州哈尼学会和红河哈尼文化国际研究中心在绿春县举行了有越南、韩国、美国、泰国、日本等11个国家的共计160名学者参与的"第6届国际哈尼/阿卡文化学术讨论会"。为了抢救少数民族"非物质文化遗产"，由河口县布依学会牵头并负责组织培训，举办了布依族传统文化保护区传承人的培训和考评。云南各地民族学会、协会的学者也取得了丰硕成果，诸如《拉祜族史》《文山苗族史》《瑶族通史》《河口布依族文化》《阿昌族今古奇观》《从葫芦里出来的民族——拉祜族》《贝叶经全集》和各地已经出版和正在组织编写的民族文化系列丛书等，可谓琳琅满目，美不胜收。综上所述，在新的时代背景下，紧紧围绕核心价值理念，阐发中国传统美德、人文精神，形成从个体、群体到公众的社会联动行为，由文化自觉、自信到坚实的文化信仰，最终凝聚内化为民族的文化精神。

参考文献

[1] 云南非物质文化遗产保护网，保护工作大事记：http：//www.ynich.cn/thing-119-2169.html.

[2] 牟延林，吴安新. 非物质文化遗产保护中的政府主导与政府责任 [J]. 现代法学，2008（30）：179.

目的论视角下贵州苗族饮食文化英译研究[*]

张会会[**]

(贵阳人文科技学院,贵州贵阳 550025)

摘 要:贵州苗族饮食文化英译对于我国少数民族饮食文化对外传播有着重要作用。目的论视角下的贵州苗族饮食文化英译以目的性原则、连贯性原则、忠实性原则为指导,采用"直译""增译""直译+注释"等翻译方法,综合使用异化和归化的策略,既保留传统苗族饮食文化特色,又兼顾目的语读者的阅读体验感和接受程度。

关键词:目的论;贵州苗族;饮食文化;英译策略

一、文献综述及问题的提出

关于贵州苗族饮食文化及其翻译方面的研究,学界已经取得了一些研究成果,但相关成果不成系统,尚不全面。整合分析可以发现相关研究成

---

* [基金项目]:四川省哲学社会科学重点研究基地川菜发展研究中心项目:"目的论视角下贵州苗族饮食文化英译研究"(项目编号:CC20W20)。
** [作者简介]:张会会,女,穿青人,贵阳人文科技学院副教授。研究方向:跨文化交际、翻译。

果大致可以分为两大类：贵州苗族饮食文化研究和贵州苗族饮食文化的翻译。

一方面，是对贵州苗族饮食文化的研究，如许桂香（2009）从物质饮食文化和非物质饮食文化两方面探析了贵州苗族的饮食文化。[1] 许桂香（2012）剖析了贵州苗族饮食文化的独特民族特点，主要体现在苗族的食物原料、食物器具、加工方式等方面，并探讨了如何发展和传承苗族特色饮食文化。[2] 聂相珍（2016）探究了黔东南苗族饮食风格的形成因素、饮食习俗和饮食文化的汉化趋势。[3] 贤娟、张婷婷（2016）通过探析贵州苗族饮食文化的特点，总结了苗族文化饮食传播的路径和策略。[4] 杨雨薇（2018）实地调研并记录了黔东南苗族新年饮食习俗，指出了解苗族饮食习俗是促进苗族饮食文化保护、传承与发展的关键一步。[5] 贤娟（2018）阐释了贵州苗族饮食文化的族内和族际传播模式及状况。[6] 朱晓琳（2019）从影像传播机制的视角切入，阐述贵州苗族饮食文化的特点、传播现状，认为影像传播是促进贵州苗族饮食文化传播的重要路径。[7] 根据霍晓丽（2020）的观点，"酸"文化承载了贵州苗族的地域文化和民族文化，作为苗族独特的文化资源，"酸"文化的传承和发展是发展文化产业的重要内容。[8] 贤娟、帅泽慧（2020）厘清了贵州苗族饮食文化数据库建设的现状，总结出影响数据库建设的原则、内容、采集制作及应注意的问题，为后续影像数据库的建设奠定了良好基础。[9] 贤娟、陈丽娜（2021）从民族文化品牌层面探究了贵州苗族"酸"文化的内涵，并深入分析其品牌建构的条件、路径和原则，提出相应的品牌建设策略。[10]

另一方面，是贵州苗族饮食文化的外宣翻译。目前学界成果甚少，主要有周祁林（2016）在目的论理论关照下对贵州少数民族菜谱英译进行研究，提出了写实性译法：烹饪法+主料、烹饪法+主料+in/with+辅料、主料+in+器皿；写意性译法：一名多译法、文化翻译法。[11] 李梦娟（2018）在文化翻译理论视角下，结合贵州苗族特色饮食文化探讨了翻译的原则、翻译的方法、翻译的策略。[12]

综上所述，现有研究主要是对贵州苗族饮食文化的研究，主要从饮食文化特征、形成原因追溯、传播路径、传播机制等层面进行研究。对贵州苗族饮食文化的外宣翻译甚少，目前仅有的翻译研究主要聚焦菜谱英译，还有在文化翻译理论的指导下对贵州苗族饮食文化进行翻译。本文聚焦的是贵州苗族饮食文化的英译，以翻译目的论为理论关照，对贵州苗族特色饮食文化进行翻译实践；在翻译理论三原则指导下提出相应的翻译策略，为贵州苗族饮食文化的外宣提供一定的借鉴和参考。

二、理论依据

本文以翻译目的论作为指导，探索贵州苗族饮食文化的英译。首先，厘清翻译目的论的缘起是更好应用该理论的前提。翻译目的论是德国功能派翻译理论的核心观点，大致经历了四个阶段。第一阶段：1971年，赖斯（Kantharina Reiss）发布《翻译批评的限制与可能性》一书奠定了翻译目的论的基础，他在书中阐释了语篇功能和翻译的策略（Reiss，1971）[13]。第二阶段：1985年，翻译目的论的概念首次由德国翻译家弗米尔提出，他指出翻译行为是以原文为基础的，并且是有目的和有结果的。翻译目的论的目的和目标是以译入语为指向的。第三阶段：曼塔利发展了弗米尔的目的论，提出"翻译行为理论"。该理论扩大了研究范围、更强调译者的主体性，因此曼塔利提出的理论更接近现实。第四阶段：20世纪90年代，翻译目的论得到进一步拓展和完善，其标志是克里斯·蒂安·诺德提出了"功能+忠诚"理论。至此，翻译目的论体系更加完整，更具有科学的指导性。

翻译目的论的三原则：指的是目的性原则、连贯性原则和忠实性原则。弗米尔指出翻译的目的决定翻译的行为，翻译的行为指向译入语的文本。因此，目的性原则是翻译目的论的首要原则，要求译者根据目标语的文化和语境进行翻译活动，也就是说，译文不一定"对等"或者"忠实"，但是必须以目标语读者的目的为准则进行翻译。连贯性原则指的是译入语文本语内的连贯性，可以通过语法上的连贯和内容上的连贯加以实现。确保连贯的目的是使源语文本的译文被目标语读者所理解，使译文具有可读性。忠实性原则，又叫语际原则，指的是源语文本和目标语文本之间的关系为"对应"，其一是形式上的忠实，指形式上力求做到词词对应，结构、比喻与源语文本相似。其二是意义上的忠实，力求做到译入语文本的思想内容与原文一致。

三、翻译目的论指导下贵州苗族饮食文化英译探讨

在探讨贵州苗族饮食文化英译之前，有必要先对苗族饮食习惯及风俗习惯进行分析。主食和副食方面：苗族日常以高粱、大米、玉米、小米、荞麦等为主，以西南地区常见的瓜果蔬菜为副食。主食方面喜欢吃糯食；副食方面喜欢酸、熏、辣，尤其好食酸。蔬菜的保存主要以腌制为主，腌制后的食物呈酸味，因此苗族养成了吃酸的习惯，"酸汤鱼"就是苗族特色的菜肴。饮料方面：苗族以喝酒为主，而且是自家酿制的米酒。酒是苗族招待客人的佳品，因此即使菜品再丰盛，在他们看来，无酒也不成礼仪。同时，喝酒也是人际交往的一种方式，因此有了"酒开路"的说法，意思是喝酒可以增进感情、拓宽交友渠道。饮酒是苗族生活不可或缺的一部分，几乎家家都会酿制米酒。因此苗族具有独特的酒文化，比如"拦门酒"，调研时发现，当苗族请人喝拦门酒时，客人可用嘴直接喝一口表示礼貌，若用手接酒杯则暗示自己很能喝，且必须喝完。此外，在人生礼仪、消灾祈福、节日礼仪等方面苗族都有独特的文化特征。

本文将在翻译目的论的指导下对贵州苗族特色的饮食文化进行翻译实践，并分析和总结出有效的翻译策略。笔者通过实地调查，结合文献资料和当地媒体报道情况，选取特色菜肴"酸汤鱼"和"牛瘪汤"为例进行英译实践，并分析和总结翻译策略。

（一）酸汤鱼

翻译目的论的目的性原则要求，任何翻译行为都要以目的为前提，本部分主要采用直译的方式进行翻译，增译"Miao"体现了民族特性，特指酸汤鱼属于苗家人的特色菜肴。因此，"苗家酸汤鱼"译为"Miao sour soup fish"。再如"酸汤鲤鱼，味道鲜美，富含蛋白质，肉质含有脂肪酸，能很好地降低胆固醇，可以预防动脉硬化、冠心病"，翻译这部分时要考

虑为无主句添加主语,从这个句子我们可以看出中文重"意合",如"味道鲜美、富含蛋白质、肉质含有脂肪酸"。而英文重"形合",所以在翻译时译者要以目标语文化为目标,灵活使用定语从句、并列句等使得原文的意义得以传递和表达。具体翻译如下:

酸汤鱼的营养价值:酸汤鱼是黔地一道特色火锅美食,锅底一般配有黄豆芽和魔芋豆腐。豆芽和魔芋豆腐富含膳食纤维,是能有效促进胃肠蠕动、有助于消化的健康食物,其中的豆固醇和水溶性膳食纤维能有效地降低身体的胆固醇水平。酸汤鱼的营养主要来自于乌江鱼,乌江鱼不但富含胶原蛋白、而且鱼皮肥厚,皮下脂肪中富含脂肪酸和脂溶性维生素,对人心脑血管的保健作用尤佳。

Nutritional value of Miao sour soup fish: Miao sour fish soup is a kind of special food in Guizhou. It is made with bean sprouts and konjac tofu, which are healthy and rich in dietary fiber, effectively promoting gastrointestinal motility and improving digestion. Moreover, bean sterols and water-soluble dietary fiber in them play an important role in lowering cholesterol levels in our body. The nutrition of Miao sour soup fish mainly comes from Wujiang fish rich in collagen. It is known for its thick skin, whose subcutaneous fat is rich in fatty acids and fat-soluble vitamins. Therefore, it is beneficial for our heart and brain.

酸汤鱼的历史传说:传说很久以前,苗岭山下住着一位叫作阿娜的姑娘,不仅长得貌美、能歌善舞,而且还能酿制美酒。一天,住在另一边的阿哥宝辛去卖自己做的渔具时刚好从山下路过,见到阿娜在河边打鱼就用他做的渔具帮她打到了好几条鱼。这时,天空突然下起了大雨,阿娜就带着宝辛到家中躲雨,正好碰到她的妈妈在做饭,宝辛就将自己打的鱼送给阿娜的妈妈。于是,阿娜妈妈用泉水酒和酸汤做了一道祖传的酸汤鱼,宝辛品尝后顿时觉得非常好吃,开始和阿娜学习,从此酸汤鱼制作技艺开始在整个苗疆流传开来,后来才形成了各具特色的酸汤鱼。

Legend of Miao sour soup fish: A long time ago, there lived a girl called Ana at the foot of theMiaoling Mountain, who was not only beautiful, but also good at singing and dancing, and could also make wine. One day, living on the other side of the mountain, Bao Xin passed from the bottom of the mountain to sell their own fishing gear. Seeing Ana was fishing in the river, Bao Xin helped her catch several fish with his fishing gear. At this time, it suddenly rained heavily, so Ana took Bao Xin home taking shelter from the rain, just meeting her mother in cooking. Then Bao Xin gave his fish to Ana's mother. Then Ana's mother made an ancestral sour soup fish with spring water wine and sour soup. Bao Xin tasted it immediately and felt it was very delicious. So he began to learn it from Ana. From then on the skill of making Miao sour soup fish began to be spread among Miao people, later forming the distinctive Miao sour soup fish.

酸汤鱼的制作：主要原料有酸汤、鱼肉和葱蒜等。其中的鱼大多是选用当地盛产的稻花鲤、鲶鱼或鲤鱼，最佳的酸汤是以米汤作为发酵汤底，配上木姜子、腌制的西红柿酱、糟辣椒等多种作料熬煮而成的。

Making Miao sour soup fish: the main raw materials are sour soup, fish, onion, and garlic, etc. Most of the fish are the local fish: Daohua carp, catfish or carp, the best sour soup is made with rice soup as a fermented soup base, with pungent litsea fruit, pickled tomato sauce, fermented pepper and other ingredients.

(二) 牛瘪汤

牛瘪汤是黔东南地区苗族长桌宴上常有的一道独特美食，又被称为"百草汤"。牛瘪本身是一种菜肴。它是用牛瘪中未经消化的草料挤出汁液，加上中草药和调料精心熬制，可以用来做火锅底料，也可以直接饮用。瘪并不是粪汤，而是牛胃里未完全消化的草料。有时喂牛吃青草时也喂中草药，然后半小时后杀牛并取出胃部和小肠初段中残留的物质。牛瘪汤看似难以入口，实则是黔东南苗族待客佳品。据宋代朱辅著《溪蛮丛笑》记载："牛羊肠脏，略洗摆粪，以飨食客，臭不可近，食之则大喜。"

"牛瘪汤"火锅的制作：制作工序复杂，在宰杀牛之前，给牛喂食中草药，比如首乌、葛根、绿豆、人参、当归、荞麦等，再加上和一些新鲜的草，喂半小时左右把牛杀了。然后取出牛刚吃进到胃还没有消化的这些中草药,挤出其中的液体,加入牛胆汁及作料花椒、生姜、陈皮、香草等。将这些中草药都放入锅内煮沸,文火慢熬,将液体表面的泡沫及杂质除掉,过滤回锅加入食盐、葱、蒜、辣椒即成。

根据翻译目的论连贯性原则,译者在进行翻译时应该考虑到文内的连贯,也就是说源语文本的翻译要以目标语读者为指向,以传达原文的意思。因此在翻译"牛瘪汤"时,有必要采用增译和加注解释民族文化特色菜肴特征。基于此,将上述关于牛瘪汤的信息翻译如下:

"Niu Bie" soup, also known as "grass soup", is a unique food often served at the long table banquet of Miao people in southeast Guizhou. The "Niu Bie" is a dish in itself. It is made by squeezing the juice from the undigested grass in the cow, adding Chinese herbs and seasonings, which can be used to make the hot pot, or it can be drunk directly. "Bie" is not dung, but the grass incompletely digested in the cow's stomach. Cows are sometimes fed herbs as well as grass, and then killed half an hour later to remove the remaining material in the stomach for the undigested grass and herb juice. Niu Bie soup may seem difficult to eat, but it is actually a high-class delicacy for Miao people in southeast Guizhou. According to the Song Dynasty Zhu Pu "Xi man Cong laugh": "cow intestines seem dirty, but as you slightly washed and put into the soup, you'll enjoy it."

Making of "Niu Bie" soup hot pot: The process is complex: before slaughtering the cow, feed the cow Chinese herbs, such as first aconitum, pueraria root, mung bean, ginseng, angelica, buckwheat, etc., and some fresh grass, feed the cow for about half an hour to kill. Then take out these Chinese herbs that the cow has just eaten into the stomach that has not been digested, squeeze out the liquid, and add "Niu Bie" and spices such as Sichuan pepper, ginger, orange peel, vanilla, etc. Then put these herbs into the pot and boil, simmer slowly, remove the foam and impurities on the surface of the liquid, and strain back into the pot and add salt, onion garlic, pepper. That's the making process of "Niu Bie" hot pot.

四、结　语

贵州苗族饮食文化是民族文化有机的组成部分，对其进行有效的英译是进行贵州民族特色文化外宣的关键，本文在厘清翻译目的论发展历程的基础上，阐述了翻译目的论的三原则。本文聚焦探讨贵州苗族饮食文化中的特色菜肴"酸汤鱼"和"牛瘪汤"的英译，在翻译目的论的指导下，采用直译、意译、直译+加注解释的方法进行翻译实践，以期为贵州苗族饮食文化的英译提供参考。此外，诸如饮酒习俗、器皿器具、人生礼俗等方面还有待进一步探究。

参考文献

［1］许桂香.浅谈贵州苗族传统饮食文化［J］.凯里学院学报，2009，27（05）：8-11.

［2］许桂香.贵州苗族传统饮食文化及其发展对策浅析［J］.黔南民族师范学院学报，2012，32（03）：25-29.

［3］聂相珍.黔东南苗族饮食文化概述［J］.南宁职业技术学院学报，2016，21（02）：9-12.

［4］贤娟，张婷婷.贵州苗族饮食文化及其传播策略研究［J］.传播与版权，2016（12）：105-107.

［5］杨雨薇.贵州黔东南苗族农历新年饮食民俗［J］.文化产业，2018（08）：18-20.

［6］贤娟.苗族传统饮食文化族内与族际传播模式研究——以贵州苗族为例［J］.中国民族博览，2018（02）：1-3.

［7］朱晓琳.贵州苗族饮食文化影像传播机制研究［J］.卫星电视与宽带多媒体，2019（15）：117-118.

［8］霍晓丽.贵州苗族酸文化的应用与发展［J］.四川旅游学院学报，2020（01）：11-15.

[9] 贤娟, 帅泽慧. 贵州省苗族饮食文化影像数据库建设研究 [J]. 文化产业, 2020 (35): 144-145.

[10] 贤娟, 陈丽娜. 贵州苗族"酸"文化品牌建构 [J]. 老字号品牌营销, 2021 (01): 13-14.

[11] 周祁林. 目的论视阈下贵州少数民族菜谱英译 [J]. 贵州民族研究, 2016, 37 (08): 183-185.

[12] 李梦娟. 文化翻译视阈下贵州苗族特色饮食文化对外传播汉译英研究 [D]. 贵州民族大学, 2018.

[13] Reiss, K. Possibilities and Limitations of Translational Criticism. [M]. Shanghai: Shanghai Foreign Language Education Press (1971).

"双减"背景下贵州高校推进"非遗"融入中小学课后服务的实践路径

李美艳[*]

(贵阳人文科技学院,贵州贵阳 550025)

摘 要: "双减"政策的出台,这对各中小学开展课后服务提出了新要求,为"非遗"融入课后服务创造了巨大的提升空间。本文基于"双减"政策背景,深入分析贵州高校推进"非遗"融入中小学课后服务存在的问题,探讨贵州高校推进"非遗"融入中小学课后服务的具体实践路径:增加"非遗"课程,确保课后服务的多元;注重师生反馈,保证课后服务的精准;组建师资团队,保障课后服务的质量;健全服务机制,提升课后服务的效果。

关键词: "双减"政策;非物质文化遗产;高校;课后服务

一直以来,"三点半"这一难题备受社会关注,困扰着众多的中国家长。当今大多数父母均为双职工,家长五六点下班的时间与学生三点半放学的时间存在时间差,这对学校、家长以及学生都是一个巨大的难题。2021年7月,中共中央办公厅、国务院办公厅印发《关于进一步减轻义务教育阶段学生作业负担和校外培训负担的意见》(以下简称《意见》)[1]。《意见》中指

---

[*] [作者简介]:李美艳,女,彝族,贵阳人文科技学院教师。研究方向:非物质文化遗产保护。

出，为了切实减轻学生的学习负担，由学校提供相应的课后服务，对课后服务的内容进行了明确的规定，采取自愿的原则，"引导学生自愿参加学校的课后服务""要充分利用好课后服务时间，开展多样化文化活动""课后服务一般由本校教师承担，也可以聘请外校专家、资深教师以及专业人员等提供"[2]。"双减"政策的出台解决了"三点半"这个难题，对学校及教师提出了新要求，如何利用课后服务时间为学生开展多样化文化活动？然而，"双减"政策的出台为推进"非遗"进校园提供重要契机，贵州拥有丰富的"非遗"资源，为课后服务开展提供重要资源，多彩的"非遗"文化融入课后服务能够丰富课后服务内容，激发学生学习的积极性和主动性，同时学校作为文化传播的重要阵地，能有效促进"非遗"可持续传承发展。因此，"非遗"融入中小学课后服务尤为必要，本文基于"双减"政策背景，不仅切合"非遗"传承保护需求，同时符合"双减"政策实际，具有重要研究意义。

一、贵州高校推进"非遗"融入中小学课后服务的政策依据与现实逻辑

"非遗"作为中华优秀传统文化的重要组成部分，凝结着民族的记忆、伦理道德等，对育人发挥着重要作用。要充分挖掘贵州"非遗"资源，发挥"非遗""育人"和"化人"的功能。

（一）贵州高校推进"非遗"融入中小学课后服务的政策依据

2003年，在《保护非物质文化遗产公约》中提出了"非遗"保护的具体思路与做法，确保非物质文化遗产的生命力，包括这种遗产各个方面的确认、立档、研究、保存、保护、宣传、弘扬、传承（主要通过正规和非正规教育）和振兴，"通过正规和非正规教育"阐明了"非遗"保护"进校园"的应有之义。[3]《中华人民共和国非物质文化遗产法》第三十四条规定，学校应当按照国务院教育主管部门的规定，开展相关的非物质文化遗产教育，各级各类学校应该积极开展"非遗"文化宣传教育。[4]《贵

州省非物质文化遗产保护条例》第三十八条规定，要鼓励和支持教育机构以开设相关课程形式开展传播，弘扬优秀非物质文化遗产活动；鼓励和支持中小学校将本地优秀的非物质文化遗产项目纳入素质教育。2022年，中共贵州省委办公厅、省人民政府办公厅印发《关于进一步加强非物质文化遗产保护工作的实施意见》（以下简称《意见》），指出将非物质文化遗产内容贯穿国民教育，鼓励"非遗"进校园，在中小学开展"非遗"特色课程，建设中小学传承基地和"非遗"教育实践基地。[5] 不难看出，国家及地方政府对"非遗"传承保护的高度重视，为推进"非遗"进校园实践教育出台政策大力支持，这为"双减"背景下"非遗"融入中小学课后服务提供了政策保障。

（二）贵州高校推进"非遗"融入中小学课后服务的现实逻辑

"双减"政策的出台，为"非遗"融入中小学课后服务提供平台。现今，国家对中小学课后服务的标准已经发生变化，这对各中小学校提出更高要求，由于课后服务的开展需要大量的教师对学生进行指导，且所开展课后服务内容是课程之外的内容，而中小学教师大多为语文、数学、英语等教师，音体美等教师则较少，因而无法完成多样化的课后服务内容。大多中小学均是利用课后服务时间让学生完成作业或是自主学习，学生在刚下课后接连着学习通常是处于疲劳的状态，且学习效率不高，这不利于促进学生的全面发展。因此，这就需要课外丰富的文化知识来缓解中小学课后服务中的供需矛盾。贵州"非遗"资源丰富多彩，将"非遗"融入中小学课后服务，不仅能有效促进"非遗"的有效传承、传播，让更多师生了解和认识"非遗"，增强文化认同和文化自信，而且能丰富课后服务内容和形式，形成多元化的教学课程。

《意见》中指出，地方政府应当积极鼓励高校参与中小学课后服务工作。充分发挥高校的社会服务、文化传承职能、人才培养、科学研究等职能，高校拥有诸多各类专业教师，如"非遗"、艺术、学前教育等教师，加强高校与中小学合作，以弥补中小学课后服务中专业师资不足现状，保障课后服务的质量和效果。

二、贵州高校推进"非遗"融入中小学课后服务现状及问题

近年来,"非遗"传承保护成为重要论题,各地区为加强"非遗"传承发展,有序推进"非遗"进校园实践,"双减"背景下,"非遗"融入中小学课后服务成为"非遗"进校园的主要方式,高校介入推进"非遗"融入课后服务实践。然而,由于一些因素的限制,"非遗"融入课后服务实践活动仍存在一些问题。

(一) 服务内容和形式有待丰富

"双减"政策出台,各地中小学纷纷开展课后服务工作,有的中小学校与高校合作实施课后服务,依托高校丰富的人才资源、专业特色,为中小学课后服务提供师资力量和课程资源,高校利用自身拥有的"非遗"、学前教育等专业教师优势,将"非遗"引进中小学校园,充分将"非遗"有效地融入课后服务当中,采取理论教学与实践操作相结合的教学方法。如贵阳人文科技学院与贵州师范大学贵安附属小学进行合作,推进"非遗"融入小学课后服务,开展扎染、剪纸、民族舞蹈、水书、香囊、掐丝珐琅、古法造纸、木偶戏、编织等"非遗"课程,但由于中小学课后服务是一项长期的工程,且不同年级阶段的学生的需求有所差异,若是几门"非遗"课程循环往复地开展,缺乏新颖性,一方面上过一两次课程之后,学生会对课程学习产生厌倦心理,另一方面单一化的"非遗"课程不利于促进学生全面发展。因此,为满足学生课后服务多样化的需求,课后服务"非遗"项目课程的开发需有待丰富,应充分挖掘贵州"非遗"资源,进一步拓展"非遗"课程,如民族音乐、民间文学、传统体育等项目也应纳入课后服务课程体系中。

(二) 课后服务反馈机制有待健全

课后服务反馈是推动中小学课后服务工作持续开展的重要力量,健全课后服务反馈机制,高校能够及时了解中小学师生对课后服务的实际需

求，以及课后服务实践效果、质量、学生满意度等信息，只有深入了解中小学师生对课后服务的实际需要，高校才能有针对性地做出课后服务改进。目前，大多开展课后服务的中小学校反馈机制还未健全，这不利于课后服务的反馈，高校与中小学未能进行信息反馈，学生实际需求没有得到切实满足，所开展的课后服务内容与学生个性化需求相悖，学生未能真正学习到知识，参与课后服务积极性不高，致使课后服务实施效果和质量不佳。

（三）师资服务能力和动力有待加强

课后服务的实施，教师作为主要主体，课后服务的开展无形间增加了教师的工作内容，工作时间延长，这对于教师的工作能力和工作动力都是一种极大的挑战。教师在正常上班时间超过国家规定的八小时工作制时间，工作压力加大，尤其是对于年轻教师来说，课后服务的增加，教师的任务量加重，休息时间相对减少，致使教师的正常生活和工作都受到一定程度的影响。教师在正常下班时间被迫延长工作时长，难免会存在工作动力不足的现象。长此以往，教师对职业的吸引力将会逐渐下降，如果教师长期处于脑力和体力超强度运转的状态下，身体健康与教学质量会受到影响。就目前来看，贵州各地中小学教师存在师资力量不足，偏远地区更为突出，课后服务的开展，需要大量的教师参与其中，大多中小学开展课后服务是由本校教师完成，部分学校是与高校合作，有高校教师到中小学开展课后服务工作，但尽管如此，本校教师也需要提供教师协助共同完成，组织学生进行课后服务、维持课堂秩序等工作，也需要耗费教师的工作时间，师资服务能力和动力不足。

（四）课后服务机制有待完善

课后服务要得以有序开展，完善的课后服务机制是不可忽视的。目前，贵州高校与中小学在开展课后服务的过程中，存在沟通机制不健全，如贵州师范大学贵安附属小学课后服务实践开展中，由于小学与高校沟通不畅，出现耽误课后服务实践活动的现象，小学主要负责课后服务的教师与其他科任教师未及时沟通，科任教师不知开展课后服务的时间和班级，导致耽误了课后服务时间。此外，课后服务的开展，意味着中小学教师上班时间延长，在正常下班时间后还需开展课后服务，耗费了教师的时间和精力，致使大多教师不愿参与课后服务实践当中，工作散漫，积极性不高，这就需要完善相关课后服务奖励机制。

三、贵州高校推进"非遗"融入中小学课后服务的路径

"双减"政策的出台，为"非遗"融入课后服务提供了政策依据，高校推进"非遗"融入中小学课后服务，不仅能够缓解中小学课后服务开展过程中的师资不足问题，同时丰富了中小学课后服务的内容，更好地满足学生多样化需求。但在其课后服务开展过程中也存在一些问题，对此，提出相应的措施予以解决。

（一）增加"非遗"课程，确保课后服务的多元

高校推进"非遗"融入中小学课后服务，一方面高校的介入缓解了中小学开展课后服务师资力量不足的现状，另一方面高校推进"非遗"进校园课后服务，丰富了中小学课后服务的内容。"非遗"是我国一项珍贵的文化遗产，加强"非遗"的传承保护是我国当前的一项重要任务，学校作为文化传播的主要阵地，对推进"非遗"传承发展具有重要优势作用。"非遗"融入中小学课后服务中，不仅促进了"非遗"文化的有效传承发展，增强广大师生传承保护"非遗"的意识，而且很大程度上丰富了中小学课后服务活动内容，实现中小学为满足学生多元化的课后服务需求。一是增加"非遗"课程，"非遗"项目种类丰富，有的"非遗"项目实践性较强，纳入课后服务中能够激发学生的创新思维和实践能力，如音乐、舞蹈类"非遗"能够使得学习一整天的学生的压力得以释放，激发学生学习的积极性。二是创新服务课程，为拓宽课后服务内容，高校可通过学科融合创新开发课程，将"非遗"文化融入基础课程当中，如将民间文学、民俗等具有故事性的"非遗"融入语文课本中，增加课程的趣味性。

(二) 注重师生反馈，保证课后服务的精准

高校推进"非遗"融入中小学课后服务实践，要充分满足中小学课后服务需求，尊重学生差异，合理设置课后服务课程，要根据学生年级层次、兴趣爱好等开展有针对性课后服务。如剪纸这一项"非遗"项目操作性稍难，应针对五六年级的学生开展，同时高校要注重中小学师生的课后服务反馈，建立完善的课后服务反馈机制，及时采纳师生所反馈的意见和建议，不断完善课后服务工作机制，以保障课后服务实施效果。高校应与中小学共同探讨规划课后服务内容，制订一套完善的课后服务实施方案，以保障课后服务开展的科学性、系统性和可持续性。高校应利用本校专业特色，设置"非遗"课程为小学提供选择，课后服务可作为学生第二课堂，课程内容设置应兼顾学生多样化需求。完善的课后服务反馈机制，是促进课后服务实施高效、精准的重要保障，高效可根据中小学师生对课后服务实施的反馈，不断改进完善课后服务工作。基于中小学师生在课程设置、课程内容、课程实践等方面的反馈，针对性制定完善措施，保证课后服务开展的精准。

(三) 组建师资团队，保障课后服务的质量

课后服务的开展需要一批有能力的教师，高校与中小学合作开展课后服务，是促进双方实现共赢的过程。高校应与中小学共同组建师资队伍，高校拥有诸多知识型人才，高校应选派优秀的专职教师与中小学共建课后服务师资团队，以缓解中小学师资不足。首先，高校不仅可以为中小学提供师资力量，如引导"非遗"专业、教育以及艺术类等专业教师到中小学开展"非遗"课程教学，推进课后服务内容和形式多样化，还可以对中小学教师开展相关的理论培训，增强中小学教师"非遗"相关知识，不断壮大课后服务师资队伍。其次，共建课后服务教学研究团队，充分发挥高校的科学研究职能，开展课题研究，实现理论与实现的有效结合。反思其服务实践，推进高校科学研究服务中小学的课后服务工作。最后，高校组建课后服务志愿团队，组织优秀师生走进中小学，形成大中小课后服务同共

体，缓解中小学开展课后服务过程中师资力量不足的现实困境。一方面，高校师生与中小学教师组建课后服务师资队伍，促进了中小学课后服务人才资源多元化，一定程度上减轻了中小学教师课后服务的工作压力；另一方面，可以进一步优化课后服务团队师资的知识、学科、年龄等结构。[6]

（四）健全服务机制，提升课后服务的效果

健全课后服务机制，是提升课后服务效果的关键一环。一是沟通机制。在高校与中小学合作过程中，有效的沟通是保障课后服务顺利开展关键环节，高校要深入了解中小学的人才培养需求，课后服务实施目标、内容等，同时中小学也要及时与高校进行需求对接，以避免出现课后服务时间有的教师完全不知情的情况。二是协同发展机制，高校与中小学应建立课后服务协同发展机制，保障课后服务工作的长期可持续开展。课后服务的开展是系统性工程，并非短暂几天，因此，要做好大中小学教师的利益保障工作，如按照相关规定给予教师相应的课后服务补助，以激发教师参与课后服务的积极性。三是建立奖励机制，大中小学校应该建立并完善课后服务考核评价机制，加强教师参与课后服务的意识，如可以将课后服务考核纳入教师的年终考核以及职称评审当中[7]，增强师生参与课后服务的积极性和主动性，进一步提升课后服务开展的效果。

参考文献

[1] 进一步减轻义务教育阶段学生作业负担和校外培训负担 [N]. 人民日报，2021-07-25（01）.

[2] 中共中央办公厅，国务院办公厅. 关于进一步减轻义务教育阶段学生作业负担和校外培训负担的意见 [EB/OL]. 2021-07-24.

[3] [4] 张伟航. "双减"背景下的"非遗进校园"路径研究与实践——以廊坊市为例 [J]. 科技风，2022（06）：163-165.

[5] 中共贵州省委办公厅，省人民政府办公厅. 关于进一步加强非物质文化遗产保护工作的实施意见 [EB/OL]. 2021.

［6］吴立宝，杜卿，潘海生."双减"背景下高校介入中小学课后服务的可为与能为［J］.教育科学研究，2022（07）：12-17+25.

［7］赵强，王丽丽，何玉鸿."双减"背景下义务教育阶段课后服务实施困境与突破策略［J］.教育理论与实践，2022，42（08）：3-6.

康养产业视觉下贵阳特色饮食类非物质文化遗产传承研究[*]

尚诗琪[**]

（贵阳人文科技学院，贵州贵阳　550025）

摘　要： 饮食类非物质文化遗产凝聚着劳动人民的民族智慧，是人们在生活中对饮食经验的提炼总结。挖掘出特色饮食的健康养生、生态保护和文化传承功能，引导特色饮食产业与文化、旅游、教育等产业融合，有利于促进贵阳经济高质量发展。近年来，日益增长的健康与养生需求和供不应求的市场现状，为康养产业带来了发展机遇，延伸出无限的市场空间。因此，本文密切关注"健康中国""积极老龄化"和"乡村振兴"等国家战略，选取贵阳特色饮食类非物质文化遗产传承凯里酸汤鱼、红酸汤丝娃娃、雷家豆腐圆子为研究对象，探讨饮食类非物质文化遗产在传承中的现实困境，提出贵阳市饮食类非物质文化遗产保护传承路径，促进文化旅游可持续发展。

关键词： 康养产业；饮食文化；非物质文化遗产

---

[*]　［基金项目］贵阳市2022年非物质文化遗产理论研究课题"康养产业视觉下贵阳特色饮食非物质文化遗产传承研究"（课题编号：2022GYFY006）研究成果。

[**]　［作者简介］尚诗琪，女，汉族，贵阳人文科技学院经济与管理学院教师。研究方向：管理学、会计学。

一、康养产业与饮食非物质文化遗产

（一）康养产业概念界定和发展现状

康养产业以大健康产业为背景，以健康、养生、休闲为产业核心内容，关注人们身体健康、心理健康、社交健康和环境健康。[1]融合康养旅游、养老养生、健康管理等领域，帮助人们恢复健康、预防疾病、改善生活习惯，保持身心健康和积极的生活态度，提升整体健康水平。同时，贵州康养产业具备中草药资源、民族医药资源文化和"健康贵州建设"政策三重叠加优势，加速形成全产业融合、全区域发展、全方位开放的大健康康养产业链。

近年来，为助力康养产业高质量发展，努力将贵州建设打造为全国性康养目的地，在健康消费升级、互联网+康养、旅游+康养等方面延伸出更广阔的市场空间。康养产业对社会经济发展在经济增长、促进消费升级、增加财政收入等方面具有积极的影响。康养旅游、康复疗养、养老养生等领域的兴起，带动了酒店、餐饮、交通、医疗等行业发展。康养产业的兴起和壮大，为地方经济增加了新的增长点和就业机会，推动人们为健康和养生支付更多费用，促进了相关产品和服务的消费，进而为地方政府增加了税收收入，有助于提升地方经济的可持续发展能力，促进地方区域的发展和转型升级，吸引了更多的投资者和游客。

（二）饮食非物质文化遗产的保护和传承

饮食类非物质文化遗产是人们在长期的饮食生活和经验中的总结，是一个民族或地区的独特文化标志，代表着各地区历史、传统文化和生活方式。饮食类非物质文化遗产作为人民生产生活的一部分，在研究和保护方面具有一定的经济价值，在传承文化、弘扬民族精神、促进经济发展和传递健康饮食理念等方面具有重要意义。

合理的饮食是健康的基础,饮食类非物质文化遗产与健康生活密切相关。保持传统的饮食习惯、注重营养均衡、使用自然食材等都有助于实现健康的生活方式。[2] 许多饮食类非物质文化遗产坚持营养均衡的原则,以确保人体摄取到各种必需的营养物质。其次,注重使用新鲜、天然的食材,自然食材富含营养物质和纤维,相比加工食品和快餐,对身体更健康有益。同时,饮食习惯和传统食用方式,对健康生活有重要影响。例如,在进食过程中注重慢慢咀嚼食物、规律饮食、适量进食等习惯,有助于消化吸收食物、维持正常代谢和控制体重。

(三) 康养产业与饮食非物质文化遗产的关联

康养产业与饮食非物质文化遗产之间存在着互为支撑和促进的相互关系。一是康养产业的发展推动饮食类非物质文化遗产的传承。通过提供健康、营养的饮食,满足人们在养生保健过程中的需求,促使传统饮食文化得到保护和传承,推动了饮食非物质文化遗产的发展。二是饮食非物质文化遗产为康养产业注入特色和价值。饮食非物质文化遗产作为康养产业的一部分,可以提供丰富多样的饮食文化体验,吸引消费者和游客,为康养产业创造了独特的品牌和竞争优势。三是康养产业促进饮食非物质文化遗产的传播和推广。康养旅游、饮食文化体验等项目,为传统饮食文化提供了展示和推广的平台,让更多的人能够了解和体验饮食非物质文化遗产,促进其传承和发展。四是饮食非物质文化遗产丰富了康养产业的内容和服务。传统的饮食文化体验、特色的饮食活动等,丰富了康养产业的产品和服务,满足了消费者对于健康饮食和民族文化等需求。

康养产业对饮食非物质文化遗产传承在保护和传播传统饮食文化、促进文化创新和创意、促进地方经济发展等方面具有积极的影响。[3] 康养产业中的饮食服务将传统饮食文化融入其中,强调健康、营养和养生的概念,使传统饮食得到保护和传承,有助于避免传统饮食文化的消失和淡化。

二、康养产业背景下贵阳特色饮食非物质文化遗产传承的主要现状

(一)贵阳贵安特色饮食非物质文化遗产的资源状况

贵阳是贵州省省会,是全省的政治、经济、文化、科教、交通中心和西南地区重要的交通通信枢纽、工业基地及商贸旅游服务中心。面积8043平方公里,占全省总面积的4.56%,常住人口5987018人,其中少数民族人口128.33万人,占全市总人口的21.44%。下辖六区一市三县和四个国家级开发区,是国内外著名的避暑之地,拥有良好的生态资源和宝贵的非物质文化遗产资源。

1. 非物质文化遗产代表性名录

饮食类申遗在世界范围内逐渐得到重视,在我国也有条不紊地推进。从国家级非物质文化遗产代表性项目名录(见表1)可以看出,我国的主要保护对象为传统技艺、民俗、传统戏剧类,而饮食类非物质文化遗产主要在传统技艺类别中,受保护力度及重视程度相对较小。截至目前,贵州省已成功申报属于饮食类的国家级非物质文化遗产仅有5项,占贵州省国家级非物质文化遗产总数的3.14%,与人民日常饮食生活的密切程度较不匹配。5项饮食类非物质文化遗产,与贵阳贵安的历史积淀和人文底蕴不相匹配。

表1 国家级非物质文化遗产代表性项目名录

项目数(项) 类别	2006 (第一批)	2008 (第二批)	2011 (第三批)	2014 (第四批)	2021 (第五批)	合计
民间文学	53	79	58	40	21	251
传统音乐	100	208	44	49	30	431
传统舞蹈	74	139	65	46	32	356
传统戏剧	181	161	77	26	28	473

续表

项目数（项）\类别	2006（第一批）	2008（第二批）	2011（第三批）	2014（第四批）	2021（第五批）	合计
曲艺	54	90	31	18	20	213
传统体育、游艺与杂技	18	52	31	23	42	166
传统美术	77	182	46	54	58	417
传统技艺	112	224	90	80	123	629
传统医药	13	40	36	48	45	182
民俗	81	177	89	79	66	492
合计	763	1352	567	463	465	3610

数据来源：国家级非物质文化遗产代表性项目名录整理得出。

从贵州省省级饮食类非物质文化遗产代表性名录整理统计出，贵州省省级饮食类非物质文化遗产代表性名录，共计73项，其中，贵阳市饮食类项目12项（见表2），占贵州省饮食类非物质文化遗产的16.4%，与一般大众对于贵阳市特色传统美食和小吃的印象相去甚远。

表2 已公布的五批省级非物质文化遗产中贵阳市饮食类项目

批次	项目名称	占贵州省饮食类项目比重
第三批（2项）	西山虫茶制作技艺（息烽县）、青岩玫瑰糖制作技艺（花溪区）	2.74%
第四批（1项）	雷家豆腐圆子制作技艺（云岩区）	1.37%
第五批（9项）	贵阳肠旺面（云岩区）、辣子鸡制作技艺（卫城辣子鸡制作技艺〔清镇市〕）、阳郎辣子鸡制作技艺〔息烽县〕、赖氏酿酒技艺（贵阳市、遵义市）、红酸汤丝娃娃制作技艺（云岩区）、香酥鸭制作技艺（云岩区）、八大碗烹饪技艺（卫城八大碗〔清镇市〕、绿茶制作技艺（开阳贡茶制作技艺〔开阳县〕）、雷家豆腐圆子（南明区）	12.33%

数据来源：贵州省省级饮食类非物质文化遗产代表性名录整理得出。

2. 贵阳贵安饮食类非物质文化遗产的发展现状

为充分挖掘具有本地特色的饮食类非物质文化遗产项目，积极举办人民群众喜闻乐见的美食活动，设立美食市集、美食街区，集中展示非物质文化遗产有滋有味的文化魅力。贵阳市相关部门多次组织开展非物质文化遗产展示展演、互动交流、参观体验等活动。结合本地实际和群众需求，展示非物质文化遗产系统性保护成果和优秀实践案例，并通过展示文物和非物质文化遗产保护故事，展示文物和非物质文化遗产保护经验。因地制宜策划举办相关活动，引导广大民众畅享非物质文化遗产购、探访非物质文化遗产味、共赴非物质文化遗产游，增强中华民族凝聚力和中华文化影响力。

3. 贵阳贵安饮食类非物质文化遗产的特点

（1）饮食类非物质文化遗产种类丰富

贵州省饮食类非物质文化遗产项目数量众多，种类丰富，不仅有5项国家级饮食类非物质文化遗产项目茅台酒酿制技艺、酿醋技艺、凯里酸汤鱼制作技艺、绿茶制作技艺、蒸馏酒传统酿造技艺，还有73项省级类非物质文化遗产项目，市级、县级饮食类项目更是数不胜数。

将省级和市级的贵阳市饮食类非物质文化遗产按糖制作技艺、酿酒技艺、茶叶制作及相关技艺、豆制品制作技艺等进行分类梳理，发现贵阳饮食类非物质文化遗产涉及种类多，覆盖范围广，凸显着贵阳的饮食特色，主要有肉制品制作16项，包括省级饮食类非物质文化遗产辣子鸡制作技艺（卫城辣子鸡制作技艺〔清镇市〕）、阳朗辣子鸡制作技艺〔息烽县〕、香酥鸭制作技艺（云岩区）；市级饮食类非物质文化遗产扎佐石竹蹄髈制作工艺（修文县）、卫城辣子鸡（清镇市）、阳朗辣子鸡制作技艺（息烽县）、风肉制作技艺（贵阳市）、丁家脆哨制作技艺（贵阳市）、烤鸡制作技艺（花溪区）、黔风辣子鸡制作技艺（云岩区）、冷吃牛肉制作技艺（花溪区）、腊肉制作技艺（乌当区）、烤鸡制作技艺（云岩区、南明区）、辣子鸡制作技艺（花溪区、白云区）、风肉制作技艺（乌当区）、扎佐蹄髈制作技艺（修文县）；酿酒技艺10项，包括赖氏酿酒技艺（贵阳市、遵义市）、青岩刺梨酒米酒制作工艺（花溪区）、偏坡布依族土酒酿造技艺（乌当区)、朱昌酿酒手工技艺(金阳新区)、谷子酒酿造技艺(乌当区)、赖氏酿酒技艺(乌当区)、张氏苗酒酿造技艺(乌当区)、布依族糯米酒酿造技艺(花溪区)、陈氏烧坊酱酒酿造技艺(观山湖区)、麋家土酒曲制作技艺(清镇市);米粉及其他粮食加工技艺 10 项,豆制品制作 7 项,小吃类 7 项,菜肴制作 7 项等种类的项目;调味品和糕点类各 3 项相对其他类别饮食类非物质文化遗产较少,体现出贵阳市的饮食类非物质文化遗产更倾向于肉制品制作和酿酒技艺方面的保护与传承,也展现出贵阳饮食文化的多样性。

(2)民族文化特色浓厚

贵阳贵安是一个多民族聚居的城市,汉族、苗族、布依族等多民族共同生活。多元的民族文化背景为贵阳的饮食文化带来了丰富的多样性和独特性。贵阳贵安的饮食类非物质文化遗产不仅体现了民族融合的特点,还吸收了各民族的饮食文化,形成了独具风味的多元化饮食特色。在 400 多年的历史进程中,各族人民在饮食习惯上相互融合,使得贵阳贵安的饮食类非物质文化遗产具有浓厚的民族文化特色,并在时代和文化演变下传承与发展。

(二)饮食非物质文化遗产的传承案例

贵阳贵安特色饮食非物质文化遗产传承现状是以访谈提纲为基础,通过信息数据的获取或分析,对贵阳贵安特色饮食非物质文化遗产传承现状进行总结和梳理。研究对象为传承人的访谈提纲,主要包括成长空间、传承谱系、收徒情况、传承冲突、未来展望五个方面展开,但由于每个项目传承人语言能力、数量水平等不统一,部分访谈对象涉及餐饮工作人员等。

1. 凯里酸汤鱼制作技艺传承现状

凯里酸汤鱼以其独特的酸辣口味和精湛的制作技艺而闻名,2021 年 6 月凯里酸汤鱼制作技艺入选第五批国家级非物质文化遗产名录。凯里酸汤鱼的制作技艺源远流长,经过多代人的传承和发展,如今已成为当地饮食文化的重要组成部分。

目前,凯里酸汤鱼的制作技艺得到了广泛的传承和发扬。凯里酸汤鱼制作技艺的省级传承人吴笃琴指出 2023 年"五一"劳动节期间,亮欢寨营业额收入 58 万元,与 2019 年同期相比增长了约 13.6%。在成长空间方面,吴笃琴出生于 1963 年,贵州凯里人,23 岁开始创业,那时吴笃琴与丈夫的生活很艰难,靠隔壁邻居的帮扶对付日常的生活。在初秋季节,偶然的机会吴笃琴将鱼放入酸汤中送给顾客品尝,得到了顾客的好评,于是吴笃琴将酸汤鱼作为招牌菜,生意逐渐好转,3 年的时间里,路边摊的月销售额达到了 1000 余元。在技术传承方面,吴笃琴说自己 7 岁时就跟着父母在街上卖酸汤,如今已经是第 19 代传承人,并且有了自己的徒弟。作为非物质文化遗产传承人,她积极借助科技在创新酸汤发酵工艺,从传统的手工艺制作到现代化的全自动化生产线,公司已开发出红酸汤、白酸汤、糟辣椒等产品,为传统的酸汤工艺插上了科技的翅膀。

2. 红酸汤丝娃娃制作技艺传承现状

红酸汤丝娃娃主要流行于贵阳市,是贵州省第五批省级非物质文化遗产饮食类项目之一,[4] 因其形状上大下小,如薄丝包着的婴儿,故称"丝娃娃"。周氏红酸汤丝娃娃大约传承于清中晚期,其传承人在原有的西红柿与红辣椒发酵的基础上,以调制的配料按特定比例再次熬制、融合,提升红酸汤的果香味,口感纯正,适应现代年轻人的口味,逐渐成为贵阳市及至贵州省的知名小吃传承至今。

在未来展望方面,"丝恋"目前均是直营店,周杰为了品牌的长期持续经营发展,首先想通过直营店的方式提升组织架构,提升品牌的影响力,再考虑后期的合作经营,并从品牌后续发展来看,想快速地布局和占领市场,加盟和合作都是可以考虑的途径,最重要的是希望品牌有更好的传承人,努力成为一家百年企业。

3. 雷家豆腐圆子传承现状

雷家豆腐圆子作为第四批贵州省级非物质文化遗产,历经五代人的努力传承和发展,如今已经成为贵阳美食文化的代表之一。为确保豆腐圆子口感细腻、香气四溢,雷家豆腐圆子从豆腐的制作到加工,再到手捏、油炸等一系列工艺,每一个环节都不能有丝毫怠慢。

在传承现状方面，雷家豆腐圆子由高外祖父雷万铨开创于1864年，传承其子雷端藻（第二代传人），再传予其孙雷从兴（第三代传人），雷从兴曾经在延安饭店、贵阳饭店等地专做雷家豆腐圆子。又传予其曾孙雷善国（第四代传人），2008年，由贵州大学毕业的雷鸣开始接管生意（第五代传人）。另一方面，现代化的饮食习惯和生活方式的改变，导致一些年轻人对传统的制作方法和口味需求不太了解，传承人建议充分利用当地的资源，将美食与养生进一步结合起来。

4. 饮食类非物质文化遗产其他方面传承现状

（1）贵阳贵安饮食类非物质文化遗产传承人年龄分布

以访谈提纲为基础的调研过程中访谈人数21人，包括传承人9人，餐饮工作人员12人。传承人的年龄在40岁以下的3人，占比33.3%，40-60岁的4人，占比44.4%，60岁以上的2人，占比22.2%。传承人的年龄分布情况可以看出，在老龄化加重和新生儿负增长的社会背景下，饮食类非物质文化遗产的保护和传承工作可能面临后继无人的现实问题，应注重传承工作的重要性和紧迫性，加快推进饮食类非物质文化遗产传承人的培育工作，确保饮食类非物质文化遗产制作技艺得到传承。

（2）贵阳贵安饮食类非物质文化遗产传承人近3年平均收入状况

在贵阳贵安饮食类非物质文化遗产传承人的年收入分布中，近3年平均年收入小于5万元的传承人包括3人，占比33.3%，5万元~10万元的2人，占比22.2%，10万元以上的4人，占比44.4%，呈现两极分化的态势，其中，存在的原因可能是访谈对象多数已通过创业阶段或前任传承人已经奠定了良好的基础，所以收入相对较高。据国家统计局数据显示，2022年贵阳市城镇居民人均可支配收入4.62万元，由此可见，贵阳市饮食类非物质文化遗产传承人的整体收入处于中上水平，但样本数据较少，整体情况仅供参考。

（3）餐饮工作人员访谈情况

在与餐饮工作人员进行访谈时，发现33.3%的餐饮工作人员会了解一些贴近日常生活或特色菜系当地的传统饮食文化、烹饪技艺、食材选择等，不仅可以帮助他们更好地向顾客介绍和推广当地的非物质文化遗产，还能增加顾客对餐厅的兴趣和信任。然而，对于 66.6% 的餐饮工作人员仅了解一些普遍性的非物质文化遗产，了解程度相对较低。我省一些国家级非物质文化遗产项目，如传统技艺、传统戏曲、民间舞蹈等，对于餐饮工作人员来说可能只是一种泛泛的概念，缺乏具体的了解。由此可以看出，相关领域专业人才的缺乏，阻碍着饮食类非物质文化遗产的传承与发展。

三、贵阳特色饮食非物质文化遗产传承的现实困境

（一）重视饮食类非物质文化遗产申报，轻视保护和传承

非物质文化遗产在申报阶段的重视程度往往高于保护阶段，在申报成功后采取的多是"自由生长"的态度。通过非物质文化遗产名录可以看出，同样饮食不同区域出现再次申报现象，且饮食生产经营具有非唯一性且进入门槛相对较低。因此在饮食类非物质文化遗产申报成功后，相关部门难以对饮食类非物质文化遗产的各个部门积极地引导。由于饮食文化的特殊性，涉及食材的获取、加工、制作技艺的传承以及饮食习惯的维护等方面，其保护工作比其他非物质文化遗产更为复杂。

（二）饮食类非物质文化遗产经济价值挖掘不充分

饮食类非物质文化遗产作为一种独特的文化资源，具有丰富的经济价值。但是在访谈过程中，部分传承人年收入低于 3 万元，低于 2022 年贵阳市城镇居民人均可支配收入，表现出经济价值挖掘不充分的情况。

一是饮食类非物质文化遗产的商业化开发还不够充分。许多非物质文化遗产饮食技艺具有独特的制作工艺和口味，但很多传统技艺仍停留在家庭或小规模经营的层面，未能充分发挥商业化的潜力。二是饮食类非物质文化遗产的品牌建设和推广还存在欠缺。许多非物质文化遗产饮食技艺虽然在地方上有一定的知名度，但在全国乃至全球范围内的推广还相对有限。此外，饮食类非物质文化遗产与旅游业的结合还有待加强。饮食是旅游中重要的一环，许多游客都希望通过品尝当地特色美食来体验当地的

文化。

（三）相关领域配套人才的培养质量待提高

餐饮领域是一个与人们日常生活密切相关的行业，服务人才的培养质量对整个行业的发展至关重要。餐饮工作人员若了解一些传统饮食文化、烹饪技艺、食材选择等，可以帮助他们更好地向顾客介绍和推广当地的非物质文化遗产，还能增加顾客对餐厅的兴趣和信任。教育培训机构对于餐饮服务人才的培养和教育缺乏系统性和专业性，多数培训机构只注重对基本操作技能的培养，而忽视了对服务态度、沟通能力、团队协作等软技能的培养，导致多数服务人员在实际工作中缺乏综合素质和专业水平。

（四）整理和挖掘饮食类非物质文化遗产文化不足

在保护与传承的过程中，贵阳贵安饮食类非物质文化遗产项目缺乏对历史脉络的系统梳理，尽管贵阳贵安地区拥有丰富的非物质文化遗产，但人们对项目的历史渊源和发展轨迹的了解却相对有限。此外，互联网上对非物质文化遗产项目和传承人的介绍中出现信息不对称的现象，使得我们在深入了解和研究饮食类非物质文化遗产文化时，感到困惑和不足，难以明确相关信息的真实性。目前，暂没有专门的网站介绍饮食类非物质文化遗产代表性项目的文化历史、传承方式等相关信息。

四、贵阳特色饮食类非物质文化遗产传承的发展路径

（一）推进"饮食非遗+文化传承"，夯实贵阳文化根基

贵阳的饮食文化丰富多样，融合了多个民族的烹饪技艺和食材特色。黔菜作为代表性的菜系，在贵阳乃至整个贵州都享有盛誉。此外，还有许多特色非物质文化遗产小吃和传统糕点，如青岩糕粑稀饭、卫城清明粑、恋爱豆腐果、黔式月饼等，展示了当地居民丰富的创造力和烹饪智慧。

一是通过传承技艺和保护食材，提升当地人对自己乡土文化的认知和

自信。非物质文化遗产保护传承项目可以帮助传统饮食技艺的传承，确保传统的烹饪方法、调味品和食材的使用等得以延续。随着现代化农业的发展，一些传统的农作物种植方式逐渐被取代，导致珍稀食材的减少。通过保护传统种植方法和遗传资源，可以确保这些特殊的食材得以保留，并在当地饮食文化中得到应用。[5] 唤起村民对本地乡土文化价值的认知，增强对当地文化的自信，也才能唤起对由本地文化孕育出的饮食类非物质文化遗产保护与传承的意识。

二是非物质文化遗产保护传承项目可以丰富贵阳的饮食文化，为当地居民和游客提供更多的选择，增强民众对饮食类非物质文化遗产的认知，激发民众对于振兴乡村的文化自觉。贵阳是一个多民族聚居的城市，拥有丰富多样的饮食文化。通过保护和传承各种传统的饮食技艺和特色菜肴，可以打造出更多具有地方特色的餐饮品牌和美食街区，吸引更多人来体验和品尝。

(二) 提倡"饮食非遗+旅游融合"，提升非物质文化遗产经济价值

贵阳贵安，贵在得天独厚的生态之美。冬无严寒、夏无酷暑，真山真水处处是，一步一景让人醉。饮食类非物质文化遗产与旅游相结合，可以稳步有效提升贵阳贵安非物质文化遗产的经济价值。

一是打造非物质文化遗产美食旅游线路。将贵阳市的非物质文化遗产项目与旅游线路相结合，设计出具有文化内涵和美食体验的旅游线路，通过打造非物质文化遗产美食旅游线路，吸引更多的游客，提升旅游业的发展水平。二是建设非物质文化遗产美食文化村。在贵阳市周边选择一个合适的地点，建设一个非物质文化遗产美食文化村。三是开发非物质文化遗产特色产品。结合贵阳市的非物质文化遗产，开发一些具有地方特色的产品，让游客带回家乡作为纪念品，宣传我市非物质文化遗产。

(三) 确保"饮食非遗+教育支持"，提升教育传播水平

随着人口老龄化的加剧、饮食行业转型发展和现代化提升，对餐饮行业从业人员理论和实践方面有了更高的要求，正需要餐饮行业相关领域人

才助力行业发展，组建专业的队伍、专业的理念、专业的技术和方法提升产业生产水平。"饮食非遗+教育支持"是一种有力的方式，可以提升非物质文化遗产饮食文化的教育传播水平。通过将非物质文化遗产饮食文化纳入教育体系，将宝贵的非物质文化遗产传承给更多的人，并增加人们对非物质文化遗产饮食文化的认识和了解。

首先，可以定期组织非物质文化遗产饮食文化的展览和活动，吸引更多的人参与非物质文化遗产饮食文化的传播中来。例如，举办非物质文化遗产饮食文化节，邀请传统饮食师傅和艺术家展示他们的技艺和作品。参与者可以品尝美食、观赏表演、参与互动活动，从而增加对非物质文化遗产饮食文化的兴趣和了解。同时，可以利用现代科技手段，如互联网和社交媒体，扩大非物质文化遗产饮食文化的传播范围。通过在线视频、图片和文字等多种形式，向全球的观众传播非物质文化遗产饮食文化的知识和魅力。

此外，可以与相关机构和专业人士合作，开展非物质文化遗产饮食文化的研究和推广工作。可以组织研讨会、学术论坛和培训班，促进学术交流和专业知识的传递。同时，可以支持非物质文化遗产饮食文化的创新和创业，鼓励专任师资深入餐饮行业中，成为真正的实践师资力量。培养经验丰富的创新管理、策划、营销人才，培养专业化的高素质复合餐饮人才队伍。

（四）支持"饮食非遗+平台开发"，实现系统化、规范化管理

贵阳市市级以上的非物质文化遗产项目中，部分已实现平台开发，但不具系统性、规范性、完整性的平台。随着科学技术的发展，支持"饮食非遗+平台开发"是实现非物质文化遗产饮食文化系统化和规范化发展的一种重要途径。通过开发相应的平台，可以为非物质文化遗产饮食文化的传承、推广和交流提供更加便捷和高效的方式。

一是建立专门的非物质文化遗产饮食文化平台，集结相关的资源和信息。通过整合各种资源，平台设置专栏对非物质文化遗产饮食文化的资料介绍、传承人的故事、制作技艺的视频教程等。二是开发在线社区平台专

栏，让非物质文化遗产饮食文化的爱好者和从业者进行交流和分享，促进非物质文化遗产饮食文化的传承和创新，激发更多人的兴趣和参与度。三是开发线上商城平台专栏，促进非物质文化遗产饮食产品的销售和推广，给传承人提供物质交流的平台。四是开发在线教育平台专栏，提供非物质文化遗产饮食文化的培训和学习课程。这个平台可以提供视频教程、在线直播、虚拟实践等多种学习方式，让人们可以随时随地学习非物质文化遗产饮食文化的知识和技能。

通过"饮食非遗+平台开发"，可以实现非物质文化遗产饮食文化的系统化和规范化发展。这将为非物质文化遗产饮食文化的传承和推广提供更多的机会和平台，同时也为非物质文化遗产饮食产业的发展带来新的商机和发展空间，促进贵阳市饮食非物质文化遗产的保护与传承，同时也为广大消费者提供更加丰富和多样的饮食文化体验。

五、结　语

贵阳特色饮食非物质文化遗产具有丰富的历史和文化内涵，具有重要的保护和传承价值。这些非物质文化遗产代表了贵阳的独特饮食文化，对于提升贵阳的文化形象和旅游吸引力具有重要作用。康养产业作为一个新兴的行业，对于传承和发展贵阳特色饮食非物质文化遗产具有重要意义。在康养产业的背景下，贵阳特色饮食非物质文化遗产可以作为一种特色服务和体验，为康养消费者提供健康、营养和养生的饮食选择。为了实现贵阳特色饮食非物质文化遗产在康养产业中的传承，需要加强相关政策和法规的支持，提升非物质文化遗产传承人的技艺水平，开展相关的推广和培训活动，同时注重文化创意和创新，使贵阳特色饮食非物质文化遗产在康养产业中发挥更大的价值和影响力，令其生生不息，代代相传。通过了解贵阳市饮食类非物质文化遗产保护的现存状况和其中的现实困境，给出了相应的完善措施。在这一基础上，结合前人的研究，提出强化政府的引导，提高行业协会的规范作用，才是解决贵州饮食类非物质文化遗产传承、保护和发展的出路。

参考文献

[1] 房红,张旭辉. 康养产业:概念界定与理论构建[J]. 四川轻化工大学学报(社会科学版),2020,35(04):1-20.

[2] 黄莉. 非遗视角下民族饮食习俗文化的传承发展研究[J]. 中国民族览,2019(03):24-25.

[3] 张聪,林叶新. 乡村振兴视域下饮食类非物质文化遗产发展路径研究——以广西武宣红糟酸制作技艺为例[J]. 四川旅游学院学报,2022(02):20-24.

[4] 温淑琪. 饮食类非遗项目产业化发展路径探索——以周氏红酸汤丝娃娃制作技艺为例[J]. 文化产业,2020(29):118-119.

[5] 唐娟. 文旅融合视角下饮食类非物质文化遗产保护发展现状及路径探析——以南宁市为例[J]. 中共南宁市委党校学报,2021,23(05):51-55.

美食探店对饮食类非物质文化遗产传承的影响

——以贵阳市为例[*]

杨珍珍[**]

（贵阳人文科技学院，贵州贵阳 550025）

摘　要：随着互联网的快速发展，人们的消费方式和手段得以丰富与完善。近年来，网络探店在年轻人群体掀起了一股新的风潮，这不仅成为人们饭后消遣娱乐的方式，也在无形中指引着人们的消费行为，影响着人们的消费心理。这种运营模式在一定程度上拓展了传统的就业渠道，更为重要的是其在便利人们生活的同时，在促进地方饮食类非物质文化遗产文化的传承与发展层面还具有巨大的张力。

关键词：美食探店；饮食类非物质文化遗产；贵阳市

探店作为移动传播时代十分流行的一种推介方式，指的是某消费个体通过实地考察某个商家，咨询关于商家店面、产品、店内环境等信息，对该商家的地理位置、服务特色、市场价位有一个初步的了解，然后拍照写

---

[*] [基金项目]：本文系贵阳市非物质文化遗产理论研究课题"贵阳贵安聚焦'六爽'特色，深入推进非遗与旅游融合发展研究"（项目编号：2022GYFY001）的阶段性成果。

[**] [作者简介]：杨珍珍，女，贵州铜仁人，贵阳人文科技学院教师，研究方向：非物质文化遗产研究。

贴，写点评的过程。[1] 类似的服务还有沉浸式看房、看车等，但较为常见且最多的是美食探店。在互联网快速发展的今天，以地域特色美食为线索去认知一个城市的形象与传播城市文化变得极具可行性。美食探店不仅能够深度满足用户尤其是"吃货"群体（的）生活，同时也能将城市微观文化元素深度融入视频之中，对传播城市文化具有良好的建构效果。[2] 现有的美食探店基本遵循着介绍店铺、寻找店铺、品尝美食、评价美食这一创作思维。[3] 由于其思路简单，可操作性强，因而在我国现有的抖音、小红书、哔哩哔哩微博、微博等娱乐平台，除了少量知名的美食探店达人外，也还有大量的地域性探店达人。探店达人是指在持续创作、直观、有趣、真实可信的本地生活实拍的视频内容，发布在抖音、快手、小红书、微博等支持短视频播放的软件上，给用户推荐本地生活吃喝玩乐游的创作者。[4] 与此相关的探店类短视频则是指探店类达人在手机视频软件上发布的给用户推荐本地生活吃喝玩乐游，帮助线下商家曝光，精准引流，促成第三方交易的相关视频。[5] 本文主要聚焦贵阳本地的美食探店情况，重点关注的是对于贵阳市饮食类非物质文化遗产美食相关的探店内容，以此为切入点，分析和讨论美食探店对饮食类非物质文化遗产传承的影响。

一、贵州省省级非物质文化遗产概况

贵州地处中国西南腹地，是世界知名的山地旅游目的地和山地旅游大省，下辖贵阳市、遵义市、毕节市、安顺市、六盘水市、铜仁市、黔西南布依族苗族自治州、黔东南苗族侗族自治州、黔南布依族苗族自治州。境内地势西高东低，地貌以高原、山地、丘陵和盆地为主，属于亚热带湿润季风气候，四季分明、春暖风和、雨量充沛、雨热同期，特殊的地理环境造就了当地特殊的饮食文化与习俗。

总体而言，贵州美食具有多样性、独特性和民族性等特征，大多数贵州人的口味都偏辣、酸和野味，这一方面因为贵州天气整体较为潮湿，而辣味和酸味较重的食物有助于人们驱寒暖身，增加食欲和提高免疫力，预防感冒等功效，而贵州人对野味的喜爱则离不开得天独厚的山地资源，这类食物主要包括野生菌类、野生山菜、野生水果等，这些野生的食物往往富含多种微量元素和维生素，具有很高的药用价值和营养价值，由此也可以看出贵州美食的内容和形式尤为丰富多样。

由于饮食与食物的制作技艺密不可分，因此饮食类非物质文化遗产在非物质文化遗产的分类里属于传统手工技艺的范畴，截至目前，贵州省省级非物质文化遗产代表性项目先后公布了五批，共有代表性项目622项，其中饮食类非物质文化遗产73项，占比11.7%。因现有美食探店较多集中于对日常吃食的关注，且饮食类非物质文化遗产多以制作技艺为主，因而文章分别以酿酒技艺、制茶技艺和日常吃食对这73项饮食类非物质文化遗产进行了分类（见图1①）。

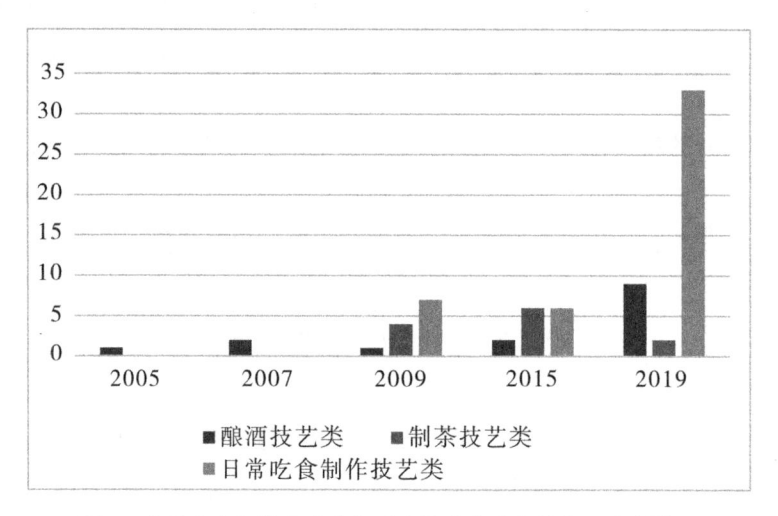

图1 贵州省省级饮食类非物质文化遗产代表性名录分类情况

通过图1可知，贵州省省级饮食类非物质文化遗产代表性项目数量呈现出逐批增多的趋势，其中以日常吃食类非物质文化遗产居多。但当人们谈起贵州的酿酒技艺、制茶技艺，自然绕不开国酒茅台、苗族米酒、都匀

---

① 注：此图相关数据信息来源于贵州省省级非物质文化遗产名录。网址：https://baike.baidu.com/item/%E8%B4%B5%E5%B7%9E%E7%9C%81%E7%9C%81%E7%BA%A7%E9%9D%9E%E7%89%A9%E8%B4%A8%E6%96%87%E5%8C%96%E9%81%97%E4%BA%A7%E5%90%8D%E5%BD%95/9713676。

毛尖、湄潭翠芽、梵净山绿茶等等这些已在国内享有一定知名度的文化品牌，而对于像贵阳本地人所熟知的日常吃食，如贵阳肠旺面（云岩区）、香酥鸭制作技艺（云岩区）、红酸汤丝娃娃制作技艺（云岩区）、雷家豆腐圆子（南明区）等这类地方性特色较强、国内知名度较小以及影响力较为有限的饮食类非物质文化遗产，知道的人则相对较少。而关注像网络探店这类新兴的传播媒体无疑可以给贵州美食的传播助入新的活力。

二、贵阳市美食探店发展现状

2022年3月，《寻味贵阳》纪录片在贵州卫视、腾讯视频正式播出，吸引了来自全国各地美食爱好者的关注。以微博为例，检索贵阳美食就可搜索到2886条超话记录，500多条美食视频，地域性美食探店达人主要以介绍地域性的美食为主，其视频内容既能是路边小吃，也能是高档餐厅，范围涵盖较广，且在当地具有一定的影响力。此外也有一些知名的博主，如在B站拥有766万粉丝的"盗月社食遇记"、微博刘雨鑫JASON7等也都曾到过贵阳进行探店活动。

微博用户名为"强哥吃贵阳"的账号就是专门介绍贵阳美食的平台。该账号目前在微博拥有18万的粉丝，主要的美食内容是街边特色小吃，从早餐到夜宵，包括在贵阳本地常见的糯米饭、碗饵糕、破酥包、肠旺粉、包饼油条、袋装豆浆、湖南面、素粉、红酸汤火锅、烤鱼、烤豆腐等等。其视频时长较短，形式多样，既有对单一美食的介绍，也有将多种美食集合在一起的视频集锦，视频内容使用的语言为贵州本地方言，或者以背景音乐搭配字幕的形式进行讲述，探店时多以店家的口吻来讲述自家美食并穿插一些生活化的小故事，比如"在有一则介绍店家特色菜品红烧肉的短视频中，店家就谈道有一位老爷爷每次来吃饭前都会提前打电话问今天有没有红烧肉，如果没有就不来了"，这种生活化场景的讲述不仅有亲切感，往往也会引起人们对红烧肉的好奇。此外该博主除了对贵阳市的美食进行介绍外，也会在探店时对贵州同类型的美食进行介绍，如在介绍豆腐这一常见食物时，博主会联想到在贵州当地的各类豆腐美食，包括江口米豆腐、镇远豆腐脑、习水黑豆花、大方手撕豆腐、织金的烤臭豆腐、遵义豆花面、毕节菜豆腐、罗甸荞灰豆腐、贵阳的恋爱豆腐果和豆腐圆子等等，这种触类旁通的形式一方面为外地游客到贵州旅游品尝当地美食提供了便利，另一方面则展现了贵州美食在种类和形式上的丰富性和多元性。

结合该博主的美食内容可以发现，其与同类的美食探店达人"真探唐仁杰"里的老唐则有着明显的不同。"真探唐仁杰"中的"老唐"作为前喜来登西餐厨师长，厨师科班出身，从业多年且经验丰富，和一些较为业余的美食类博主对比而言，他能够带给用户更多的专业性知识和评价，让用户在观看美食的场景中得到进一步的"味觉延伸"。[6] 通过对老唐探店美食视频的关注可以发现，其探店风格既专业又真实，商业化成分较淡，主要表现在其评价用语简单直观，在品尝、分析菜的用料和做法后会直接得出好吃与不好吃的结果，这种风格往往会使网友感到真实可信。反观贵阳本地的探店达人就会发现，尽管视频内容很丰富，但其更像是介绍美食的宣传片，而不是探店。"强哥吃贵阳"的账号简介是本地资讯博主（贵阳）美食点评团成员，但在其发布的众多美食视频中可以发现其进行专业点评的内容较少，多以宣传本地美食为主。由此可以发现，贵阳市美食探店实际在面临着一个现实困境，那就是内容的设计不够个性与丰富，尽管使用本地方言是一个明显的地方性特征，但从宣传的角度来说，完全使用贵州方言可能吸引的只会是拥有同样语境的消费者，当今各大视频播放平台往往都会通过大数据跟踪人们的生活喜好，进而给人们推送同类型的视频内容，因而从这一点上来看，只有个性很可能会成为一种局限。

以红酸汤丝娃娃制作技艺（云岩区）的探店为案例。丝娃娃（又称素春卷或春盘），是主要流行于贵阳市，并辐射贵州各地的风味特色小吃，因其形状上大下小，如薄丝包着的婴儿，故称"丝娃娃"。在贵阳本地，有一家以"丝恋"为名的品牌店，自 2010 年开业以来，如今已有 35 个门店。[7] 以"丝娃娃"为关键词在微博进行搜索可以发现不少官方媒体的推广文案和视频，如贵阳市文化和旅游局、贵州卫视、贵州吃货团等平台，但这类官媒从严格意义上来说并不属于探店的范畴，更多的是出于对地方文化的宣传与推广。而以"丝恋"丝娃娃为关键词进行搜索可以发现，有不少外地游客和本地人打卡探店的视频，但其内容多是旅行生活中的小插曲，与各类旅行生活杂糅在一起，除极个别博主会对丝娃娃的各种配菜进行介绍，并传授吃法外，大部分的博主只是将其当作一道普通的地方菜进行品尝，并不知晓丝娃娃、红酸汤的文化价值与内涵。由此可见，一方面官媒对于非物质文化遗产美食的宣传过于表面化，如贵阳市文化和旅游局官微曾发出过博物馆与跨界美食的联名推广、指导"丝恋"承办的首届贵阳丝娃娃节等活动，虽承载着将本土非物质文化遗产与城市文化内涵进行串联，积极探索体验感、参与性强的文商旅融合的目标，但其博物馆、电音节等内容极易让人们失去对非物质文化遗产美食本身的关注；另一方面对丝娃娃这种食物本身进行探店的意义并不大，因为吃过丝娃娃的本地人都知道，无论是面皮还是配菜，商家提供的都是现成的，每个人获得渠道也是一样，而味道的不同只取决于个人口味的不同，但实际关于其酸汤、面皮的制作技艺很少有人感兴趣。

对比同类型的非物质文化遗产美食探店就会发现，当地的探店视频内容缺乏文化内涵，一方面既缺乏专业性的点评，另一方面商家给顾客所提供的用餐环境也缺少对于非物质文化遗产美食文化内涵的场景展演。例如一走进"丝恋"，人们最先看到的是省级非物质文化遗产这样一个品牌荣誉，至于什么是"丝娃娃"、什么是酸汤制作技艺无人问津，单从商业发展模式来看，这种头衔的确能够吸引一大批游客进行消费，但对于非物质文化遗产美食本身的发展与传承并不友好。

三、美食探店对饮食类非物质文化遗产传承的影响

文化和旅游部印发的《关于推动非物质文化遗产与旅游深度融合发展的通知》指出，在非物质文化遗产保护传承中，要坚持创造性转化和创新性发展，积极适应当代旅游需求和旅游所带来的生产生活方式的变化，不断提高传承发展利用水平，持续为旅游提供丰富的文化资源。在推动非物质文化遗产和旅游深度融合发展中，要弘扬非物质文化遗产所蕴含的人类共同价值观念和思想情感，讲好中华优秀传统文化故事，推

动中华文化更好走向世界。其中对于非物质文化遗产美食更是提出了要挖掘饮食类非物质文化遗产的丰厚内涵，让游客体验当地民众的生活方式，体会中国人顺应时节、尊重自然、利用自然的思想理念和独特智慧。发挥传统节日、民俗活动参与性强的特点，让游客感受当地民风民俗，提升中华文化认同感。[①] 结合上述对于贵阳市非物质文化遗产美食探店现状的分析可以发现，当下美食探店对非物质文化遗产传承具有较大的影响，总结如下：

（一）美食探店有助于深度挖掘贵阳美食的丰厚内涵，讲好非物质文化遗产民俗故事

目前，我国短视频市场机制已日趋成熟，很多知名的探店类美食短视频也逐渐呈现出饱和状态，全国各地的探店类账号也层出不穷，但其内容大同小异，抄袭、雷同者甚多。[8] 在这一特殊的发展背景下，要想寻找其突破口，创新内容的表现形式，增加价值内涵，融入美食故事尤为重要。那美食故事从何来？非物质文化遗产美食除食物本身的食材、烹饪手法、味道以外，更为重要的是食物背后所蕴含的价值内涵和民风民俗。以贵阳丝娃娃为例，其名称、来源、红酸汤制作技艺、历史来源、食材选取方式等内容并未得到人们充分的重视。尤其是从商家的角度出发，目前过于追求商业价值，并未对美食本身来龙去脉、传承和发展开展长期的调查跟踪与宣传推广，因此将红酸汤制作技艺传承人、本地探店达人集合起来，深度挖掘丝娃娃的核心文化价值，对讲好美食故事，开展多渠道、多形式的宣传工作，吸引游客进行体验具有重要的促进作用。再加上当下技术赋权打破了传统精英垄断传播渠道的局面，美食探店视频的制作以及发布门槛的逐渐降低，使得平民视角的草根群体作为叙事主体对地方美食进行深入浅出的讲解，更能带动观看者的情绪和参与体验，讲好地方美食故事。[9]

---

① 非物质文化遗产司：《文化和旅游部关于推动非物质文化遗产与旅游深度融合发展的通知》，网址来源：https://zwgk.mct.gov.cn/zfxxgkml/fwzwhyc/202302/t20230222_939255.html.

(二) 美食探店有助于搭建非物质文化遗产美食互动平台，提升贵阳非物质文化遗产美食知名度

吸引游客的目标并不是简单地刺激消费，而是要将游客留下来体验当地的文化，进而在促进文化输出的同时，带动地方经济的发展。非物质文化遗产美食的发展自然离不开对旅游景区、度假区、休闲街区等旅游空间的挂靠，如何让立体的地域文化深入、有效地促进地方美食的传播，除了非物质文化遗产美食本身需要根据自身特色建立相应的展示展演空间外，还应加强与相关单位的合作，通过打造非物质文化遗产美食文化体验空间，从文化价值、审美价值、体验感官等角度入手，提升游客的参与感与互动感。

(三) 美食探店有助于加强贵阳非物质文化遗产美食文创设计，丰富旅游产品

过去人们对于文创产品的设计，较多的关注传统的手工技艺类文创产品，如陶瓷技艺、蜡染技艺以及银饰锻造技艺等等，而非物质文化遗产美食本身的食物属性往往容易被人们所忽视其衍生产品的开发与设计，但近年来茅台冰激凌、酱香拿铁的生产和出圈让我们看到了非物质文化遗产美食类文创设计的可能性。尤其是随着我国数字技术的不断发展成熟，数字媒体与网络信息技术俨然对现代非物质文化遗产文创设计的创新和发展有着极为重要的影响，这不仅有助于推动现有非物质文化遗产文创在设计技术上的不断更新，也能实际地对文创产品的品控带来极大的提升。[10] 以丝娃娃、红酸汤制作技艺为例，酸汤往往具有助消化、解辣等功能属性，因而很适合开发口感清新的饮品和糕点等延伸食物，而其本身的食物形象，也可开发相关的家用餐具以及相关的3D小物品作为推广纪念品等。

四、结　语

美食探店作为一种新兴的职业类型，不失为一种窥探非物质文化遗产美食发展困境的视角，从贵阳本地的美食探店达人入手，对当地的非物质

文化遗产美食发展现状进行分析可以发现，虽然贵阳本地非物质文化遗产美食的开发与利用方式较为单一与局限，但对非物质文化遗产美食的传播具有重要的影响，文章具体从三个方面对此展开了论述。总的来说非物质文化遗产美食的开发与利用，无论是非物质文化遗产美食+旅游还是非物质文化遗产美食+文创设计，实质上都离不开对非物质文化遗产本身核心价值的挖掘与追求，因此要想做好非物质文化遗产美食的传承，贵阳非物质文化遗产美食还有很大的开发与利用空间急需得到人们的关注与研究。

参考文献

［1］郑艳慧. 论美食类微纪录片的创新路径——以《早餐中国》为例［J］. 视听，2021（06）：145-146.

［2］［3］林杨. 传播学视域下美食类探店 Vlog 背后的城市形象建构——以哔哩哔哩头部美食 UP 主为例［J］. 互联网周刊，2022（14）：15-17.

［4］［5］青晓彤. 抖音探店类短视频走红原因及发展分析［J］. 新媒体研究，2022，8（08）：82-85+97.

［6］闫波键. 专业·展演·共动：美食短视频个人 IP 的塑造范式［J］. 北方传媒研究，2022（05）：40-43.

［7］温淑琪. 饮食类非遗项目产业化发展路径探索——以周氏红酸汤丝娃娃制作技艺为例［J］. 文化产业，2020（29）：118-119.

［8］舒梓一，徐妲. 探店类美食短视频的内容生产及发展策略研究——以"吃在长春"抖音号为例［J］. 吉林工程技术师范学院学报，2020，36（08）：36-40.

［9］王文涵，许艳玲. 探店类美食短视频的内容生产策略与价值研究——以抖音"特别乌啦啦"为例［J］. 新闻世界，2023（09）：50-53.

［10］罗保权. 数字技术对非遗文创设计教学的影响——评《数字造型基础——"非遗"数字化应用》［J］. 中国教育学刊，2020（03）：140.

［11］王雨. 美食探店类短视频对东北地域形象塑造的影响分析［J］. 吉林省教育学院学报，2022，38（09）：178-182.

文学艺术

西南少数民族洪水神话中的雷公拔牙情节与地域拔牙习俗

吴电雷　韦星星

（贵州民族大学文学院，贵州贵阳　550025）

摘　要：雷公复仇亚型洪水神话是西南少数民族神话中的一个独特类型，雷公拔牙相赠是其中一个情节。通过对具有雷公拔牙情节的洪水神话进行搜集整理，发现神话故事的流传区域主要集中在黔南、桂中和桂北地区，这些区域是壮族、侗族、瑶族等民族先民拔牙行为发生的中心区域之一。结合拔牙习俗的考古资料和文献资料，黔南、桂中和桂北地区的少数民族的拔牙仪式与雷神崇拜具有密切联系，拔牙行为是雷神崇拜习俗的遗留。雷公拔下的牙齿长成葫芦的原因来自葫芦蕴含的原始生殖意象，也是原始初期的洪水神话与葫芦生人神话交融过程中逻辑合理化的条件之一，符合原始先民的思维特征。

关键词：西南少数民族；洪水神话；雷公拔牙；拔牙习俗；葫芦

---

* [基金项目]：本文为贵州省2019年度哲学社会科学规划国学单列课题"中国傩文化发展传播史研究"（项目编号：19GZGX11）阶段性成果。

** [作者简介]：吴电雷，男，汉族，山东平邑人，贵州民族大学教授，博士生导师。研究方向：民族民间戏剧。

韦星星，女，汉族，贵州贞丰人，贵州民族大学文学院2021级文艺学硕士研究生。研究方向：民族民间戏剧。

在西南少数民族地区丰富的洪水神话传说中，雷公复仇母题是其中独特的母题类型之一。杨利慧、张成福编著的《中国神话母题索引》一书索引中收录了"神留下的牙齿成为葫芦种子（925.3）"[1]母题，当该母题中的神灵为雷公时，雷公拔牙相赠就成为助推洪水神话故事顺利发展的重要环节。结合目前搜集到的雷公复仇型洪水神话异文进行整理分析，发现在7个少数民族即仫佬族、瑶族、壮族、侗族、毛南族、布依族、水族的雷公复仇型洪水神话中都出现了雷公拔下牙齿赠予伏羲兄妹的情节，使得雷公的拔牙行为蕴含了丰富的文化意义。

洪水神话的研究成果丰硕，但是关于雷公拔牙情节的分析暂未搜集到专门的研究资料，多是作为材料的补充部分。雷公既然要选择某种物品相赠，为何不能是其他部位如头发而是牙齿？雷公拔出的牙齿为何化为葫芦种？为何这些具有雷公拔牙情节的流传区域大都集中在某一地域之内？目前对于该情节延伸出来的问题并没有引起很大的关注。本文旨在通过对所搜集的具有拔牙情节的洪水神话异文进行整理分析，探讨雷公拔牙情节背后的文化含义与形成原因。

一、雷公拔牙情节异文的搜集整理分析

目前共搜集到7个民族的含有雷公拔牙情节的12篇洪水神话，仫佬族1篇、瑶族2篇、壮族3篇、毛南族1篇、侗族2篇、布依族2篇、水族1篇。需特殊说明的是，水族出现了神灵拔牙情节，但神话故事中拔牙的人物没有明确说是雷公，而是白发老人。白发老人在拿回兄妹两人捡到并返还的雷公斧后，拔下了一颗金色牙齿相赠。因为雷公斧属于雷公法器（兄妹轻轻一敲还会发出雷霆震耳的响声），推测白发老人就是雷公的化身，故将其作为雷公拔牙的材料。情节详细信息如下表所示：

具有雷公拔牙情节的洪水神话故事信息汇总

项目\民族	篇名	斗争原因	雷公敌对方	计策	关雷公	交与兄妹看管的原因	赠齿原因	牙齿数量	赠齿对象	牙齿变化	搜集/流传区域
仫佬族	《伏羲兄妹的传说》[2]	两位哥哥作恶，欲食雷公肉	两位哥哥	捆母作计房顶放水藻	谷仓	买配料，欲食雷公肉	给雷公水瓜渣	一颗当门牙	伏羲兄妹	葫芦种	广西罗城县
瑶族	《伏羲兄妹》[3]	吵架	张天师		泥仓	出去找吃的	放出雷公	一颗	伏羲兄妹	葫芦种	云南富宁
瑶族	《伏羲兄妹的故事》[4]	雷王收租	大圣	屋顶铺青苔	禾仓	买盐、坛子、腌鲊雷公肉	给雷公喝潲水	一颗	伏羲兄妹	葫芦种	金秀县
壮族	《布伯》[5]	雷王收租，雷王不下雨	布伯	屋顶铺豆藜（水藻）	谷仓	买盐，腌制雷公肉	给雷王喝了蓝靛水	一颗	伏依兄妹	葫芦种	红水河流域各县
壮族	《布伯斗雷王》[6]	雷王收租，雷王不下雨	布伯	屋顶铺豆藜	谷仓	买盐，腌制雷公肉	给雷王喝了蓝靛水	一颗	伏依兄妹	葫芦种	马山县
壮族	《洪水淹天的传说》[7]	张宝卜成功求雨，雷王恼怒	张宝卜	鸡罩罩住	鸡罩	买配料，欲食雷公肉	给雷公喝潲水	一颗	伏羲兄妹	葫芦种	广西
毛南族	《盘哥古妹》[8]	雷公欲夺回宝贝	土地	撒锅底灰	锁链		舀水喷在雷公身上	两颗	盘古兄妹		广西环江县
侗族	《王素本领大铁屋关雷婆》[9]	旧怨	王素	屋顶上铺青苔	铁屋	王素有事出门	给雷婆喝了两次水	一颗	妹妹丈美	葫芦种	黔东南从江、黎平等地
侗族	《因为雷婆为害》[10]	雷婆作害	章良	铺青苔	铁仓	章良上山打柴	给雷婆喝水	一颗	妹妹章美	葫芦种	三江侗族自治县及其毗邻地带

续表

项目\民族	篇名	斗争原因	雷公敌对方	计策	关雷公	交与兄妹看管的原因	赠齿原因	牙齿数量	赠齿对象	牙齿变化	搜集/流传区域
布依族	《洪水朝天》[11]	保根本（雷公）被触怒、欲报仇	保根多	屋顶铺青苔	铁笼	去王母娘娘家赴宴	给保根本（雷公）喝水	一颗	伏羲兄妹	葫芦种	四川省宁南县
	《洪水潮天(二)》	撒网捕鱼	老者	铁网	鸡笼	欲挖食雷公心	给雷公喝水	两颗	伏羲兄妹	葫芦种	贵州省罗甸县
水族	《人类起源》[13]							一颗金牙	兄妹	葫芦种	三都、荔波、都匀、独山、南丹等县

由上表可知，雷公拔牙的故事多数在瑶族、壮族、侗族聚居区传播，有7个民族的12篇神话文本虽存在差异，其故事内容大体相同。

（一）与雷王的斗争情节

雷公被抓的原因。在故事中，雷公被抓的原因多为创世始祖、天神与雷公之间的矛盾，文本占比11篇（水族无此情节），其中瑶族和壮族都由雷王收租引发。与其他民族作恶型的雷王形象不同，在仫佬族的神话文本中雷公是正义的受害者身份。

抓雷公的计策。在5个民族7篇异文中，抓雷公时使用的计策多是在屋顶上放置青苔或水藻，致使雷公滑倒并成功被捕捉。

关押雷公的方式。仫佬族、壮族（另一篇为鸡罩）、瑶族（另一篇为泥仓）通常将雷公关在谷仓中，而侗族则选择铁仓或铁屋，布依族则使用铁笼或鸡笼，毛南族则使用锁链捆绑。雷公被捉时使用的工具，与雷王的形象有密切关系。雷公在民间的形象一直都是类似于"鸟"和"鸡"的形象，即"鸡嘴雷公"形象。如在壮族神话《布伯斗雷王》中对雷王形象如此描写："住在天上的雷王，生就一双灯笼眼，眨起眼来骨碌骨碌闪绿光。它背脊上长了一对翅膀，抖动起来就刮起风暴。"[14]

雷公逃脱的原因。除了水族没有叙述之外，其余皆是伏羲兄妹有意无意中给雷公喝了水。

（二）欲食雷公肉情节

4个民族6篇异文中有欲食雷公肉的描写，其中仫佬族1篇、瑶族2篇、壮族3篇、布依族1篇。当雷公被抓住之后，有捕获者上街买盐腌制或是预备分食雷公肉的情节，而就是在这准备配料的过程中，雷公得以乘机逃脱。食雷公肉是一种具有圣餐性质的活动，可视为雷公祭祀仪式的遗留。据（明）谢肇淛《五杂组》卷一记载："今岭南有物，鸡形肉翅，秋冬藏山土中，掘者遇之，轰然一声而走，土人逐得，杀而食之，谓之雷公。余谓此兽也，以其似雷，故名之耳。彼天上雷公，人得而食之耶？"[15] 又有《清溪暇笔》云："霹雳中有物如猴而小，尖嘴肉翅，雷收声后亦入蛰；山行之人，往往多于土穴得之，谓之雷公，不畏者恒咳之。"[16] 从这些记载中可见食雷公肉的习俗遗留。

（三）雷公拔牙的数量、齿种

所搜集的12篇异文中，雷公拔掉的牙齿在数量上为一颗或是两颗，在拔牙的齿种上，只有仫佬族的异文中明确了雷公拔掉的是一颗当门牙。中国境内新石器时代考古遗迹中大多数具有拔牙习俗的古居民多是拔掉上颌中、侧门齿和犬齿[17]，在拔牙数量方面也是多为一到两颗。情节符合古代居民的拔牙习俗。

（四）雷公赠齿的对象

在12篇异文中，雷公赠齿的对象皆是伏羲兄妹，赠齿原因为兄妹两人的相助行为。在瑶族、仫佬族的神话中，雷公拔牙相赠的同时，他还作为一个主持兄妹婚姻的神灵，是兄妹婚姻的推进者。

关于雷公赠送牙齿给兄妹所代表的意义，也有不同的解读。其中有一观点为氏族资格说,张福三在《凿齿神话的原始内涵》一文中就认为:"雷公是属于崇尚拔牙习俗的氏族的代表,他赠牙给敌对氏族(为不拔牙的氏族)的兄妹,使他们取得了雷公所在的拔牙氏族成员资格,因而也就获得了免受洪水浩劫的护身符。"[18] 于是雷公拔牙赠予伏羲兄妹就有了获取氏族资格的意义。

二、雷公拔牙情节异文的地域分析

除了布依族有1篇讲述者在四川宁南和瑶族1篇在云南富宁之外(富宁与广西接壤),其余10篇洪水神话异文都发生在黔南、桂中和桂北地区,这些区域是具有雷公拔牙情节的洪水神话的主要流传区域。

另外在闻一多《伏羲考》一书的附录中,所列具有拔牙情节的多为瑶族的洪水故事,流播地域也集中在桂中、桂北地区。其中,关于瑶族的故事有6个,可分3类:一是雷王赠牙型,有广西融县罗城的《傜人洪水故事》、上林县的《东陇傜故事》、隆山县的《西山傜故事》;二是神灵牙齿种瓜型,有广西武宣修仁之间的《傜人故事》、灌阳布坪乡的《盘傜故事》;三是仙人赠牙作船作桨情节的《侬人故事》。[19] 陈建宪在《中国洪水再殖型神话研究》一书中,对雷公复仇母题的洪水神话异文进行了整理分析后也发现其分布集中在以黔东南雷公山为中心的黔、桂、湘交界地区。[20]

值得注意的是,这一区域也正是我国华南古代居民拔牙风俗的盛行区域。据文献资料记载,古代南方僚人群体中有以"凿齿"为习俗的少数民族。如周去非《岭外代答》记载:"旧传其类有飞头'凿齿'饮鼻白衫花面'赤裈'之属二十一种。今右江西南一带甚多,殆百余种也。"[21] 宋《太平寰宇记》载左江、右江各州"其百姓恶是雕题、凿齿、画面、文身。"其书中卷一百六十六《贵州》(今贵港)载:"聘女既嫁,便缺去前一齿。"和卷一百六十七《钦州》:"又有僚子,巢居海曲,每岁一移,椎髻凿齿,赤裈短褐,专欲吃人。"[22] 这些具有拔牙习俗的文献记载区域也符合雷公拔牙情节的流传区域。

据考古资料，彭书琳在《岭南古代居民拔牙习俗的考古发现》一文对广西壮族地区的柳江流域（宜州市鹳鹰岩）、红水河流域（河池金城区、大化瑶族自治县）、右江流域（武鸣县、平果县、白色右江区、田东县和隆安县）和丹里湖乡（河池市）瑶族地区的崖洞葬中的古代居民拔牙风俗的特点进行了分析[23]，论文所涉及的地区与具有雷公拔牙情节的洪水故事流传区域高度重合。

需要说明的是，虽在古代文献和岭南考古遗迹中证明了古代华南地区的少数民族群体和岭南新石器时代的居民有拔牙习俗，但并没有到具体的民族类型如打牙仡佬之类，而古代文献中记载的少数民族成分较为复杂且难以识别。具有雷公拔牙情节的民族即瑶族、侗族、布依族、水族、毛南族、仫佬族近代以来并没有拔牙习俗的记载。仅壮族在近代还有该习俗，但也是逐渐发展为饰齿。这就导致难以确定生活在这一地域之内的民族在古时是否都盛行拔牙风俗。

但彭书琳在《岭南古代居民拔牙习俗的考古发现》一文分析白裤瑶地区古代居民的拔牙习俗的一段总结为此提供了一个新思路，即"白裤瑶地区古代居民拔牙率较低（13.8%），拔牙风俗在这里还没有普遍盛行，就开始消失"[24]。这表明拔牙习俗在不同民族地区盛行的时间长短、影响程度并不一样，其遗留的程度也不一样。但可以肯定的是，该区域古时盛行的拔牙风俗一定程度上影响到了当地的洪水神话叙事。

在整理异文的过程中也发现，在黔南、桂中、桂北或是其他地区的雷公复仇型洪水神话中，有许多的异文并没有出现雷公拔牙相赠这一情节，而是雷公直接赠予葫芦籽。应是在故事流播和不断转述的过程中雷公拔牙相赠这一情节逐渐缺失，但这点并没有影响故事叙述的完整性，并在一些民间艺人的口述中还存在该情节。

三、雷公拔牙情节的文化内涵分析

拔牙习俗存在于世界范围内，但由于地区、民族不同，拔牙故事的文化来源、含义也不同。而西南少数民族的洪水神话中的雷公作为拔牙的角色，蕴含着丰富的文化内涵。

（一）拔牙习俗与宗教观念

拔牙习俗一开始就与原始的宗教信仰密切相关。将拔牙习俗放回到氏族部落的礼仪中去考察，会发现虽然在不同地区、不同民族中的拔牙风俗有多种意义，但归根结底都是一种原始信仰仪式。将健康完好未松动的牙齿硬生生地从牙床中剥离出来是一个非常痛苦的过程，为何要举行如此痛苦的仪式，甚至成为氏族人员成年礼、婚礼时的仪式部分，可见其与氏族内部宗教信仰的密切联系。

关于拔牙与宗教仪式之间的关系，一些学者也认为拔牙习俗是基于某种宗教观念而产生的。刘慧在《也说大汶口文化拔牙习俗的因由》中察觉到了拔牙习俗与宗教观念的密切联系，认为"这种拔牙习俗与宗教观念有关，或者说，拔牙习俗是由某种宗教观念引起的"[25]。同时杨式挺在《略论我国古代的拔牙风俗》一文中也认为，"拔牙风俗最初的动机和原因……都是一种原始信仰仪式，是氏族图腾标志在人体的一种表现形式"[26]。由此可见拔牙风俗与原始的信仰仪式之间的密切联系。

举行痛苦的拔牙仪式是为了获取图腾神的力量。涂尔干在《宗教生活的初级形式》一书就对痛苦的礼仪（消极礼仪）进行了阐释，认为"消极礼仪与积极礼仪一样，它们能赋予人有效的能力，而且能使人提高自己的宗教活力。""忍受痛苦是消极礼仪发展的一个必要条件，因此人们认为，这种痛苦本身就构成了一种礼仪；由于痛苦与同它自然伴随的禁忌体系一样，能赋予人权力和特权……""真正的图腾崇拜既不是针对某些确定的动物，又不是针对某些确定的植物，甚至不是针对某些动物或植物的物种，而是针对一种分散渗透在各种物体中的模糊的力量。"[27] 由此可见，拔牙也是一个不断使人"图腾化"的痛苦过程，这种痛苦礼仪间接在人的身上产生了一种魔力，使之得到一些难以获得的图腾力量。

（二）拔牙习俗与雷神生殖崇拜

拔牙习俗是雷神生殖崇拜的侧面展现。莫俊卿在《古代越人的拔牙习俗》一文有详细记录。文中提到，在广西融安壮族的洪水神话故事中，雷公在与大力士的斗争中怒发洪水，兄妹乘坐雷公牙齿种成的葫芦脱离洪水灾难之后，为了生育后代只能兄妹成婚。于是哥哥拔掉一颗牙齿，代表他是雷公氏族，而妹妹代表大力士氏族，两个属于不同的氏族就可以通婚。[28] 这一神话就从侧面反映了人们最初拔牙就是对雷公崇拜的一种行为。

而在具有雷神崇拜的区域和民族，与搜集的具有雷公拔牙情节洪水神话的民族及流传区域都高度重合。《广西通志·民俗志》记"建国前桂中、桂北等地立有雷庙，壮、瑶、苗、仫佬、毛南族祭雷神最盛。"[29] 文献如《投荒杂录》："雷民图雷以祀者，皆豕首鳞身也。"[30] 和（宋）周去非《岭外代答》卷十："广右敬事雷神，谓之天神。其祭曰祭天。盖雷州有雷庙威灵甚盛，一路之民敬畏之，钦人尤畏。"[31] 这些区域都有对雷神的祭祀与敬畏。

在侗族的史诗《嘎茫莽道时嘉》"姜良姜妹救下了雷王，雷王送给弟妹一颗葫芦种"，该段的脚注注释道："侗族口头传说，雷王感激弟妹及时相救，拔下一颗门牙变成一颗葫芦瓜种送给他们……所以侗族雷祖庙中的雷王神像，总是缺一颗门牙，旧时侗家人拔门牙，需要将其抛到楼房的瓦面上，表示还给雷王。与古歌所唱有差异，附注于此。"[32] 这表明雷王崇拜与原始拔牙仪式有着深厚的联系。在布依族、水族中也有将拔掉的牙齿扔向房顶的习俗。

原始先民雷公崇拜中的拔牙仪式具有着某种实用的巫术意义。在这崇拜之中，雷王的生殖力量显得尤为突出，而对雷神拔牙行为的模仿被认为可以达到强化氏族居民生育力的目的。廖明君著《壮族自然崇拜文化》一书更是详细说明了在壮族雷崇拜文化中雷神具有生育功能，因此壮族对雷神的祭祀也具有生殖崇拜之意[33]，这里则不再赘述。《番禺杂记》在《雷藏》《雷郎》条记载道："村民凿山为穴，以多品供雷，冀雷享之，名曰'雷藏'。""民家女或为神所依，即呼为雷郎，得子曰'雷子'。"[34] 从中可以窥见雷神信仰和雷神具有的生殖神力之间的关系。

雷神所具有的生殖力量是人们举行拔牙仪式的重要根源。成年、婚姻、生育往往是互相联系且绕不开的话题，拔牙行为作为一个氏族部落重要的成年礼仪，成年礼仪的完成意味着个人具有了加入氏族集体活动的资格，可以举行婚礼为氏族部落繁衍后代。在人们成年和婚配的重要阶段，拔牙行为与生殖神力之间就产生了联结，使得具有相似拔牙行为的个体和集体也具有旺盛的生育力。

同时，拔牙仪式中的痛苦体验使得集体与雷神产生了共鸣，增强了部族内部的情感联系。这种仪式也传递了群体记忆，展现了原始信仰的仪式性和史前时期人们对信仰的特殊表达方式。

（三）拔牙习俗意义的延伸

拔牙除了是崇拜雷神的巫术仪式之外，还演化出其他的意义。推测与拔牙相关的华饰说、婚姻说，可能是雷神崇拜发展到后期女性为了生育而进行的饰齿、凿齿行为。

据《岭表录异》记载："雷州之西有雷公庙，百姓每岁配卒造连鼓雷车置庙内。有以鱼龟肉同食者，立为霆震，人皆敬而惮之。每大雷雨后，多于野中得鳖石，谓之雷公墨，叩之枪然，光莹如漆。又如霹雳处或土木中得楔如斧者，谓之霹雳楔。小儿佩带皆辟惊邪。孕妇磨服为催生药，必验。"[35] 可见雷公与生育之联系，同时也表明与雷公相关的物品具有了某种辟邪效果。宋《太平寰宇记》卷一百六十九《儋州》："俗呼山岭为'黎'，人居其间，号曰'生黎'。杀行人，取齿牙贯之于顶，以显骁勇。"[36] 敌人牙齿在这里发展成了个人骁勇的象征。正如《汉书·地理志》：（粤地）"其君禹后，帝少康之庶子云，封於会稽，文身断发，以避蛟龙之害。"[37] 当时的越人先民将文身、断发作为躲避蛟龙带来灾害的一种巫术手段一样。

因此，拔牙一开始是崇拜雷公的氏族为了获得雷公的生殖力量而举行的拔牙仪式，但随着时间的不断发展，进一步延伸出来了巫术、辟邪等意义。

既然雷公是氏族崇拜的对象，那为何雷公会成为被惩罚的对象？可能是随着生产力的发展，远古先民在日常生活的经验积累之中逐渐拥有了与天地自然相抗衡的能力，能够感应自然界的变化并寻找到其中的变化规律，人们对雷的认识逐渐增强，雷神的地位也较之前有所下降。虽还对雷神保有崇敬的意识，但反抗精神在神话中已有体现。

四、雷公牙齿化为葫芦种的原因分析

而雷公牙齿化为葫芦种是洪水神话中一个特别的现象。所搜集的具有雷公拔牙情节的 12 篇异文中，全部都用雷公牙种出的葫芦为避水工具，雷公牙长成的葫芦确保了洪水后兄妹能够安全躲避洪水浩劫并成功繁衍人类。为何雷公拔出的牙齿无一例外全部变成了葫芦种呢？

从生活经验上看，牙齿与葫芦籽的形象具有很大相似性是一个原因。如《诗经·硕人》："领如蝤蛴，齿如瓠犀。"[38] 葫芦籽齿列而长，故而叫瓠犀，即葫芦籽的排列形状特别像牙齿的排列形状。雷公牙齿之所以能变为葫芦种，在形象方面就形似人的牙齿。这在广西瑶族的另一洪水故事中也有体现，"兄妹俩种下牙齿，结出一个大葫芦，他们用刀锯锯开，见里面有无数牙齿，就挖出牙齿，躲进去。"[39] 这里的牙齿就是形似牙齿的葫芦籽。

但主要原因还是在于洪水神话发展的过程中融入了葫芦生人神话，由于葫芦和牙齿两者在始源上的统一，牙齿顺应神话的情节变为葫芦种。

（一）洪水神话与葫芦生人神话的融合

葫芦生人原本是一个独立的神话母题，人类从葫芦中出生，没有洪水情节出现。而牙齿化为葫芦种得益于洪水神话与葫芦生人神话的结合。使得葫芦在洪水神话中有了两种特殊作用，一是洪水过后成为兄妹遗民躲避洪水侵袭的重要容器；二是洪灾后人类重生的母体。

第一种在所搜集的材料和许多的洪水神话中都有叙述，不再单独列举。第二种洪水后葫芦成为人类重生的母体，在西南少数民族神话故事中也有体现。如在拉祜族、佤族的洪水神话中没有雷公赠齿和兄妹结婚情节，即在遭受世界性的大洪水后人类灭绝，是直接从葫芦生出人类的祖先并开始繁衍后代。在基诺族的洪水神话中，避水工具是木鼓，但双胞胎兄妹婚后不能生儿育女，于是在他们避水的木鼓里拿出了葫芦籽，把葫芦籽种出葫芦后，在葫芦的肚脐眼上烙洞，洞里陆续跳出人来。[40]

洪水神话与葫芦生人神话最初就是属于不同的神话类型，两者在不断发展的过程中互相融合。在这融合之中，雷公拔牙变成葫芦的情节就是洪水神话与葫芦生人神话移植嫁接的部分体现。向松柏在《洪水神话的原型与建构》中也认为："洪水神话已非单一的原型神话，而是一种由多种创世神话融合而成的复合型的再生神话。它是在原型的洪水神话的基础上，融合水生人神话、葫芦生人神话、兄妹成婚生人神话而形成的。"[41] 可见现今的洪水神话已在吸收融合其他类型的神话故事的基础上，逐渐形成一个复杂多义的神话系统。

（二）牙齿与葫芦始源上的统一

雷公作为一个具有生殖神力的神灵，这种神圣力量特征分布在他的整体之中，在一些特殊的器官部位则会更为明显，尤其是牙齿。虽然牙齿脱离了本体，但是仍与本源有密切的联系，仍然具有生殖神力。弗雷泽《金枝》记载了一个澳大利亚部落的成年仪式，一个男孩在成年仪式上会把门牙敲掉一个或者是多个，这是部落中男性成年的标志。据弗雷泽的观点，认为人与被敲掉的牙齿之间存在着一种交感关系，拔掉的牙齿仍会与拔牙之人的身体状况密切相关，因此有的时候还需要作特殊保护。[42] 根据交感关系原理，雷公牙齿在脱离雷公身体后仍然具有生殖力量。

而葫芦，不论是在洪水神话、葫芦生人神话还是生活中，都与生育信仰有关，葫芦的象征与寓意都与生殖力量分不开。

牙齿和葫芦看似没有直接的因果关系，它们之间也很难分为一个物类，但它们在始源上是统一的，即来自古老的神秘力量领域：生殖力。由于这种神秘力量的趋同性使得两个看似不相关的事物融合为一个整体，两者之间变得毫无差异。这个在逻辑思维上面看似毫无道理，但在神话思维上是符合其特征的。神话中的联想无处不在，洪水神话与葫芦生人神话的结合，是具有生殖意义牙齿与葫芦生殖崇拜的结合，使得雷公拔牙变成葫芦也就有了一个合理的解释。

五、结　语

洪水神话中的雷公拔牙情节虽在内容上占比不重，但在情节、地域、文化内涵上都有其独特性。洪水神话中的雷公拔牙行为曲折地反映了人们最开始的拔牙行为与雷神崇拜密切相关，拔牙习俗是雷神崇拜的遗留。随着社会的发展，该地域的拔牙仪式也逐渐衍生出多种含义。葫芦与牙齿蕴含的生殖意象使得雷公的牙齿化为葫芦，得以让兄妹平安躲过洪水浩劫。洪水神话是先民留给后代宝贵的文化财富，历经多代的叙述之后，仍然可以看到洪水神话中蕴含的先民旺盛的想象力和丰富的文化意义。

参考文献

[1] 杨利慧, 张成福编著. 中国神话母题索引 [M]. 西安: 陕西师范大学出版社, 2013: 364.

[2] 包玉堂, 吴盛枝, 龙殿宝编. 仫佬族民间故事选 [M]. 上海: 上海文艺出版社, 1988: 1-4.

[3] 盘国金. 伏羲兄妹（瑶族）[J]. 山茶, 1982（01）: 8-9.

[4] 苏胜兴等编; 张恢等插图, 瑶族民间故事选 [M]. 上海: 上海文艺出版社, 1980: 24.

[5] 谷德明编. 中国少数民族神话 [M]. 北京: 中国民间文艺出版社, 1987: 90-100.

[6] 中国民间文学集成全国编辑委员会. 中国民间故事集成·广西卷 [M]. 北京: 中国ISBN中心, 2001: 49-54.

[7] 广西僮族自治区科学工作委员会僮族文学史编辑室编. 僮族民间故事资料 第二集 [M]. 广西僮族自治区科学工作委员会僮族文学史编辑. 1959: 8-11.

[8] 中国民间文学集成全国编辑委员会. 中国民间故事集成·广西卷

[M]．北京：中国 ISBN 中心，2001：70-74．

[9] 黔东南苗族侗族自治州文艺研究室，贵州民间文艺研究会编；杨国仁整理．侗族祖先哪里来 侗族古歌 [M]．贵阳：贵州人民出版社，1981：4-30．

[10] 杨权，郑国乔整理译注．侗族史诗《起源之歌》[M]．沈阳：辽宁人民出版社，1988：49-53．

[11] 贵州省社会科学院文学研究所，黔南布依族苗族自治州文研室编．布依族民间故事 [M]．贵阳：贵州人民出版社，1982：321-323．

[12] 贵州省民间文学集成办公室主编，韦兴儒编．贵州布依族民间故事选 [M]．北京：中国民间文艺出版社，1989：52．

[13] 谷德明编．中国少数民族神话 [M]．北京：中国民间文艺出版社，1987：633-639．

[14] 中国民间文学集成全国编辑委员会．中国民间故事集成·广西卷 [M]．北京：中国 ISBN 中心，2001：49．

[15]（明）谢肇淛撰．五杂组 [M]．上海：上海书店出版社，2009：13．

[16] 四库全书存目丛书编纂委员会编．四库全书存目丛书·子部类书类第 218 册 [M]．济南：齐鲁书社，1995：19．

[17] 韩康信，潘其风．我国拔牙风俗的源流及其意义 [J]．考古，1981（01）：64-76．

[18] 张福三．凿齿神话的原始内涵 [J]．思想战线，1987（04）：53-58．

[19] 闻一多撰．伏羲考 [M]．上海：上海古籍出版社，2009：55-57．

[20] 陈建宪．中国洪水再殖型神话研究 [M]．西安：陕西师范大学出版总社，2019：80．

[21]（宋）周去非著；屠友祥校注．岭外代答 [M]．上海：上海远东出版社，1996：258．

[22]（宋）乐史撰．太平寰宇记 [M]．金陵书局．清光绪八年（1882）．

[23] 彭书琳．岭南古代居民拔牙习俗的考古发现 [J]．南方文物，

2009（03）：80-88.

[24] 彭书琳. 岭南古代居民拔牙习俗的考古发现 [J]. 南方文物，2009（03）：80-88.

[25] 刘慧. 也说大汶口文化拔牙习俗的因由 [J]. 民俗研究，1996（04）：26-29.

[26] 杨式挺. 略论我国古代的拔牙风俗 [J]. 广西民族研究，2005（03）：145-152.

[27]（法）E. 杜尔干（Emile Durkheim）著；林宗锦，彭守义译. 宗教生活的初级形式 [M]. 北京：中央民族大学出版社，1999：341、344、217.

[28] 百越民族史研究会编. 百越民族史论集 [M]. 北京：中国社会科学出版社，1982：309-311.

[29] 广西壮族自治区地方志编纂委员会编. 广西通志 民俗志 [M]. 南宁：广西人民出版社，1992：398.

[30] 袁珂，周明编. 中国神话资料萃编 [M]. 成都：四川省社会科学院出版社，1985：98.

[31]（宋）周去非著；屠友祥校注. 岭外代答 [M]. 上海：上海远东出版社，1996：269.

[32] 杨保愿翻译整理. 嘎茫莽道时嘉·侗族远祖歌 [M]. 北京：中国民间文艺出版社，1986：69.

[33] 廖明君. 壮族自然崇拜文化 [M]. 南宁：广西人民出版社，2002.

[34]（宋）曾慥编纂；王汝涛等校注. 类说校注 上 [M]. 福州：福建人民出版社，1996：103.

[35]（唐）刘恂著；鲁迅校勘. 岭表录异 [M]. 广州：广东人民出版社，1983：36-37.

[36]（宋）乐史撰. 太平寰宇记 [M]. 金陵书局. 清光绪八年（1882）.

[37]（东汉）班固著；赵一生点校. 汉书 [M]. 杭州：浙江古籍出版社，2000：577.

［38］袁梅著. 诗经译注［M］. 济南：齐鲁书社，1985：202.

［39］史军超. 洪水与葫芦的象征系统［J］. 民间文学论坛，1995（01）：30-41.

［40］谷德明编. 中国少数民族神话［M］. 北京：中国民间文艺出版社，1987：536-540.

［41］向柏松. 洪水神话的原型与建构［J］. 中南民族大学学报（人文社会科学版），2005（03）：57-61.

［42］（英）J.G.弗雷泽著；汪培基，徐育新等译；汪培基校. 金枝［M］. 北京：商务印书馆，2020：68-69.

杨慎卒年研究新证

喻权坚*

（重庆市荣昌区职业教育中心，重庆荣昌　402460）

摘　要：20世纪80年代以来，学界对杨慎卒年卒地提出了几种不同的说法。由于缺乏直接证据，至今争论不休。笔者从喻道宽主编《喻氏族谱》中发现五处关于杨慎的记载，既有杨慎1562年到荣昌县拜访致仕刑部尚书喻茂坚的直接证据，也有杨慎卒于1566年后的间接证据。

关键词：杨慎；卒年；新证

　　杨慎（1488—?），字用修，初号月溪、升庵，又号逸史氏、博南山人、洞天真逸、滇南戍史、金马碧鸡老兵等。四川新都（今成都市新都区）人。

　　明武宗正德六年（1511）状元，授官翰林院修撰。嘉靖三年（1524）因"大礼议"事件，触怒世宗，被杖责罢官，谪戍云南永昌卫，流寓云南近四十年。死后，明穆宗追赠光禄寺少卿，明熹宗追谥"文宪"。

　　杨慎是明代著名学者和文学家，明代三才子之首。共有著作达400余种，囊括经学、史学、方志、风俗、地理、民族、金石、音韵、文学等方面，在文学史和学术史上皆有很大的影响。

---

*　[作者简介]：喻权坚，男，汉族，重庆市荣昌区职业教育中心。研究方向：地方志，家谱。

杨慎后半生的事迹，许多扑朔迷离，甚至他的卒年卒地也都众说纷纭，莫衷一是。

一、杨慎卒年众说

关于杨慎卒年，20世纪80年代以前，学界旧说一致认为卒于1559年。其后出现的新说虽然各有所据，但猜测的成分比较多。

（一）旧说一致认为杨慎卒于1559年

清代张廷玉等著《明史·杨慎传》载，杨慎"嘉靖三十八年（1559）七月卒，年七十有二"[1]。

明代新喻简绍芳编次《赠光禄卿前翰林修撰升庵杨慎年谱》载，"嘉靖三十八年己未（1559），公（杨慎）年七十二……卒于七月六日，得年七十有二"[2]。

明代游居敬撰《翰林修撰升庵杨公墓志铭》载："乃七月六日乙亥丑时，先生卒于昆明高峣之寓舍，为嘉靖己未（1559）岁也。距生弘治戊申十一月六日乙丑，年七十有二。"[3]

（二）新说说法不一，大多为推测

1. 毛春伟在《杨慎研究之历史与现状》[4]中所列杨慎卒年新说如下：

隆庆二年（1568）说。该说来自张增祺《有关杨慎生平年代的订正》（《昆明师院学报》1980年第1期）。

嘉靖四十年（1561）说。该说来自穆药《也谈杨慎生平年代的订正》（《昆明师院学报》1981年第1期）。

隆庆元年前后（1567）说。该说分别来自陆复初《被历史遗忘的一代哲人：论杨升庵及其思想》（云南人民出版社1990年）、流云《云南人慕才筑楼杨状元谪途育人：先进文化的学习与传播之历史钩沉》（《创造》2003年第2期）。

嘉靖四十一年（1562）说。该说来自丰家骅《杨慎评传》（南京大学出版社 1998 年）。

2. 四川省杨慎研究会会长倪宗新著《杨升庵年谱》[5] 所列杨慎卒年新说如下：

一说杨慎在嘉靖三十八年（1559）七月后仍然在世。根据李元阳撰《升庵先生七十行戍稿序》："嘉靖三十八年冬，升庵先生由泸至滇涉路三千，历日四十，濒淅夜衣，成诗百余首，题曰《七十行戍稿》，寄某命序之。某既卒业，乃以书复先生。"（见《中溪家传汇稿》卷五）可知，嘉靖三十八年（1559）冬，升庵与李元阳仍有书信往来，说明升庵在嘉靖三十八年（1559）七月后尚健在。根据杨慎撰《明故明威将军九华沐公墓志铭》中"公（沐绍勤）配恭人杨氏生正德甲戌四月初三日，殁嘉靖壬戌年十二月一日，春秋四十九，是月二十五日合葬公墓"，推出杨慎应卒于"嘉靖壬戌年（1562）十二月一日"之后。

二说杨慎卒于隆庆二年（1568）。20 世纪 80 年代初，张增祺先生《有关杨慎生平年代的订正》，根据《明史·王元正传》所载，王元正"卒隆庆初"；又根据杨慎撰《祭王舜卿元正文》得出杨慎卒年当在王元正卒年之后，推测出"杨慎的卒年可以缩短在隆庆二年（1568）了。"（见《昆明师院学报》1980 年第 1 期）

三说杨慎卒于隆庆元年（1567）以后。20 世纪 80 年代末，陆复初先生在他所著的《被历史遗忘的一代哲人》一书中说："张含《读毛氏家史论》提供了较为确切的证明。文中说：'公（按：即毛玉）与新都太史（杨慎）同难，公死于国，太史逐于滇。……太史终归紫极而敷皇猷，道或不行，颐老于蜀'。'终归紫极而皇猷'，自然是指隆庆元年（1567）追恤议礼诸臣'。"[6] 就是说，隆庆元年（1567）杨慎得到赦免，终于回到朝廷，布施国政……陆复初先生还说："我的猜测是嘉靖四十二年（1563）之后，他又悄悄回到泸州，实现了'为报衰翁二月还'的誓言，但从此销声匿迹，杜门不出"，"可能他是为了回乡，而以死为烟幕，而实尚伏居泸州。"[6]

四说杨慎卒于嘉靖四十一年（1562）左右。20 世纪 90 年代末，丰家骅先生所著的《杨慎评传》一书，根据杨慎应李元阳之请写的《重修弘圣寺记》推测，"至少在嘉靖四十一年（1562）杨慎仍在活着，且从永昌到了大理"。又根据李元阳著《游石宝山记》推测，"杨慎似逝世于四十一年（1562）仲春，亦即写了《重修弘圣寺记》后不久就去世了"。

以上，毛春伟和倪宗新所列资料，不论来源相同还是不同，都体现了20世纪80年代以来关于杨慎卒年的普遍说法，这些说法虽然各有所据，但多为推测，缺乏直接证据。

二、喻道宽主编《喻氏族谱》据实可证

清光绪十四年（1888）喻道宽主编的《喻氏族谱》证实，杨慎1562年还健在。1566年喻茂坚去世后，杨慎为其书写墓碑。

关于喻茂坚的生平，在喻道宽主编的《喻氏族谱》之《明太子少保刑部尚书九十三岁喻茂坚宦略年谱》中记载："喻茂坚（1474—1566），字月梧，号心庵，明四川重庆府荣昌县（今重庆市荣昌区）人，祖籍江西丰城。正德六年（1511）进士，为官清廉，政绩卓著，官至刑部尚书，被嘉靖皇帝赞誉为天下清官。主持编著《问刑条例》，著有《梧冈文集》等。"[7]

笔者前几年在协助荣昌区喻茂坚纪念馆查证资料时，发现喻道宽主编《喻氏族谱》中既有杨慎1562年还健在的直接证据，也有杨慎卒于1566年以后的间接证据。

（一）1562年杨慎到荣昌为喻茂坚书赠三联、为宝城寺写赋

1. 喻道宽主编《喻氏族谱》中《明太子少保刑部尚书九十三岁喻茂坚宦略年谱》记载：

"嘉靖四十一年壬戌（1562），祖年八十八。有与祖三榜五同杨公（讳慎，字升庵，辛未状元，与祖同乡试、会试、殿试，同师、同经）过荣修旧好，题三联送祖，以写先后济美与夫筮仕退处之致。

父子祖孙家庆真符重庆；
科名鼎盛世昌允合荣昌。

北斗贯丹心明刑弼教尚书第；
南山颐鹤髪全节完明上座仙。

霜肃三台曾是中朝真御史；
星回八面可为陆地昔神仙。"[8]

2. 喻道宽主编《喻氏族谱》中《良懋公后裔由丰城分居四川荣昌世系图》记载：

"喻梯（诰赠布政），茂坚五子，荫生，治易。幼敏慧，绕膝随宦，教训异常，博涉群书，笔擅钟王……嘉靖壬戌（1562）升庵杨公奉旨终丧赴永昌戍，过荣修旧好，喜宝城寺狮头柑作赋，命公书，石刻碑成叹曰：是赋非老夫不能作，非喻子不能书云。"[9]

3. 喻道宽主编《喻氏族谱》中《四世祖喻梯公、六世祖庠生喻思仑公墓图序》记载：

"状元升庵杨公赞美公曰：是赋非老夫不能作，非喻子不能书。（此在宝城寺狮头柑所作赋也。在明嘉靖壬戌时。）"[10]

4. 喻道宽主编《喻氏族谱》中《四川荣昌县建立三庙》记载，荣昌喻氏宗祠"檐柱木刻联：父子祖孙家庆真符重庆；科名鼎盛世昌允合荣昌。原明辛未状元三榜五同外甥升菴杨慎题赠。"[11]

这里，不仅记载杨慎嘉靖四十一年壬戌（1562）曾到荣昌，还记载杨慎曾为喻茂坚题写三副对联，为荣昌宝城寺写赋。上面的三副对联、喻氏宗祠檐柱木刻联和喻梯书杨慎为宝城寺狮头柑所作赋，可视为杨慎到荣昌的佐证。这里已构成较完整的证据链，因此，可认定嘉靖四十一年壬戌（1562）杨慎还健在。

（二）1566 年喻茂坚过世，杨慎为其书写墓碑

喻道宽主编《喻氏族谱》中《太子少保刑部尚书月梧喻公墓图志》记载：

"县北古狮山，距城二十里许，有三世祖太子少保刑部尚书月梧公墓，墓前石碑系前明状元杨升庵书，字迹灿然有光，至今未蚀。"[12]

"刑部尚书月梧喻公"指喻茂坚。明隆庆元年（1567）四月甲寅诏，追赠刑部尚书喻茂坚为太子少保，敕谕葬谕祭。

喻茂坚卒于1566年7月15日（农历），由此可见，杨慎应卒于1566年7月以后。

以上都是喻道宽主编《喻氏族谱》的记载。现在的关键是，喻道宽主编《喻氏族谱》本身可信度如何？杨慎为什么会来荣昌拜访喻茂坚，他与喻茂坚的关系如何？

三、喻道宽主编《喻氏族谱》可信度极高

（一）喻道宽主编《喻氏族谱》平均50年续修一次，从无间断

荣昌喻氏家族自喻茂坚起，至清朝末年都十分兴旺，有322人获得功名，世称"喻半县"，代有文化人续修族谱。自喻茂坚1566年去世至1888年喻道宽主编《喻氏族谱》修成的322年间，荣昌县《喻氏族谱》续修六次，平均约50年续修一次，世系无间断，是一部高质量的族谱。由于采用刻板印刷，印量较大，至今还保存有几套完整的族谱。

（二）《喻茂坚宦略年谱》的编修者都是喻茂坚的直系后辈，且名望很高

喻道宽主编《喻氏族谱》中《明太子少保刑部尚书九十三岁喻茂坚宦略年谱》的编修人员如下[13]：

湖广宝庆经历孙喻应龙（编修）；云南寻甸通判孙喻应豸（编修）；
贵州黎平知府孙喻应台（编修）；云南陆凉州学正孙喻应桐（编修）；
户部郎中曾孙喻思恪（重修）；贵州巡抚曾孙喻思慥（重修）；
兵部尚书曾孙喻思恂（重修）；云南布政曾孙喻思炜（重修）；
云南洱海道元孙喻符庆（重修）；广州雷州监军道元孙喻萃庆（重修）；

广西按察司元孙喻琦庆（重修）；贵州贵宁道元孙喻松庆（重修）。

其中，喻应龙、喻应豸、喻应台、喻应桐是喻茂坚的孙子，喻思恪、喻思愭、喻思恂、喻思炜是喻茂坚的曾孙。杨慎来荣昌时，喻应豸、喻应台和喻思恪都在荣昌。特别是户部郎中喻思恪，1564年中举人，1562年杨慎来荣昌时他16岁，已比较知事。喻茂坚去世33年后第一次续修荣昌县《喻氏族谱》，喻思恪任主编（修撰），又是《明太子少保刑部尚书九十三岁喻茂坚宦略年谱》的重修者，其中有关杨慎来荣昌的记载应该是准确无误的。

（三）荣昌县《喻氏族谱》可信度的旁证材料

1. 倪宗新《杨升庵年谱》记载，"1556年（嘉靖三十五年）……致仕刑部尚书喻茂坚立《赠资政大夫刑部尚书启庆公神道碑铭》。升庵应其所请，撰《荣昌喻氏世德阡记》"[14]。与喻道宽主编《喻氏族谱》记载的喻茂坚为其祖父赠资政大夫刑部尚书启庆公修墓园和请杨慎撰写墓志铭的年代完全一致。印证了荣昌县喻氏族谱准确性。

2. 从杨慎的三副对联，看杨慎赠喻茂坚联的可信度。

杨慎赠一相居士联：

名耿千秋
三关设防曾是中朝御史；
一时谢政便为陆地圣贤。①

杨慎赠段承恩联：

三简名巡曾是中朝御史；
一时谢政便为陆地神仙。②

---

① 唐时英，字子才，号一相居士，云南曲靖人，生于明弘治己未（1499）。明正德十四年（1519）中举，嘉靖八年（1529）中先榜进士，先后官至浙江平阳县知县、户部主事、右副都御使，其著名后代有唐继尧等。此对联摘自云南省曲靖市《唐氏族谱》。

② 段承恩（生卒年不详），字德夫，号午衢，今云南省昆明市晋宁区人。明朝有名的谏官。明嘉靖十一年（1532）壬辰科进士，由工部主事改任御史，曾多次跟随皇帝巡游。此对联摘自倪宗新《杨慎书迹考》。

杨慎赠喻茂坚联：

> 霜肃三台曾是中朝真御史；
> 星回八面可为陆地昔神仙。

以上三副对联的相似度如此之高，说明《杨慎赠喻茂坚联》实为杨慎所作。进一步证明了喻道宽主编《喻氏族谱》中《明太子少保刑部尚书九十三岁喻茂坚宦略年谱》的可信性。

四、杨慎与喻茂坚的关系紧密

（一）杨慎与喻茂坚系"老同学"关系

喻道宽主编《喻氏族谱》中《明太子少保刑部尚书九十三岁喻茂坚宦略年谱》记载：杨慎与喻茂坚"三榜五同"。三榜，即乡试榜、会试榜和殿试榜。五同，即同乡试、同会试、同殿试、同师、同经。可见，杨慎与喻茂坚是"老同学"关系。

（二）喻茂坚与杨慎情谊很深

倪宗新《杨升庵年谱》记载，1526年（嘉靖五年）正月，喻茂坚上书，"请宥昔年'议礼'升庵诸臣，以光孝治"[15]。这里，喻茂坚是在云南巡按郭楠、御使王懋等乞赦议礼诸臣，遭下镇抚狱掠治、廷杖、革职的第二年，[16] 不顾个人安危上书嘉靖帝，恳请宽恕升庵诸臣。由此可见，喻茂坚与杨慎非一般情谊。说是生死之交，亦不为过。

倪宗新《杨升庵年谱》记载，1556年（嘉靖三十五年），"是春，致仕刑部尚书喻茂坚寿辰之日，升庵有《月梧大司寇寿诗》以贺之"[17]。杨慎贺诗如下：

> 丁卯同年七十人，回头五十正嘉春。
> 沉沉海屋添筹算，耿耿长庚映昊旻。
> 已见锦堂称寿俊，况兼青史传名臣。
> 千峰不隔南飞鹤，一盏遥飞贺诞辰。

这年，杨慎寄寓泸州，还记得喻茂坚生日（二月初三），可见其关系。诗中表达了杨慎对喻茂坚的高度评价及情谊。

（三）杨慎应喻茂坚所请为其祖父撰写墓志铭

倪宗新《杨升庵年谱》记载，1556年（嘉靖三十五年），"是年，致仕刑部尚书喻茂坚立《赠资政大夫刑部尚书启庆公神道碑铭》。升庵应其所请，撰《荣昌喻氏世德阡记》，详记喻茂坚行状"[18]。

这里是喻茂坚为其祖父赠资政大夫刑部尚书启庆公建墓园，杨慎应其所请写墓志铭。

（四）杨慎与喻茂坚系亲戚关系

从喻道宽主编《喻氏族谱》可知，杨慎继母喻氏，内江人，其先祖喻大洪与荣昌喻茂坚先祖喻大纲系亲兄弟。喻茂坚是喻大纲的十二世孙，内江与荣昌两地又相邻，他们是比较亲的本家。杨慎与喻茂坚系亲戚关系，杨慎是喻家"外甥"（见前面《四川荣昌县建立三庙》）。

除了以上，杨慎赠喻茂坚的三副对联，不乏赞美之词。另外，杨慎还为喻茂坚书写墓前石碑。

像杨慎这样的高洁之士与被嘉靖皇帝誉为天下清官的喻茂坚惺惺相惜，是以前文人的共性。加上他俩人以上的关系，杨慎前往荣昌拜访喻茂坚是合情合理的事情。杨慎晚年常住泸州，泸州与荣昌相邻，杨慎到荣昌拜访喻茂坚是轻而易举的事情。

综上所述，杨慎于嘉靖四十一年壬戌（1562）来荣昌拜访喻茂坚，卒于1566年之后是可信的。

参考文献

[1] 倪宗新. 杨升庵年谱 [M]. 北京：中央文献出版社. 2013：918.

[2] 倪宗新. 杨升庵年谱 [M]. 北京：中央文献出版社. 2013：929.

[3] 倪宗新. 杨升庵年谱 [M]. 北京：中央文献出版社. 2013：909.

[4] 毛春伟. 杨慎研究之历史与现状 [N]. 中国社会科学院报, 2009-6-9: 07.

[5] 倪宗新. 杨升庵年谱 [M]. 北京: 中央文献出版社. 2013: 614-616.

[6] 陆复初. 被历史遗忘的一代哲人: 论杨升庵及其思想 [M]. 1990.

[7] 陆复初. 被历史遗忘的一代哲人: 论杨升庵及其思想 [M]. 1990.

[8] 喻道宽主编. 喻氏族谱 [M]. 荣昌, 1888: 本谱系刻板印刷.

[9] 喻道宽主编. 喻氏族谱 [M]. 荣昌, 1888: 本谱系刻板印刷.

[10] 喻道宽主编. 喻氏族谱 [M]. 荣昌, 1888: 本谱系刻板印刷.

[11] 喻道宽主编. 喻氏族谱 [M]. 荣昌, 1888: 本谱系刻板印刷.

[12] 喻道宽主编. 喻氏族谱 [M]. 荣昌, 1888: 本谱系刻板印刷.

[13] 喻道宽主编. 喻氏族谱 [M]. 荣昌, 1888: 本谱系刻板印刷.

[14] 倪宗新. 杨升庵年谱 [M]. 北京: 中央文献出版社, 2013: 576.

[15] 倪宗新. 杨升庵年谱 [M]. 北京: 中央文献出版社, 2013: 301.

[16] 倪宗新. 杨升庵年谱 [M]. 北京: 中央文献出版社, 2013: 292.

[17] 倪宗新. 杨升庵年谱 [M]. 北京: 中央文献出版社, 2013: 572.

[18] 倪宗新. 杨升庵年谱 [M]. 北京: 中央文献出版社, 2013: 576.

贵州建制、人口与民族演变研究

金潇骁[*]

（贵州民族大学，贵州贵阳　550025）

摘　要：贵州是一个多民族省份，一个移民省份，通过梳理、回顾贵州的建制、人口与民族演变进程，可以更好地了解贵州历史，以此来深刻认识中华民族共同体意识的重大意义，也提供一个从历史发展脉络来理解、把握人口、经济与环境之间的关系。

关键词：贵州；建制；人口；民族

一、明代以前的贵州建制

贵州的开发历史，可以推及到春秋时期。贵州远离中原腹地，处于南方的牂牁之地。从战国至秦、汉之际，史书把南方少数民族统称为"西南夷"，有时为了区别，把四川西部的少数民族称为"西夷"，贵州、云南及广西部分地区的少数民族称为"南夷"。

春秋时期，楚国为扩张领域，楚将军庄蹻去云南时，途经贵州，发现

---

[*] [作者简介]：金潇骁，男，苗族，博士，贵州民族大学旅游与航空服务学院副教授。研究方向：民族学，人类学。

了这块一直沉寂的土地。《史记·西南夷列传》载："始楚威王时，使将军庄蹻将兵循江上，略巴、蜀、黔中以西，庄蹻者，故楚庄王苗裔也。蹻至滇池，地方三百里，旁平地，肥饶数千里，以兵威定属楚。欲归报，会秦击夺楚巴、黔中郡，道塞不通，因还，以其众王滇，变服，从其俗，以长之"[1]。"庄蹻入滇"途经贵州可算是汉人进入贵州的起点。

先秦时期，中央王朝建立在中原腹地，以此观望，贵州似乎"远在天边"。我国最早的地理学著作《禹贡》提出：王畿是中国疆土的中心，以此为基点，按"五百里"距离向四周延伸扩展，形成所谓的"五服之地"，称作："甸服""侯服""绥服""要服"以及"荒服"。"惟尔贵州，远在要荒"，可见贵州处在最边远的"要服"与"荒服"之地。但是，贵州这块处在极为边远的"蛮荒之地"并没有让古代统治者遗忘。因为，贵州属于古人类起源地之一，在先秦时期，已存在相当规模和水平的部族政权。[2] 司马迁在《史记》中曾说过："夜郎与汉孰大？"这就是"夜郎自大"的出处。其实，在司马迁的言论中，还有另外一句话："夜郎最大。"①由此可见当时贵州疆土的辽阔。这一在西南夷中的"最大"之地，虽然远离中央政权，寂寞于万壑之中，但终究还是引起秦始皇的关注。当时的"夜郎国""东接交址，西有滇国，北有邛都"，实际上是以夜郎为中心的许多小国或部落，其著称者有夜郎、且兰、鳖、同并、漏卧、句町、进桑等。这些所谓的"国"，无非是较大的部落，但其居民皆已定居，从事农耕，形成聚落，处于分散状态。夜郎独步西南，为"南夷"中的首屈一指，强盛时号称"有精兵十万"。秦始皇在统一中国的过程中即将贵州部分纳入职方，北有巴郡、蜀郡，东有黔中郡，南有象郡，并派常頞略通五尺道，在夜郎地区一度设置官吏[3]。这也是贵州这块"蛮荒之地"被纳入中央王朝统治体制较早的记录。所谓的"五尺道"修建的起始点与艰险，《史记》"正义"引《括地志》："五尺道在郎州。颜师古云其处险，故道才广五尺。"所谓"郎州"就是现在的云南曲靖。据记载"五尺道"起于现在的四川宜宾，沿途经过高县、珙县、筠连，进入云南后经盐津、大

---

① 《史记·西南夷传》原文载："西南夷君长以什数，夜郎最大。"

关、彝良、昭通，再进入贵州，通过赫章、威宁，又进入云南宣威，最终转回曲靖。[4]"五尺道"历经乌蒙山区，其山峦重叠，地势险峻，修路"难于上青天"。据史书记载，人们曾采取"积薪焚石，浇水爆破"的方法，让岩石炸裂后再凿石开路。[5]"五尺道"之所以命名"五尺"，因为其路面非常狭窄，只能够单人单骑行走。其实"五尺道"全路最终并未全部完工，但这在上古时期，还是发挥了较大的运输作用。

在汉代，统治集团在夜郎之地继续施行郡县制度，汉高祖五年（前202年）"黔中"更改为"武陵郡"。汉武帝时，北面的"匈奴"，南面的"南越"妄自尊大，不屑中央政权，成为汉武帝的心腹之患。汉武帝建元六年，命鄱阳令唐蒙出使南越，南越政权中心在番禺（今广州）。唐蒙在一次宴会上，吃到一种食品"枸酱"，"啖之甘美如饴"。唐蒙对其盛赞，主人介绍说它是来自巴蜀的特产，有蜀地商人从巴蜀经牂牁江"夜郎"带至南越。交谈中，唐蒙了解到"夜郎"地处南越西北大江之上游，沿水路两地能够通行之后，很受启发，萌生绕开长沙等地，从夜郎迂回，直达取南越的构想。回到长安，唐蒙向在京的蜀地商人进行调查，知晓牂牁江"江广百余步，足以行船""夜郎有精兵十万"。于是，唐蒙上疏汉武帝，力主将夜郎设置为郡县，修"夜郎道""浮船牂牁江"，打造南越新通道。汉武帝准奏之后，封唐蒙为中郎将，入主夜郎开展工作。[6] 元光五年（前130年）唐蒙动工修路，历时18年将"夜郎道"修成，终于把夜郎与巴蜀等地贯穿起来。同年，汉政权在今四川南部置犍为郡，以经营"南夷"，元朔三年（前126年）置南夷、夜郎两县一都尉，元鼎六年（前111年）平夜郎、且兰各部，置"牂牁郡"，从此今贵州之地大部分都属"牂牁郡"，其东属"武陵郡"，其北属"犍为郡"和"巴郡"。[7]

隋初的地方行政机构沿袭北周的州、郡、县三级制，隋炀帝时改州为郡，把东汉末年以来的三级制改为二级制。隋代在今贵州所领郡县，主要在乌江以北，对乌江以南的大片土地还无力控制[8]。

唐承隋制，但改"郡"为"州"，称为州、县二级制。州又有"经制州"（正州）和"羁縻州"之别，"经制州"的"刺史"朝廷吏部委派，直接控制地方政治、军事、赋税、盐铁等，"官不世袭，职不常任""编户齐民"，实行赋税之法和徭役制。

唐太宗贞观年间（627—649），今贵州大部属"江南道"，一部分属"剑南道"和"岭南道"。唐玄宗改十道为十五道后，今贵州属于"黔中道"。在"黔中道"所辖的"经制州"中，与现在贵州地域相关的行政区域有黔州、思州、锦、叙州、奖州、费州、夷州、播州、溱州以及南州等，这些区域主要分布在乌江以北与黔东北一带地区。[9]

在唐代，所谓的"正州"主要设在乌江以北及黔东北地区，其他地区主要设置所谓的"羁縻州"。据统计"羁縻州"总计有856个，其中"蛮隶江南者，为州五十一"这些"羁縻州"的地域多不可考，大抵在今贵州和广西境内。牂州、充州、矩州、庄州、应州、琰州、蛮州、盘州等曾一度设立"经制州"，但后来又改为"羁縻州"。

"羁縻州"在行政建置上虽也称州，但它在政治、经济体制方面，不同于内地的经制州和处于边远的藩属。"羁縻州"有几个突出的特点：一是基本上在沿边的少数民族地区设置，所辖地域范围主要以当地土著首领所献地为基础，保存原有的部落格局，不更改其民族的生产、生活方式以及习俗，一般采取"本土化自治"的管理模式，即"土官"治"土民"。二是当地的"大吏"由朝廷任命，通常是土著部落酋长之类的首领，朝廷封其为"都督""刺史"等，而且通过朝廷封赐册命，其子孙可以世袭其职位。"封疆大吏"必须忠君守礼，服从朝廷，严谨戍边，还必须定期朝贡。三是"羁縻州"与中央王朝关系呈松散状态，中央王朝通常对于其采取"来者不拒，去者不追"的政策。四是"羁縻州"人口、赋税"不入版籍"，这与"经制州"完全不同，其实这正是关系松散的一种表现。可见，设置"羁縻州"，对于促进内地与贵州的政治联系、经济文化交流以及民族关系的发展，都起到了一定的积极作用。[10] 唐朝对贵州高原的治理，除设置"正州"和"羁縻州"外，还有一些与王朝保持"藩属"关系的地方政权，主要是东爨乌蛮各部。

宋代，沿袭唐制，仍然是"经制州"、"羁縻州"以及"藩国"三者并存。但宋朝中央政权对当时贵州辖地政权比唐代管控更为宽松，其时，贵州大部分地区属夔州路，"正州"甚少，绝大部分均属"羁縻州"。夔州路辖地大体与唐代黔中道相当，治所在夔州（四川奉节），与今贵州有直接关系的仅思州、播州二州及绍庆府、南平军。总之，两宋时期，今贵州境内经制州基本在乌江以北，而羁縻州的设置则在乌江以南。

元代，其中央政权管辖贵州的办法主要是，根据今贵州区域地势，将其分居于四川、湖广、云南三行省，三省先后率兵管理，同时设"驿道"，加强贵州各部的联络沟通。遂于至元二十九年（1292）在今贵阳八番顺元等处设立宣慰司都元帅府，节制思州、播州及亦溪不薛，为贵州省的建立打下基础。

鉴于贵州社会经济基础薄弱，民族状况复杂，元统一中国后，将相对独立的少数民族政府取消，又将原先的"羁縻州"加以改置，一概推行所谓"土司制"，大者建立"宣慰司""宣抚司"或"安抚司"，小者建立"长官司"或"蛮夷长官司"，分别置于行省或路、府之下，计有大小土司三百余处。"土司制"是中央集权发展到一定高度时顺应政治形势应运而生的。当时在今贵州境内，大体分为几个区域管理：在黔中设有八番顺元等处宣慰司都元帅府，其下有顺元路军民安抚司，八番九安抚司，管番民总管府和定远府，黔北属播州军民安抚司，加绍庆珍州南平等处沿边宣慰司衔，领一府，三十二长官司；黔东北及黔东属思州军民安抚司，领一府、十四州、一县及五十二长官司，元末分为思州、思南二宣慰司；从黔中至湖广一线为新添葛蛮安抚司，领八州、一县、一百二十蛮夷长官司，势力达于湘西；黔西北为亦溪不薛宣慰司，乌撒乌蒙宣慰司和永宁路安抚司；黔西则设普定路和普安路，黔西南归属于广西泗城管辖。[11]

二、明代以前贵州民族与人口变化

贵州是南方四种民族"族系"交融的省份。南方民族的确定从语言系属上归类较为简单清晰。南方民族主要使用的语言属于"汉藏语系"，其中有"藏缅语族"，藏族、彝族、傈僳族、白族、土家族、纳西族、羌族等使用的语言属于此，这些民族出自古代的羌氐族系。"汉藏语系"

中还包括"壮侗语族",壮族、傣族、布依族、侗族、水族、毛南族、仫佬族等使用的语言属于此,操壮侗语的民族,均出自古代的百越族系。"汉藏语系"里面也有"苗瑶语族",苗族、瑶族、畲族使用的语言属于此。这些民族出自古代的"南蛮"族系。此外还有一支民族系属称为"百濮族系",语言系属的归属未定,包括仡佬族、京族、僰人、羿子等等。

史书记载,春秋战国至秦汉之际,夜郎的居民主要是"椎髻,耕田,有邑聚"的濮人,滇之西、北为"氐类"居住,其南多是"百越"民族,其东"皆槃瓠种"(苗、瑶)。从秦汉以后,四川、湖南、广东、广西、云南逐渐开发,在社会历史进程中,南方主要的四大民族体系发生一定变化。最终出现"濮人衰落,羌氐东进,苗瑶西迁,百越北移"的状态,这种情形使南方四大族系在贵州结合,从而使贵州成为南方四大民族聚居的省份。

在四大族系交会的过程中,汉族也陆续进入贵州,但在明代以前规模较小,比重不大,影响有限。汉人在春秋时期就已进入贵州,当时,楚国征伐宋国、蔡国,对其俘虏,一般都流放到贵州,还有庄蹻入滇以及之后的秦开五尺道,都可看作汉族进入贵州的序幕,汉人成批进入贵州则始于汉武帝"开西南夷"。[12]

前135年,唐蒙出使南越(两广部分地区)时,向汉武帝上书说:"窃闻夜郎所有精兵,可得十余万。"此话虽系传说,但从侧面反映当时夜郎地区的人口至少有10余万人多。到了前111年,西汉王朝灭掉南越以后,就开始着力经营西南地区,武帝元鼎六年(前110年)置牂牁郡。据《汉书·地理志》记载,牂牁所辖17县,人口15.3万人,大部分虽在贵州,加上其他郡县的人口,西汉时期贵州境内大约有23.9万人。东汉时期,辖有今贵州之地的郡、国人口,据《后汉书·郡国志》记载,根据各郡、国统计,有22.5万人,比西汉时期人口略有减少。其中进入贵州的移民,西汉时约四五万人,而东汉时增至七八万人。到了两晋时期,据《晋书·地理志》记载,今贵州地域有1.27万户,当时的户口统计只计户而未计口。据280年(西晋太康元年)统计,全国有245.98万户,1616.39

万人，平均每户 6.75 人，可推算出西晋时期贵州约有 8.36 万人。东晋至南北朝时期，由于王朝更替频繁，郡县设置时有变化，人口统计疏略不全，难以考据当时贵州人口数量。[13]

隋朝统一后，据《随书·地理志》记载，当时贵州约有人口 6.57 万人。这个时期由于隋统治时间不长（581—618），对贵州中部、西部、南部部分地区还未及建置，仍为大姓割据，人口统计不足以反映当时贵州全省人口总量。[14]

唐朝经制州郡所辖贵州之地的人口统计，共约 6.12 万人。但这些州郡所辖的地区是贵州一部分地区，尚有 50 余个羁縻州和地方政权的人口无记载。据梁方仲著《中国历代户口、田地、田赋统计》甲表共 25—28 页统计，黔中道在天宝元年（742）每平方公里有 1.39 人。若按此数据推算，今贵州 17.6 万平方公里面积上，当时有人口 24.48 万人。[15] 宋朝根据各路所辖及贵州之地的户口推算，北宋时贵州约有人口 21.15 万人，南宋时共有人口 22.49 万人（不含少数民族建立的地方政权人口）。[16]

唐宋时期，是汉人迁入贵州的又一高峰。从唐懿宗大中十三年（859）到唐僖宗乾符元年（874），南诏的奴隶主贵族集团对唐朝发动了一系列掳掠战争，两次攻陷邕州，四次攻打成都等地，还攻入播州、黔中，先后掳掠了数十万人口和无数的财物。在这样的形势下，唐王朝为了巩固封建统治、治理西南边疆，决定用兵收复播州、黔中。然而此时由于农民起义烽烟四起，唐王朝已无兵可用，只好下诏招募勇士带兵讨伐，于是太原人杨端应募，到长安上书，得到朝廷批准，领兵出四川，败南诏，从此留居播州。当时与杨端入播的有八姓，即谢、令狐、成、赵、犹、娄、梁、韦八姓，分布在今遵义多个区、县。

总体而言，唐宋时期进入黔北、黔南、黔西南的汉族，都以军事移民的形式进入，因此保持了军事统治的特点，这是和秦汉时期移民的情况相比较为突出的第一个特点；第二个较为突出的特点是迁入的汉人人数相对较少，分散在贵州的黔北、黔南、黔西南，而且基本都成为当地的管理者，因其数量不多，呈点状分布，大都"变俗易服"。

到了元代，据《元史·地理志》载，庆远、南丹、溪洞等处军民安抚司有2.65万户，5.03万人，平均每户1.89人。以此推算贵州八番顺元等处宣慰司的辖区约占今贵州的五分之二，按该司人口推算当时贵州应有人口77.96万人。[17] 另据梁方仲《中国历代户口·田地·田赋统计》甲表47，元世祖至元二十七年，每户平均4.46人，则此时顺元路有人口约45万人。元时顺元路有今贵州地域大部，加上周边部分的人口，所以，当时贵州人口在六七十万是可信的。

三、明清时期的贵州建制

明代，"土司制"被统一纳入国家制度，它被确立为中央政权统治少数民族地区的重要手段，因而在贵州，元代的"土司制"不仅一直沿袭，而且土司政权更加成熟。在元代，今贵州境内有土司政权三百余处，明代整理归并后，仅设立四个"宣慰司"——贵州、播州、思州、思南；但另还设有"金筑、都云、黄平、草塘、瓮水"等所谓的"安抚司"；还有九十余"长官司、蛮夷长官司"等。明朝时期，贵州土司政权形态，主要有三种模式：第一种，"水西安氏土司"，为彝族家支所统，"上下一体，亲辖十三则溪、四十八目"；第二种，"宣慰司"下再分设"安抚司""长官司""蛮夷长官司"，族属不尽相同，例如"思州、思南、播州"就属于这类模式；第三种，各自设立土司政权，各自为政，互不制约。如"大程番、小程番、大龙番、小龙番、卧龙番、方番、韦番、金石番"等就属于此类。明代的"土司政权"隶属关系也比较复杂，大部分土司归贵州所管，而播州"宣慰司、乌撒土府"等属四川，黔西南的"亭目"则属广西泗城府和西隆州。一般说来，"宣慰司"均属"布政司"所管，"安抚司"有的属"布政司"，有的属"宣慰司"，"长官司"则分属各"宣慰司"或"卫所""府州"。属布政司及府州的多为文职，属卫所的属武职。[18]

除了土司制度，明朝还在贵州设立了大量卫所。明朝建立之初，人民因战乱而流离失所，土地荒芜，兵无所征，粮无所出，若不推行"寓兵于农"的卫所制度，就很难巩固其统治。于是，仿唐代府兵制度，自京师达于各地区遍立卫所，各地卫所由都指挥使司分统，隶属五军都督府。通过卫所，把劳动人手与土地重新结合起来，有效地促进社会经济的恢复发展，确保国家有足够的兵员和充足的粮饷，这即可使"兵无更调之苦"，又可使"粮无飞挽之苦"。卫所制度施行于边疆地区，还具有"移民宽乡"的特殊作用，它一方面缓和内地人口密集、耕地不足的矛盾；另一方面又解决了边远地区地广人稀、劳力不足的矛盾，对边疆的开发和国防的巩固，起了积极作用。

永乐十一年（1413）二月，明朝廷正式设立贵州承宣布政使司，亦设司治于宣慰司城，从此贵阳始称贵州省城。布政使司为省一级行政机关，秉承和宣布朝廷的各项政令，负责在全省范围内施行，并统领省内各府、州、具及大小土司，堂管官户、民户及土民各项事务。贵州布政使司设左、右布政使各一员，总管全省政务。布政使司的派出机构称"分守道"，由布政司参政、参议分管，按片区按治各府卫及土司。贵州布政司的设立，被视为贵州建省的起点。总体而言，明代在贵州统治的特点是"军政分管，土流并治"，在贵州建省之后，明朝中央政府又在弘治到隆庆的百余年间以及万历和天启年间，在贵州实行了几次大规模的"改土归流"措施，从而加强了中央政权在贵州的统治。

到了清代，贵州的行政建置起了较大变化，主要表现在三个方面。一是改变了明代府、州、县与卫所分治的局面。随着历史的发展，人口的增多，卫所屯兵的逃亡，原来卫所所在地的军事因素逐渐减弱，经济因素发展，由原来单一的行政（包括军事）管理职能，变为既具有行政职能，又具有经济功能。成为一方政治、军事、经济中心。经过两百多年的发展，到明末清初，原有的大多数卫所所在地变为府、州、县治（即城市）也势在必行。在康熙年间，先后将龙里、普定、都匀、平越、清平、贵州、贵前、敷勇、威清、镇西、平坝、安南、永宁、毕节、五开、铜鼓、清浪、平溪18个卫所改设为县，而将其余各卫所分别并入有关州县，行政区划逐渐统一。二是调整疆界、扩大省区。康熙、雍正年间，将原属湖南的镇远、偏桥、五开、铜鼓、清浪、平溪六卫所及天柱县划归贵州，将原属广西的荔波县及泗城府、西隆州在红水河以北的地方拨属贵州，将原属四川的乌撒府（后改威宁府）及遵义军民府亦划入贵州，而将原属贵州都司的永宁卫（后改永宁县）划归四川，今日贵州省的疆界自此确定。三是在雍正年间大举实行"改土归流"，其内容有三：（1）顺治、康熙年间，将贵州宣慰司、乌撒土府及马乃土司改流，设立大定（今大方）、平远（今织金）、黔西、威宁四府及普定县，后降平远、黔西，威宁三府为州而隶属大定府；（2）雍正，乾隆年间，为了加强对少数民族聚居区的统治，在黔东南一带增设八寨（今丹寨）、丹江（今雷山）、清江（今剑河）、古州（今榕江）、都江（今三都）、台拱（今台江）六厅，称为"新辟苗疆六厅"，与此同时，又设置长寨（今属广顺）、归化（今紫云）、仁怀（今赤水、习水）、郎岱（今六枝）、松桃、水城等厅，还在黔西南设立南笼府（后改兴义府），建立永丰州（今贞丰）和罗斛厅（今罗甸），又于有关府州增设州同、州判、县丞分驻边远地区；（3）"改土归流"后，百余长官司仅存53处，为了削弱土司势力，将各长官司置于府州县管辖之下，或增设副司以分其权，或废土司而存土目以供流官差遣，或委以土弁为官府守土，许多土司名存实亡。至清末，贵州省共领贵阳、安顺，兴义、大定、遵义、思州、思南、铜仁、镇远、石阡、黎平、都匀十二府及平越、松桃两直隶厅，并十三厅、十三州、四十三县，全省尽入职方。[19]

四、明清以后贵州民族与人口的变化

明代入黔移民规模宏大，盛况空前，遍布贵州各地，对贵州的社会发展产生了巨大影响。明代通过"调北填南"移入大批人口，主要有军屯、民屯和商屯三种形式，关于军屯，上文已有说明，三者之中，军屯引进的人口最多，据嘉靖《贵州通志》记载，贵州都司所辖十八卫二千户所，计有军户62273，共281889丁口，如果加上湖广都司所辖六卫一所，其数不下30万户，屯田达93万亩以上。而民屯，《明史·食货志》记载："其制，移民就宽乡，或招募或罪徙者为民屯，皆领之有司，而军屯则领之卫所。"这就看出民屯由布政使司管辖，"移民宽乡"也不是自发行为，而是政府组织的大规模移民活动，其人口来源是由政府招募游民或流放的罪人，官府对他们也有所优待，往往发给耕牛、种子和农具。至嘉靖年间，贵州布政司所属各府、州、县，民户计66684户、250420丁口，屯田近43万亩。至于商屯，则是由于贵州驻军虽有军屯，但粮食仍然不敷，所以招募商人来贵州纳米换取盐引，分销各地，而商人在贵州也招募本地人垦种，收粮以换盐引，因而形成商屯。[20]

对于明代贵州的人口数量，《明史·地理志》记载比较简略，仅有两次，一次是1491年有4.33万户，25.86万人；二是1578年有4.34万户，29.09万人。但上文提到的，1555年的刻本嘉靖《贵州通志》记载，贵州布政使司所辖司、州、卫所军民户口，有军户6.22万户，28.18万人；民户5.66万户，25.04万人，共计军民11.88万户，53.22万人。1597年《黔记·贡赋》户口部分记载贵州承宣布政使司所辖军民有51万人，与《贵州通志》所载人口接近。因此，《贵州通志》记载之数较为可信。明朝又于1600年平定播州宣慰使杨应龙的反叛，而改播州宣慰使设遵义军民府时，收降人口13.62万人。这个数字加上《贵州通志》记载的人口数，在17世纪初期贵州约有65万人以上。[21]

清朝成为贵州人口发展最快的时期，贵州人口从清初五六十万到清末870余万。[22]有关贵州人口的记录有：成书于1697年（康熙）的《贵州通志》记载，贵州有17.54万户，无人口数。如按1753年贵州每户2.72人计算，应有47.79万人。成书于1741年（乾隆）的《贵州通志》记载，贵州有27.27万户，无人口数。如按1753年贵州每户2.72人计算，应有74.17万人。成书于1764年的《钦定大清会典》记载，1753年贵州有62.98万户，141.84万人。据《清朝文献通考·户口》记载，1767年贵州总人口344.17万人。两书相隔时间仅14年，人口数几乎翻了1倍。1842年成书的《嘉庆重修一统志》记载，1821年以前，贵州省有11.06万户，535.15万人。据严中平《中国近代史经济史统计资料选辑》附录道光十年至三十年（1830—1850）统计记载，1830—1839年间，贵州每年平均有人口538.5万人。[23]

古代贵州人口数

时期	人口数（万人）	占全国比重（%）
西汉	14.5	0.25
东汉	17.39	0.31
西晋（太康元年）	5.5	0.34
唐（天宝年间）	25	0.47
北宋（至道元年至元丰年间）	45	1.9
元（至元时期）	75	1.2
明代后期	65	1.2
清乾隆十八年（1753）	141.88	1.38
乾隆三十二年（1767）	344.16	1.64
嘉庆十七年（1812）	528.82	1.46
道光十年至十九年	538.46	1.34
宣统三年（1911）	870.29	2.1

资料来源：潘治富：《中国人口》贵州分册，中国财政经济出版社，1988，第53页。

1840年以后，连连的战乱加上医疗卫生条件差、社会发展落后等因素的影响，贵州人口发展的特征是高出生、高死亡以及低增长，人口发展速度各阶段有所增减，发展也不平衡，但是就总趋势来说，人口依然持续增加。从1840年到1949年的109年中，贵州人口净增了875.40万人，每年净增8.03万人，年均增长率为0.58%。[24]

清代，大批移民进入贵州，促进了贵州的发展进程，由于人口的迅速增加，本来地广人稀的贵州，人口密度反而超过了周边的云南、广西等省区，接近湖南，在西南仅次于四川。有数据统计，乾隆三十一年（1766），贵州人口与康熙二十四年（1685）相比，在短短的81年间，人口数增长了25倍；到咸丰元年（1851），仅经过85年，人口数达到了近40倍。而耕地面积的增长却非常缓慢，从1685年到1851年，在166年时间中，耕地面积不过增长了172万亩。从人口增长率与耕地面积存在相比，人均土地占有面积，呈大幅度明显地减少。1685 年，人均约占 70 亩；到 1766 年之后，人均占耕地面积已经不足 1 亩；嘉庆道光以后，人均土地占有面积，仅半亩左右。[25] 按照科学方法测算，清朝人均耕地占有生产力，须在人均 4 亩耕地的条件下，人们才能正常生存。以此而言，1766 年之后，贵州的耕地面积与人口比例矛盾非常突出，其耕地面积远远小于人口生存需要，已经无法养活这块土地上的百姓，最为严峻的问题表现为粮食严重匮乏。

面对以这一突出矛盾，清政府没有采用，或许根本没有效的方法来解决，只好使用最简便、最直接的办法来弥补人均耕地面积的不足，这就是广泛开垦山地、砍伐山林。其实，在清朝初期，由于贵州土地广袤，到处都是荒山野岭，人们已经开始对荒地开垦产生了兴趣，随着开荒的深入，垦荒数量成了官员们的政绩。例如，康熙四年，有奏报"各府卫开垦田一万二千九百余亩"[26]。康熙五十一年（1712），能开垦的荒地已寥寥无几，"自平定以来，人民渐增，开垦无遗，或沙石堆积、难于耕种者，间亦有之，而山谷崎岖之地，已无弃土，尽皆耕种矣。"[27]

乾隆六年（1741），户部对开采荒地明确指示：

"凡山头地角零星地土，及山石掺杂工多获少，或依山傍岭，虽成丘段而土浅力薄，须间年休息者，悉听夷民垦种，永免升科。"[28]

在此情形下，贵州大地上"凡山头地角皆种植杂粮"，"下游一带如镇远、思州、铜仁、石阡等处均无隙地可种"[29]。但是，为了求生存，更多获得土地，人们寸土必争，"凡山头地角稍可开垦之区无不尽力开垦"，"峰蠱群尖挂稻田"；甚至不顾生命安全，对"岩峭壁，高出云表"的荒地进行开垦，"于绝壁石隙栽种杂粮，时有跌坠之虞"[30]。据《清实录》记载统计，清前期贵州新垦田，康熙时期为 66657 亩，雍正时期为 25200 亩，乾隆时期为 91967 亩，三朝共计 183824 亩。从此数据来看，在所谓的康乾盛世，贵州的垦荒也是鼎盛时期，"承平日久，田土开辟，深林密箐，砍伐无余"[31]。据统计，雍正二年（1724），贵州田地数量为 1454569 亩；乾隆十八年（1753）田地数量增长为 2573594 亩，30 年净增 1119025 亩，速度不可谓不惊人。而再与明嘉靖年间编纂的《贵州通志》中所载945237亩比较，增长的幅度更为明显。

《清实录》载雍正、乾隆两时期贵州省垦荒亩数

时间（年）	地　　区	亩数（清亩）	资料来源
1725	平越、普安等4府州	4900	《清世宗实录》卷四十七，雍正四年（丙午）八月三十日
1725	大定、贵筑等8州县	10200	《清世宗实录》卷四十八，雍正四年，九月二十五日
1729	贵筑等13县	9900	《清世宗实录》卷八十四，雍正七年（己酉）闰七月十七日
1730	南笼、思南等3府，开州、清镇等5州县	1100	《清世宗实录》卷九十六，雍正八年（庚戌）七月十五日
1731	安顺、思南等府	14000	《清世宗实录》卷一二三，雍正十年（壬子）九月初六日
1732	永宁、平远等5州县	1000	《清世宗实录》卷一三四，雍正十一年（癸丑）八月初三日
1735	长寨等5厅州县	849	《清高宗实录》卷五十，乾隆二年（丁巳）九月十五日
1737	平越、大定2府	428	《清高宗实录》卷七十八，乾隆三年（戊午）十月初二日
1739	思州、大定2府，普安、瓮安等9州县	911	《清高宗实录》卷九十七，乾隆四年（己未）七月二十八日
1739	平越、大定2府，修文县	200	《清高宗实录》卷一二二，乾隆五年（庚申）七月初八日
1740	平越、思州2府，镇宁、贵筑等6州县	197	《清高宗实录》卷一五二，乾隆六年（辛酉）十月十二日
1741	贵州各地	4639	《清高宗实录》卷一七五，乾隆七年（壬戌）九月二十一日
1769	安南等3县	34	《清高宗实录》卷八九三，乾隆三十年（辛卯）九月二十日
1771	广顺、麻哈等5州县	53	《清高宗实录》卷九一六，乾隆三十七年（壬辰）九月初九日

续表

时间（年）	地　　区	亩数（清亩）	资料来源
1779	麻哈、普安等6府州县	328	《清高宗实录》卷一一六六，乾隆四十七年（壬寅）十月初十日

但人口的快速增长，人们的大幅垦荒，也带了一些问题，其中最为突出的就是生态环境方面。在喀斯特地区，山坡是最为脆弱的地带，其峰丛基座坡度平缓，通常在6°~15°之间；土层厚度2-6厘米，土壤层较厚；土被连续，基岩零星出露；垂直土壤丢失现象突出，一旦土壤流失容易形成轻度的石漠化景观。山坡峰丛中部的坡度较大，一般在15°~45°之间，峰丛上部崩塌物堆积，在岩石缝隙、堆积物和地表凹陷处有土壤残留，呈斑块状态；土被不连续，30%~70%的岩石裸露；气候湿润，森林、林灌、灌草等植被群落容易形成；但一旦水土流失，也容易形成轻度石漠化景观。山坡峰丛中下部属于有15°~25°的陡坡，如果失去森林、灌木等自然植被的遮盖后，基岩裸露30%~50%，这时轻度、中度石漠化景观就会形成。上坡峰丛中上部一般呈现25°~45°的急陡坡，土壤只能散落在石缝中，植被一旦受到破坏，容易形成中强度的石漠化景观。移民的涌入，人口的增加，人们不得不在山坡上开垦耕地，这是导致石漠化景观一天天呈现的重要因素。

五、结　语

回顾贵州建制、民族与人口的演变，我们可以得到以下启示：

第一，贵州是一个多民族汇聚的省份，各民族在贵州大地上生生不息，交错杂居，文化上兼收并蓄、经济上相互依存、情感上相互亲近，形成了你中有我、我中有你，谁也离不开谁的多元一体格局，所以，贵州的发展离不开各民族的共同奋斗，因此必须铸牢中华民族共同体意识。

第二，区域的发展，离不开一定的人口规模。所以，当前贵州要以"围绕四新，主攻四化"为契机，做大做强贵阳-贵安-安顺、遵义等城市圈，加强产业链建设，大力推进乡村振兴，以此产生磁石效应，增加就业的容量和张力，吸引更多人才汇聚贵州，更多的劳动人口留在贵州、回流贵州。

第三，必须坚守"绿水青山就是金山银山"的理念。贵州明清时代的开垦，虽然在一定程度上缓解了生存压力，但是在喀斯特地区山坡地带进行垦荒，容易造成水土流失，使得石漠化成为后来贵州严重的国土生态问题。因此，贵州新时代的发展，必须坚定不移纵深推进大生态战略行动，让保持优良生态环境成为贵州最大的发展优势和竞争优势。

参考文献

[1] 葛剑雄，曹树基，吴松弟. 中国移民史 [M]. 福州：福建人民出版社，1997.

[2] 刘学洙. 贵州开发史话 [M]. 贵阳：贵州人民出版社，2001：10.

[3] 贵州民族地区开发史专论 [M]. 昆明：云南大学出版社，1992：15.

[4] 刘学洙. 贵州开发史话 [M]. 贵阳：贵州人民出版社，2001：11.

[5] 刘学洙. 贵州开发史话 [M]. 贵阳：贵州人民出版社，2001：11.

[6] 刘学洙. 贵州开发史话 [M]. 贵阳：贵州人民出版社，2001：14.

[7] 史继忠. 贵州民族地区开发史专论 [M]. 昆明：云南大学出版社，1992：15-16.

[8] 贵州通史编辑部. 贵州通史简编 [M]. 北京：当代中国出版社，2005：27.

[9] 贵州通史编辑部. 贵州通史简编 [M]. 北京：当代中国出版社，2005：28.

[10] 贵州通史编辑部. 贵州通史简编 [M]. 北京：当代中国出版社，2005：28-29.

[11] 史继忠. 贵州民族地区开发史专论 [M]. 昆明：云南大学出版社，1992：17.

[12] 史继忠. 贵州民族地区开发史专论 [M]. 昆明：云南大学出版社，1992：11.

[13] 吕左. 中国·贵州人口研究 [M]. 贵阳：贵州教育出版社，1999：64.

[14] 吕左. 中国·贵州人口研究 [M]. 贵阳：贵州教育出版社，1999：64.

[15] 吕左. 中国·贵州人口研究 [M]. 贵阳：贵州教育出版社，1999：64.

[16] 吕左. 中国·贵州人口研究 [M]. 贵阳：贵州教育出版社，1999：64.

[17] 吕左. 中国·贵州人口研究 [M]. 贵阳：贵州教育出版社，1999：65.

[18] 贵州通史编辑部. 贵州通史简编 [M]. 北京：当代中国出版社，2005：62.

[19] 史继忠. 贵州民族地区开发史专论 [M]. 昆明：云南大学出版社，1992：19-20.

[20] 贵州通史编辑部. 贵州通史简编 [M]. 北京：当代中国出版社，2005：70-72.

[21] 潘治富. 中国人口（贵州分册）[M]. 北京：中国财政经济出版社，1988：52.

[22] 李振纲. 贵州六百年经济史 [M]. 贵阳：贵州人民出版社，1998：81.

[23] 吕左. 中国·贵州人口研究 [M]. 贵阳：贵州教育出版社，1999：66.

[24] 吕左. 中国·贵州人口研究 [M]. 贵阳：贵州教育出版社，1999：68.

[25] 戴逸. 简明清史（第2册）[M]. 北京：中国人民大学出版社，2006：687-688.

[26] 清圣祖实录（卷十六），康熙四年七月初八日.

[27] 清实录 [M].(《圣祖实录》卷一百四十九,康熙五十一年二月),北京:中华书局,1985.

[28] 清实录 [M].(《高宗实录》卷一百五十,乾隆六年九月辛酉),北京:中华书局,1985.

[29] (民国) 贵州通志[M].(卷二十一《前事志》),贵阳书局铅印本,1948.

[30] (清) 爱必达. 黔南识略 [M].(卷三十二《仁怀直隶同知》),杜文铎点校,贵阳:贵州人民出版社,1992:266.

[31] (乾隆) 镇远府志 [M].(卷七《气候志》,乾隆五十四年),贵州省图书馆复制本,1965.

论合唱《越人歌》与舞蹈的融合实践研究[*]

王忠秀[**]

(贵阳人文科技学院，贵州贵阳　550025)

摘　要：古诗词艺术歌曲《越人歌》经著名歌唱家宋祖英首唱之后被人熟知，《越人歌》改编为混声合唱后，由于和声的色彩更加丰富，艺术表现张力更强，听觉效果也更佳，得到了许多合唱团的青睐。本文主要从合唱作品《越人歌》的音乐分析、排练处理、与舞蹈的融合实践来进行阐释，探讨两种艺术形式相互融合对塑造"越人"这一人物形象的重要意义。

关键词：合唱；《越人歌》；舞蹈；融合实践

近年来，随着"传统文化复兴""文化自信"等的提倡，涌现了一大批与这些文化主旨相关的艺术作品，音乐作为其中一员，自然也紧跟时代发展的步伐，尤其是具有号召力和凝聚力的合唱，占据着举足轻重的地位。于是，在众多作曲家的努力下，诞生了如《灯火里的中国》《祖国不会忘记》《精忠报国》《九儿》《越人歌》《无衣》《春江花月夜》《水调歌

---

[*]　[基金项目]：本文为贵阳人文科技学院2022年度科研基金项目单列自筹课题"论合唱与舞蹈的融合实践研究——以《越人歌》《九儿》为例"（课题编号：2022rwjs066）阶段性成果。

[**]　[作者简介]：王忠秀，女，汉族，贵阳人文科技学院体育与艺术学院教师。研究方向：声乐教学、声乐表演。

头·明月几时有》《游子吟》等优秀的合唱作品，曲目可谓琳琅满目。这些作品旋律或激情澎湃、充满力量，或优美流畅、古色古香，既与时俱进又符合人们的听觉审美，因此被广为传唱。在强调各艺术门类与学科增强联系与综合的今天，在综合性大学里组织合唱与舞蹈的融合实践活动，是音乐专业学生和舞蹈专业学生最乐于接受、乐于参与的艺术表演形式。因此，本文选择合唱作品《越人歌》作为研究对象，探析其与舞蹈的融合实践对塑造"越人"这一人物形象的重要意义。

一、合唱作品《越人歌》的音乐分析

《越人歌》诞生于先秦时期，是越国的一首民歌，由刘青作曲，孙宸宇改编为合唱曲。歌曲旋律宛转悠扬、旖旎缠绵，气质古雅，是一首讴歌爱情的作品，其中"山有木兮木有枝，心悦君兮君不知"这两句诗更是流传千古，成为人们表达相思或者爱慕之情的经典名句。

（一）曲作者

刘青，重庆荣昌人，国家一级作曲家，他写了许多动听的传唱度极高的音乐作品，主要代表作有《山不转水转》《高天上流云》《人间第一情》《中国大舞台》《妻子》《五星红旗》《你好吗》《祝你平安》等等，因在音乐创作上具有卓越的成就，他不仅享受国务院颁发政府特殊津贴，还被誉为引领乐坛经典潮流的"顶级作曲家"。《越人歌》创作于2013年，此首歌曲的创作，打破了刘青先生以往的创作风格，作品的旋律特点保留了古朴的民族音乐韵味，同时，还彰显了现代音乐所具有的自然、婉转、流畅、大气的风格特点。《越人歌》一经出世，便被争相传唱，而且在许多音乐会或音乐沙龙中，也能听到这首熟悉的旋律。

（二）改编者

孙宸宇，1995年出生，祖籍陕西宝鸡，旅美青年指挥家、作曲家，现就职于天津大学北洋合唱团，是合唱团的助理指挥。虽然年纪尚小，但他在音乐上成绩斐然，代表作有《这世界那么多人》《雨后天》《临江仙》等，这些合唱作品因为优美流畅的旋律和亲切自然的音乐风格被人们所喜爱，在各种合唱比赛或演出场合中总能听到孙宸宇老师的作品，既是听觉上的享受，又能给予人心灵上的慰藉。由于《越人歌》旋律优美清雅，传唱度又极高，因此被孙宸宇老师改编为四部混声合唱作品。

(三) 音乐结构分析

《越人歌》为单二部曲式结构，采用民族调式，为 G 宫五声调式。全曲共有 49 个小节，刘青先生在保证古诗词的节律性的同时，采用西方的作曲技法，将动听的旋律与优美的歌词完美结合在一起，成就了这首脍炙人口的作品。其中，刘青先生非常注重语言的节奏感，郝建红也曾说"节奏是音乐的灵魂，语言也是富有节奏感的，乐节、乐句、乐段的节奏与诗词的音顿、诗行及诗段大体一致，乐句的停顿与语音的韵脚停顿都存在着对应的关系"[1]。从《越人歌》的创作中能明显感受到这种语言与音乐之间的节奏规律。其曲式结构图如下：

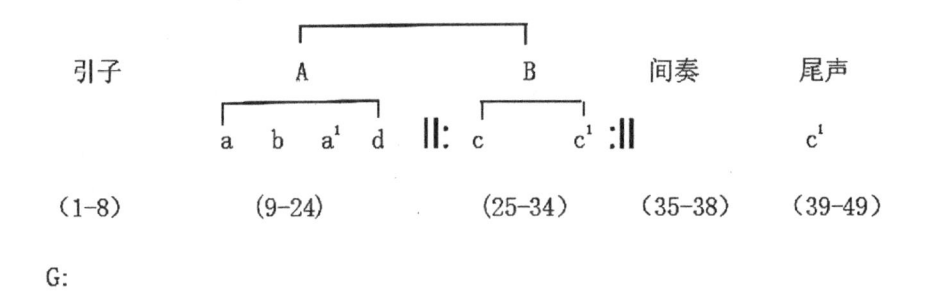

引子	A	B	间奏	尾声
	a b a¹ d	‖: c c¹ :‖		c¹
(1-8)	(9-24)	(25-34)	(35-38)	(39-49)

G:

《越人歌》单二部曲式结构图

从图中可以看出，A 乐段为 9—24 小节，为同头异尾的 4 个乐句构成。B 乐段从 25-34 小节，虽然只有两个乐句，但它自身重复一遍，在句幅上与 A 乐段持平，在刘青先生这样的精心设计下，曲式布局上就不会有头重脚轻的感觉。与原曲不同的是，合唱版本的《越人歌》在引子部分第 4 小节处加入了人声"啊"字，一直持续到第 7 小节，第 7 小节后两拍起至第

8 小节，由女高、女低音两个声部完成"鸣"字的演唱。间奏处从第 38 小节开始加入了人声"山"字，比独唱版本早进一个小节，尾声部分比原谱多出 2 个小节，由女高和男高哼鸣演唱。混声合唱版的《越人歌》由于和声的增加，从听觉效果上来说更有气势，营造的意境也更加深远悠长。

二、《越人歌》排练处理

作品《越人歌》中的女主人公是越国人，在未见王子之前，她早已听闻鄂君子皙是一个温文尔雅、潇洒俊逸的美男子，因此内心倾慕王子已久。当某一天她偶然得知，她所划的船只上，纱帘内坐着的正是她所爱慕的王子时，她的激动之情无以言表，于是即兴唱出了这首《越人歌》。王子瞬间被这美妙的歌声吸引了，奈何他是楚国人，听不懂歌词的意思，于是叫随从翻译了歌词，便是今天的《越人歌》。在歌曲的排练过程中，教师只有真正了解了歌词的大致含义，才能在排练中，引导学生对《越人歌》进行合理的二度创作。

（一）"灵秀清雅"的歌词意蕴

《尚书·舜典》有诗云："诗言志，歌永言，声依永，律和声。"可见理解歌词的内涵，才能表达歌词的意思。《越人歌》的歌词甚少，只有 5 句，54 个字，却蕴含着无限的情韵，也因其短小凝练、清新俊逸，被人们誉为"最美的暗恋诗"。从诗词经久不衰的影响力来看，这首诗确实是暗恋诗歌的鼻祖。全诗如下：

今夕何夕兮？搴州中流。
今日何夕兮？得与王子同舟。
蒙羞被好兮，不訾诟耻。
心几烦而不绝兮，得知王子。
山有木兮木有枝，心悦君兮君不知。

歌词中的"被"（pī）为通假字，通"披"，意为：覆盖。訾（zǐ）：

说不好听的话。诟（gǒu）耻：耻辱。诗词大意为：今夜是怎样的夜晚啊，我能够泛舟湖面，悠闲漫游。今天又是怎样的一天啊，我能够如此幸运，与尊贵的王子同坐一条船。承蒙王子不嫌弃，没有因为我卑微的身份而轻看我、责骂我。我的心绪几度烦乱，因为能够有幸与尊贵的王子相结识。山上有林木，林木上有枝丫，这是众所周知的事情，可我心里歆慕王子，这种深沉的情愫他却无从知道。

其中，"山有木兮木有枝，心悦君兮君不知"用"枝"的谐音喻"知"，对称且押韵，妙和天成，符合诗歌的写作特点。此句还运用了"比兴"手法，借用《汉武故事·秋风辞》中的"兰有秀兮菊有芳，怀佳人兮不能忘"这一巧妙的比兴手法。《续齐谐记·清溪小姑歌》的最后一句"日暮风吹，叶落依枝。丹心寸意，愁君未知"与"山有木兮，木有枝。心悦君兮，君不知"简直同出一辙，既是"比兴手法"，又是"暗喻"修辞。表达了越女舟子忧伤、隐晦的暗恋之情。[2] 从歌词大致的释绎中能够感受到《越人歌》"灵秀清雅"的意蕴，正如此刻正在摇桨的越女那灵动轻盈的身姿，也如她满怀的小心翼翼掩藏的少女的心事，她的情感婉约而含蓄，不像妇人那般浓烈似酒，也不似老妪那般饱经风霜，而像雨后夜晚的月光，透过淡淡云层，将清辉的月影洒满整个江面，湖水氤氲，薄雾缭绕，制造了一种梦幻的神秘感。又像刚从井里摇出的一捧清洌的泉水冲泡出的一盏茶，淡淡的醇香沁人心脾，令人回味无穷。解读了歌词所折射出的艺术内涵后，在排练中才能正确指挥学生使用合适的力度来表现作品，运用恰当的情绪与声音来演唱这首歌曲。

（二）"柔美细腻"的演唱处理

著名声乐教育家金铁霖曾说："任何声乐作品都是时代的产物，每一首声乐作品的字里行间以及音乐旋律的每一小节都在表现词曲作家的情绪和抒发他们内心的情感。"[3] 所以在演唱《越人歌》时，要充分理解越人此时的心情，才能恰当地表现歌曲内容。《越人歌》引子部分由钢琴弹奏，旋律舒缓，高音区的小三度音程加上附点节奏，营造一种静谧、轻松的氛围。紧接着音符越来越密集，琶音的连续使用，仿佛平静的湖面上泛起层层涟漪。此时要指挥合唱队员运用由弱渐强的声音演唱"啊"字（见谱例1），人声的演唱宛如一条船只从远处徐徐而来，两岸青山连绵，树木葱茏，如诗如画。唱第7小节的"呜"音时音量要控制到最小，既与前面的开口音"啊"字形成鲜明的对比，又为主题旋律的进入做好音乐铺垫。

谱例1　《越人歌》第1—4小节

A乐段一共有4个乐句，主题旋律由男高音演唱，在排练过程中，男高音声部在唱"今夕何夕兮"（见谱例2）时特别用力，破坏了引子部分营造的宁静的氛围，于是笔者要求男高音深呼吸，横膈膜保持对抗状态，控制好音量，用安静、纯净的声音演唱第一个乐句。第12小节女声演唱的"啊"要非常柔美，烘托男生声部，保持听觉上的和谐与统一。"今日何日兮"的"兮"字要做"渐弱"处理，仿佛榜枻越人在得知船上坐着的是鄂君子晳时，她惊喜又兴奋的复杂情绪，她想引吭高歌，但出于少女的矜持，她只能小声吟叹"今天是怎样的一天啊"，所以"兮"字应该收着唱，保持一种神秘的感觉。

谱例 2　《越人歌》第 9—13 小节

第 4 个乐句"心几烦而不绝兮，得知王子"（见谱例 3），在演唱时既要表现出越人庆幸能够与王子相识的喜悦之情，又要体现出她碍于自己"舟子"的身份而自卑矛盾的心理。张爱玲曾说，喜欢一个人的时候会产生一种强烈的自卑感，仿佛低到尘埃里，但却可以从尘埃里开出花来。这大概就是此时越人内心真实的写照了吧。李渔在《闲情偶寄》中讲："唱曲宜有曲情。曲情者，曲中之情节也。"意思是在演唱之前，一定要先了解作品中的故事情节。因此，在排练时要特别注意，四个声部的"不"字不是同步的，是每个声部错半拍进入，一定要进得特别准确，而且要着重强调这个"不"字，时值要唱准，听觉上给人的感觉是"不-不-不-不"，像演唱卡农一样，才能表现出越人与王子相识后，那种层出不穷忧愁和烦乱不堪的心绪。

谱例 3 《越人歌》第 22—24 小节

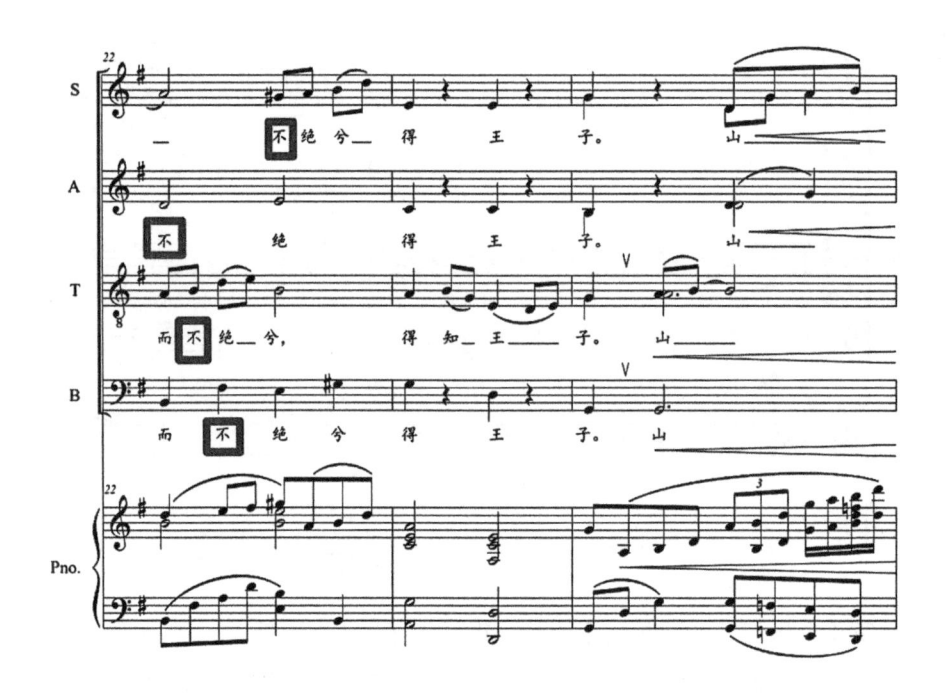

B 乐段"山有木兮木有枝,心悦君兮君不知"是全曲的高潮,这个乐段力度增强,和声层加厚,伴奏织体变得密集,十六分音符连续跑动。副歌部分的演唱难度比较大,首先就是咬字问题,合唱队员在高音上唱"山"字不容易归韵,听起来像"sha"的发音,于是笔者要求他们模拟打哈欠的状态,再配合抬笑肌的动作,演唱时在头腔的高位置咬字,用饱满的情绪演唱这一句歌词,并露出自己的牙齿来唱"山"字。经过多次训练,合唱队员终于把"an"韵唱好了。其次是八度大跳的音准把握,"山"和"字"从高八度的"La"一下子下行跳进低八度的"La",学生们在演唱时由于胸腔共鸣用得不是很好,不太能唱准低八度的这个"La"的音准,总是有点偏高,而且声音发虚,气息不稳。而这个音唱不好,会直接影响后面歌词的演唱,也会让后面歌词的咬字位置偏低,高潮的激动情绪和演唱力度无法加强,整体破坏了音乐的推进。于是笔者在排练时首先是有针对性地增加中低声区的声音练习,让学生使用胸腔共鸣练习长音

"鸣",感受胸腔是如何振动和扩张的。其次是在练习这句歌词时,把"山有"两个字挑出来,用钢琴带着他们反复练习这两个字的音准,感受纯八度大跳音程之间的距离,准确寻找低八度的那个音的音准,经过多次单独的训练,终于顺利解决了此处音准问题,在听觉上增加了"美"的享受。

谱例 4 《越人歌》第 25—26 小节

歌词中"心悦君兮君不知"的"知"字要弱唱,咬好"zhi"后要一直保持住,不要马上放开,要唱出"弱而不断"的效果,表现越女发现自己喜欢上王子后,将心事小心翼翼掩藏起来的羞涩感。力度为"mp"(中弱),并伴有渐弱的符号,目的是控制情绪、调整呼吸、积蓄力量,把第二个"山有木兮木有枝"推向高潮。经过 4 小节的间奏之后,B 乐段又反复了一遍,这时演唱的力度、音量要比第一遍更强烈,情绪的表达也要比第一遍更具有张力,但这样的演唱处理只是相对第一遍而言,反复之后的每一个乐句都要保证《越人歌》整体的"柔美"度和艺术意韵(见谱例 5)。

谱例 5　《越人歌》第 27—29 小节

尾声延续了 B 乐段的音乐材料，并进行了乐句的扩充，速度逐渐放缓，节奏相对拉宽，音乐自由延长，给人无限遐想的空间。结尾处增加了"哼鸣"，演唱时需要合唱队员把声音控制到极弱，体现越女对王子爱而不得的落寞与遗憾之情。

三、《越人歌》与舞蹈的表演呈现

（一）"越人"形象的准确刻画

众所周知，舞蹈"长于抒情，拙于叙事"。"演员在人物形象的世界里自主转换时空，对人物情感活动进行深刻描写，在人物自我意念编织中进行人物塑形，最后通过身体语言与之交融，使枯燥的人物充满活力与生机。"[4] 在合唱与舞蹈的融合实践中，怎样准确地用舞蹈刻画出"榜枻越人"这一人物的形象，怎样才能使这个角色一出场就吸引人的眼球呢？本文认为，可以从服饰、发型和"标志性"的舞蹈动作三个方面来对歌曲中的"越人"进行人物形象的刻画。首先，是服饰的选择，主要从年龄上定位，然后确定服饰的颜色和款式。这首词写于先秦时期，此时的越女一定不会是一个20岁以上的姑娘，因为她还未出嫁，在那样的封建社会，女子的出嫁年龄普遍偏小，所以越人的年龄不会大于20岁。同时，她能有"心几烦而不绝兮"这样的复杂情绪，说明她也不会是一个十三四岁的懵懂的小女孩。还未出嫁又有能出来当"舟子"挣钱养家糊口的能力，说明她的年龄应该在15岁至18岁之间，此时的她正是青春、灵动的少女，服饰选用浅绿色，可以突出她的朝气与清纯之感。领口选用斜领加中式盘扣，袖口是绿色渐变白色的短水袖，裙子下摆也是绿色渐变白色，能更好地彰显她的轻盈与灵动。其次，是发型的设计，为了更好地还原先秦时期女子的发型装扮，在"云髻"和"双髻"之间，选择了"双髻"这种发型，虽然两种发型都盘于头顶，但"云髻"更像是有身份地位人家的千金小姐，此发型的发饰也用得比较多，如青铜制造的钗和步摇等等，每一种发饰都是身份的象征。"越人"是贫困人家的女子，除了身份卑微外，她平时还要进行辛苦的劳作，"双髻"既能突出她是妙龄女子，同时，发饰选择用简单的木簪子也可以表现出她的身份地位，这样干净利落的发型也更利于她平时的劳作和"擢楫"（划船）。最后，是越人"标志性"的舞蹈动作的设计，即"扬袖摇橹""扶鬓照水""提裙旋转"三个舞蹈动作。第一个舞蹈动作是"扬袖摇橹"，舞蹈采用双手于胸前做"弧线扬袖"的动作，模拟"越人"舟上摇橹的画面。第二个舞蹈动作是"扶鬓照水"，刻画"越人"在得知船上坐着的是尊贵的王子时，她既兴奋又紧张的复杂心情，于是小心翼翼用手捋捋自己的双髻，并望向清澈的水中，看看微风是否将自己的头发吹乱，也看看自己害羞的容颜是否美丽依旧。第三个标志性的舞蹈动作是"提裙旋转"，在"越人"发现自己喜欢上王子之后，她由衷感叹道"心悦君兮君不知"！这种暗恋的情感注定是隐晦的、孤独的、旁人无法知晓的秘密，因此她内心七上八下，既纠结又痛苦，于是只得提着裙袂来回旋转，仿佛只有这样才能安抚自己那颗青春躁动的心灵。

(二)"初见—自卑—爱慕"故事情节的完美再现

赵乔老师曾说:"舞蹈表演的最高境界是产生一种意象,舞蹈通过舞者的表演将人物的精神世界、情感思想传递给观众,观众从舞者的内心独白中感受到人物的内心世界,以此达到共鸣,产生意象。"[5] 在《越人歌》合唱与舞蹈的融合表演中,最主要的是通过两种不同的艺术表演形式,完美再现越女与王子"初见—自卑—爱慕"的完整故事情节,让观众能够身临其境,与台上的演员产生情感共鸣。在钢琴清晰而柔和的前奏声中,一群身着绿衣,扬着水袖的舞蹈演员踩着细碎的舞步翩跹而来,仿佛歌曲中的越人摇着橹由远及近,从水面轻盈地飘逸而来。歌曲第 4 小节(见谱例 1)处,在合唱演员此起彼伏的和声"啊"中,舞蹈演员缓缓转身,左手扬袖,右手用水袖半遮面容,然后慢慢移开,给人一种越人解开面纱的优雅和神秘之感。在第 9 小节处(见谱例 2)男声唱出"今夕何夕兮,搴舟中流"时,舞蹈演员提腿旋转,上肩搭袖,双手拨袖,面带微笑,在合唱演员柔和的声音中,越人一边休闲摇橹,轻哼歌谣,身姿绰约,一边感叹"今天是怎样的一个夜晚啊,能够惬意地泛舟湖上"。混声唱出"今日何日兮,得与王子同舟"时,舞蹈演员原地甩袖转圈,继而身体微微向前倾,高抬腿向正前方走四步,再次旋转扬袖,几个动作连贯且利落,一气呵成,表现越人在得知船上坐着的是王子时,她难掩激动又欣喜的心情,于是只得在心里吟唱"今天又是怎样的一天啊,我能够如此幸运,与王子同乘一艘船",这是多少人几辈子都修不来的福气呀!"蒙羞被好兮,不訾诟耻,心几烦而不绝兮,得知王子",这一整个乐句合唱演员唱得很轻很柔,除了女高音作为主旋律声部稍微突出外,其余的男高音、男低音和女低音都把音量控制到极弱,使得整个乐句的和声色彩特别协和柔美,尤其"不訾诟耻"(见谱例 6)几个字在四个声部的演绎下凸显出层出不穷的韵味,"心几烦"错位的旋律演唱也使人听出了"几多烦恼",而不是一层烦恼。

谱例 6　《越人歌》第 18—21 小节

在和声的衬托下，舞蹈演员首先是直线扬袖摆臂，然后背对观众，双手掩面缓缓侧头过来，眼神顺着一条直线直视观众席，继而微笑，含胸，眼睛望向斜下方，双手扶着发髻，做低头照镜的动作，刻画出越人因为王子没有因为她卑微的身份而嫌弃她、责骂她时她内心的那份感动与女儿家的娇羞，所以正摇橹的她赶紧俯下身子看看水中自己的倩影，照照头发是否凌乱，古语说"女为悦己者容"，此时的越人对品德如此高尚的王子应该已生出一点爱慕之情了。"心几烦而不绝兮，得知王子"这个乐句，舞蹈队形呈"梯形"散开，并伴着几个小跳动作，扬袖的动作幅度较大，高度几乎全部在肩以上，配合着琶音上行的十六分音符密集的伴奏，舞者连续转圈，迎来歌曲高潮，仿佛此刻越人烦乱的心绪，能够与王子相识是何等荣幸，可惜她只是一个贫苦人家的女儿，对于王子这样的人物，她终究是可望而不可即的，"心悦君兮君不知"道出了越人掩藏心底的秘密。在钢琴伴奏的不断推动下，在合唱队员倾情且投入的演唱中，舞蹈演员大跳并连续旋转，左手斜线扬袖，右手弧线甩袖，队形呈"人"字形散开，连续旋转后又迅速合拢，收束，全曲结束。表

明越人在发出"山上有树木，树木有枝丫大家都知道，而我喜欢你，你却不知道"的感叹后，带着遗憾又无奈的情感接受了现实，最终回归于平静，留给观众无限的遐思。

四、结　语

总之，在合唱版本《越人歌》与舞蹈的融合实践过程中，不仅能体会到《越人歌》独特的美与韵味，还感受到在封建等级制度下，王子对平民百姓一视同仁、平易近人的美好气度与品质。而且通过这首作品，越人那勤劳、质朴、心地纯良的形象更加深入人心，让人久久不能忘怀，也唏嘘于她那份无疾而终的暗恋的情愫，让人感受到，有时遗憾也是一种唯美。同时，《越人歌》合唱与舞蹈的表演实践虽然是一种大胆的尝试，却也让人看到了两种艺术形式可相互融合的可行性，自古歌舞本是一体，《毛诗序》中也曾提道："情动于中而行于言，言之不足故嗟叹之，嗟叹之不足故永歌之，永歌之不足，不知手之舞之足之蹈之也。"可见歌与舞的结合，能更好地传递作品的艺术内涵。在本文中，因为舞蹈和合唱的共同演绎，才能把"越人"这一人物形象清晰地刻画出来，栩栩如生地呈现在观众面前；也因为舞蹈与合唱的融合，才让观众领略到诗词中"越人"和王子从"初见—自卑—爱慕"的完整心路历程，为这份充满遗憾的暗恋扼腕伤怀。

参考文献

[1] 郝建红. 中国古诗词艺术歌曲发展与研究 [M]. 吉林：延边大学出版社，2017：7.

[2] 万彩玲. 情歌？同性恋歌？颂歌？——《越人歌》性质探析 [J]. 安徽文学，2008（6）.

[3] 金铁霖. 邹爱舒. 金铁霖声乐教学艺术 [M]. 北京：人民音乐出版社，2008：74.

[4] 姜文杏. 试论舞蹈表演中人物形象塑造的表现张力 [D]. 南京艺术学院, 2020.

[5]] 赵乔. 试论舞蹈表演中的内心独白——以《丝路花雨》英娘为例 [J]. 北京舞蹈学院学报, 2014 (01): 77-80.

浅析名画借势营销对于品牌的积极影响

索 敏*

(贵阳人文科技学院,贵州贵阳 550025)

摘 要:名画作为一种高雅艺术形式,具有独特的文化内涵和艺术氛围,能够赋予品牌以独特的魅力和吸引力。将名画与品牌形象相结合,品牌可以借用名画所蕴含的历史、情感和审美价值,从而使消费者对品牌的认知更加深入和丰富。本论文旨在探讨名画营销对品牌形象的影响,并提供相关的分析和观点。名画作为艺术品的代表,在品牌营销活动中扮演着重要的角色。通过深入研究名画营销对品牌形象的影响,可以更好地理解它对消费者感知和品牌认知的重要性。

关键词:名画营销;品牌形象;消费者

一、引 言

(一) 研究背景和意义

研究背景:名画营销不仅是简单地将名画作为品牌的装饰或背景,更

---

* [作者简介]:索敏,女,布依族,贵州贵阳人,贵阳人文科技学院创新创业学院副院长、硕士。研究方向:广告媒介。

是将名画的艺术价值和文化内涵与品牌形象相结合，以增强品牌的吸引力和独特性。通过借用名画所蕴含的情感、历史和审美价值，品牌可以在消费者心中建立更加深入和丰富的认知。虽然名画营销在一些知名品牌中得到了广泛应用，但对于名画营销对品牌形象的具体影响还缺乏系统性和深入的研究。因此，有必要将名画营销对品牌形象的影响进行细致的研究和分析，以揭示名画在品牌营销中的潜力和效果。

研究意义：研究名画营销对品牌形象的影响，为品牌营销策略提供新的视角和启示。名画作为具有广泛知名度和影响力的艺术形式，通过与名画相关的营销活动，品牌可以拓展其传播渠道和受众范围。研究名画营销对品牌形象的影响有助于理解品牌营销策略中艺术元素的应用效果，为品牌决策者提供有力的理论指导和实践建议。

二、名画营销的基本概述

（一）名画营销的定义

名画营销是指将名画作为营销工具和资源，与品牌或产品进行关联和整合，以实现营销目标和增强市场竞争力的营销策略。通过将名画与品牌、产品或营销活动相结合，名画营销旨在通过名画所具有的艺术、文化和情感价值，吸引消费者的注意力，增强品牌形象、产品的独特性和市场认可度。

（二）名画营销中"名画"的界定

首先是专业艺术界的认可。名画通常是在专业艺术界具有高度认可和价值的绘画作品。这些作品可能是由知名艺术家创作的，具有独特的艺术风格和创作技巧，被广泛收藏和展览。在确定名画时，可以参考艺术界的权威机构、博物馆和艺术展览中对于艺术品的评价和认可。

其次是文化历史的重要性。名画通常具有一定的历史和文化价值，代表着特定时期、地区或艺术流派的重要成就。这些作品可能对于特定文化、历史事件或社会现象具有重要意义。因此，在界定名画时，要考虑其对于文化遗产和艺术史的重要贡献。

最后是知名度和影响力。名画通常具有较高的知名度和影响力，在艺术界和大众中广为人知。这些作品可能被广泛引用、模仿和解读，成为文化符号和艺术代表。在界定名画时，可以参考其在社会中的知名度、影响力以及公众对其的普遍认知程度。

（三）名画营销的类别

根据不同的营销目标和策略，名画营销可以分为以下几种类别：

1. 跨界品牌合作与授权

品牌与知名艺术家、画廊、博物馆等进行合作，获取名画的使用许可和授权，将名画的元素或图像应用于品牌形象、产品设计、广告宣传等中。例如，evian 依云与法国青年画家 Inès Longevial 的合作，推出了 2019 年限量纪念瓶，展示了名画营销在品牌推广中的创新性和影响力。

这款限量瓶身的设计充满了艺术家独特的创意和美学理念。通过 Inès Longevial 独特的笔触线条，象征着依云天然矿泉水流过法国阿尔卑斯冰川岩层的旅程，而描绘的花朵则是冰川之上盎然景象的缩影，传递着大自然的快乐源泉。

2. 文化推广与展览活动

品牌或企业与博物馆、画廊、艺术机构合作，共同举办艺术展览、文化推广活动等。这些活动可以通过展示名画的复制品或相关艺术品，让消费者近距离接触名画，增强品牌与艺术、文化之间的联系，提升品牌的文化形象和市场认知度。

国内知名珠宝品牌周大生自 2017 年起与荷兰梵·高博物馆展开合作，成为该博物馆在中国唯一授权的珠宝品牌。他们以珠宝艺术对话梵·高的经典名作《向日葵》《鸢尾花》《自画像》《麦田群鸦》和《杏花开》，向大师的永恒艺术生命力致敬。同时，他们将艺术融入日常生活场景中，将艺术变成人人触手可及的时尚珠宝饰品。在 2022 年的七夕情人节，周大生珠宝以梵·高名画《向日葵》为设计灵感，再次推出全新的联名款珠宝系列——向日葵镶钻链牌。

3. 创意整合与产品设计

将名画的图案、元素或灵感融入产品设计中，赋予产品艺术性和独特性。品牌可以借鉴名画的艺术风格、颜色、形式等，将其应用于产品的外观设计、包装设计等，以吸引消费者的注意和兴趣，并强化品牌与艺术的关联。

时装大师 Yves Saint Laurent 是第一个成功让名画与时装碰撞的设计师。早在 1965 年，他创造性地将艺术画作引入时装设计领域，推出了蒙德里安裙（Mondrian）。蒙德里安裙的设计灵感来自荷兰艺术家彼埃·蒙德里安的抽象艺术作品，以其简洁的几何图案和明亮的色彩融入时装设计中。这款裙子以直线和方块的排列组合，使用了蒙德里安标志性的红、黄、蓝等原色，展现出抽象主义的艺术风格，蒙德里安裙的推出引起了轰动，成为时尚界的经典之作。

4. 社交媒体与用户参与

通过社交媒体平台，品牌可以与消费者进行互动和参与，通过名画相关的话题、挑战、活动等吸引用户的参与。用户可以通过绘画、摄影等方式表达对名画的理解和诠释，分享与名画相关的故事或体验，增强品牌与用户之间的互动和参与度。

2017 年，抖音推出了"世界名画抖抖抖抖抖起来了"的 H5 活动，通过生动展现世界名画中的人物虚拟玩抖音的场景，引起了广泛的关注和讨论。在这个 H5 活动中，抖音邀请了半个名画圈的大 V 参与，他们以具有幽默感和创意的方式将名画中的人物与抖音相结合。例如，梵·高被展现为沉迷于自拍无法自拔，展现了现代社交媒体时代的自拍热潮。而蒙娜丽莎则被描绘为享受着网红戴森吹风机的洗剪吹服务，将名画中的经典形象与时下流行的美容工具结合在一起，引发用户参与。

5. 社会责任参与

将名画与社会责任和公益活动相结合，传达品牌的社会价值观。通过艺术项目的支持、文化遗产保护的捐赠、艺术教育的推广等方式，以名画为媒介，为品牌赋予社会责任和公益形象。

腾讯与敦煌研究院合作，利用区块链技术数字化中国甘肃省的莫高窟壁画，旨在保护和传承世界文化遗产，并将其应用于慈善事业中。在这次合作中，腾讯计划在私链上发行 9999 个非同质化代币（NFT），每个 NFT 将包含莫高窟一幅数字化的独特画作。微信用户可以通过链接到指定网站参与测验，答对问题后将获得 NFT 奖励。获奖者可以在微信系统中展示自己获得的 NFT，与其他人分享和展示。

三、品牌形象的理论基础

（一）品牌形象的定义和要素

1. 品牌形象的定义

品牌形象是指消费者对特定品牌的认知、感知和评价，是品牌在消费者心中形成的总体印象和形象特征。它涵盖了消费者对品牌的多个方面的看法，包括品牌的个性、价值观、声誉、特征、信任度和知名度等。品牌形象是由消费者在长期接触、互动和体验品牌的过程中形成的，是消费者对品牌的主观观感和印象。

2. 品牌形象的要素

品牌形象通常由以下几个要素组成，品牌标识和视觉元素：包括品牌的标志性符号、标识、商标、颜色、字体等视觉元素，通过视觉识别形成品牌形象；品牌个性和情感联结：品牌的个性特征、品牌文化、品牌故事和情感联结，通过情感共鸣与消费者建立联系；品牌声誉和口碑：品牌在市场中积累的声誉和口碑，包括品质、可靠性、信任度、服务质量等方面的评价和评价；品牌关联和联想：消费者对品牌与特定产品、服务、行业、文化、社会责任等方面的关联和联想；品牌体验和感知：消费者通过购买和使用品牌的产品或服务所形成的直接体验和感知，包括产品质量、用户体验、服务水平等。

四、名画营销对品牌形象的影响机制

（一）名画与品牌形象的关联性

名画可以通过独特性和美学感受、文化内涵和历史背景、情感共鸣和故事讲述、独特的符号和图像，以及高品质和品位等方面影响品牌形象。

1. 独特性和美学感受

名画具有独特的艺术风格和美学价值，能够为品牌注入独特性和艺术感。通过与名画相关的元素和图像，品牌可以传递出与众不同、独特美感和高品质的形象，吸引消费者的注意和赞赏。

小米在2018年发布新手机MIX 2S之前，通过短片《一面科技，一面艺术》进行预热营销，展示了名画营销的创新性和影响力。这部短片不仅在趣味性上展示了名画的奇妙变化，还邀请了梵高、蓬帕杜夫人等名画界的人物出镜互动。通过巧妙结合名画和科技元素，生动地展现了小米MIX 2S的三大亮点：AI双摄、AI人脸解锁和AI场景相机。通过艺术的角度，短片阐释了《一面科技，一面艺术》的品牌理念，成功传达了产品与艺术之间的完美平衡。

2. 文化内涵和历史背景

名画承载着深厚的文化内涵和历史背景，能够为品牌赋予更多的故事性和深度。通过与名画相关的元素和主题，品牌可以与文化、历史和传统联系在一起，传递品牌的文化价值和品味。

茶颜悦色的杯子外壁采用了不同系列的插画，这些插画灵感来自中国著名的古画作品，如《富春山居图》《花鸟册》《千里江山图》等。这种设计不仅展示了茶颜悦色对传统文化的热爱，也体现了他们对传统文化的珍视和尊重。这样的设计和营销策略通过将传统古画与现代生活相结合，创造了一种独特而有趣的文化体验。通过将中国传统文化与现代包装设计相融合，茶颜悦色成功地将品牌形象与中国文化的价值观和情感连接起来。

3. 情感共鸣和故事讲述

名画作品往往能够触发人们的情感共鸣，引起观者的共鸣和共同体验。通过与名画相关的情感和故事性元素，品牌可以与消费者建立情感联系，激发他们的情感共鸣，加深对品牌的情感认同和忠诚度。

雀巢咖啡在京东大牌风暴日期间推出了名为"解忧小剧场"的营销活动。这个活动巧妙地将当代年轻人所面临的焦虑与名画进行联系，通过场景联想的方式，以幽默的方式展现了雀巢咖啡的使用场景。"解忧小剧场"不仅通过名画的引用展现了品牌的文化内涵，还抓住了年轻人的共同焦虑点，让消费者在欣赏名画的同时，产生情感共鸣。这种巧妙的联想和情感连接增加了活动的趣味性和吸引力。

4. 独特的符号和图像

名画中的符号和图像往往具有独特的识别性和传播力，可以成为品牌形象的标志性元素。通过运用名画中的符号和图像，品牌可以打造独特的视觉识别和品牌标志，增强品牌的可辨识度和记忆度。

《艺术生活》是由埃及地产公司 Palm Hills Development 制作的营销宣传片，旨在宣传旗下地产项目 Badya。这部宣传片的创意非常独特，每一帧都在向经典名画致敬，将艺术与地产项目相结合。在《艺术生活》中，可以看到对多幅经典名画的致敬，包括彼埃·蒙德里安的《红，蓝，黄》、亨利·卢梭的《梦》、勒内·马格里特的《一战》、弗里达·卡罗的《卡萝戴荆棘和蜂鸟项链的自画像》等。通过运用这些经典名画的元素和意象，成功地为 Badya 地产项目注入了艺术和文化的氛围。

5. 高品质和品位

名画作为艺术品的代表，通常代表着高品质和艺术品位。通过与名画相关的元素和形象，品牌可以将这种高品质和品位的形象与自身品牌关联起来，提升品牌的品质形象和消费者对品牌的认可度。

LV 与波普艺术家合作推出的"Masters"系列单品是一个非常创新和独特的名画营销案例。该系列将名画大师弗拉戈纳尔和鲁本斯的经典作品纹样融入双肩包、钱包等产品中，为产品注入了名画的艺术感。通过与波普艺术家的联名合作，LV 成功地将名画的元素与时尚产品相结合，创造了独特的视觉效果和艺术价值。这种名画营销策略使得 LV 的产品瞬间具备了名画的艺术感，让消费者能够将世界名画"拎在手"。

（二）名画营销对于品牌形象影响的创新性

名画营销对品牌形象影响的创新性体现在艺术与品牌的融合、跨界合作与创意整合、另类的广告传播、引发消费者参与和互动，以及数字化体验与技术创新等方面。

一是艺术与品牌融合。名画营销将艺术与品牌融合在一起，创造出独特的品牌形象。举例来说，一家时尚品牌可以与知名艺术家合作，在产品设计中融入名画的元素，通过艺术性的呈现方式展示品牌的创新性和独特性。

二是跨界合作与创意整合。名画营销通过与艺术家、画廊、博物馆等合作伙伴进行跨界合作，实现资源共享和创意整合。举例来说，一家酒店品牌可以与当地博物馆合作，在酒店内展示名画作品，并提供特殊的艺术体验，从而创造出与众不同的品牌形象。

三是引发消费者参与和互动。名画营销可以通过引发消费者的参与和互动，增强品牌形象的创新性。举例来说，一家家居品牌可以与艺术家合作，推出 DIY 艺术画作品，让消费者参与其中，体验艺术创作的乐趣，同时加深对品牌的认知和情感连接。

四是数字化体验与技术创新。名画营销可以通过数字化体验和技术创新，为消费者带来全新的品牌互动体验。举例来说，一家时尚品牌可以利用增强现实技术，让消费者通过手机应用程序将名画映射到实际环境中，与名画进行互动，创造出独特的购物体验和品牌印象。

（三）名画营销对品牌形象影响的风险性

一是版权和法律问题。名画的版权保护是名画营销中的重要问题。由于名画的版权归属复杂，选用名画时必须遵守相关的版权法律和规定，获取艺术家或版权持有者的授权。未经授权或侵犯版权的使用可能引发法律纠纷和声誉风险。

二是文化敏感性和尊重。名画代表了文化和艺术的价值，应该尊重原作品的意图和艺术家的创作精神。在名画营销中，应避免对名画进行歪曲、商业化削弱其艺术性，或利用名画产生不恰当的效果，以免伤害艺术家的形象和名画的文化价值。

三是名画与品牌的整合。名画营销需要注意名画与品牌之间的协调与整合。名画应与品牌的定位、核心价值和目标受众相契合，形成一致的品牌形象。如果名画与品牌视觉元素、故事或价值观之间不匹配，可能会产生混乱或矛盾的品牌形象。

四是消费者的理解和接受。名画营销的成功还依赖于消费者的理解和接受程度。对于普通消费者来说，理解名画的艺术意义和背后的文化故事可能存在一定的难度。因此，名画营销需要以易于理解和接受的方式来传达名画的价值，增强消费者与名画之间的共鸣。

五、结　语

综上所述，名画营销对品牌形象具有积极的影响。通过将名画与品牌相结合，品牌能够赋予自身独特的魅力和吸引力，从而增强消费者对品牌的认知和好感。名画作为一种高雅艺术形式，具有丰富的文化内涵和艺术氛围，能够为品牌注入深度和情感。本研究通过对名画营销对品牌形象的影响进行分析，得出以下结论。

首先，名画营销可以提升品牌的独特性和市场认可度。名画作为具有广泛知名度和影响力的艺术形式，与品牌的关联可以帮助品牌扩大传播渠道和受众范围。跨界合作与授权、文化推广活动以及创意整合与产品设计等名画营销手段，能够突出品牌的艺术性和与众不同的特点，使品牌在竞争激烈的市场中脱颖而出。

其次，名画营销可以深化消费者对品牌的认知和情感连接。名画所蕴含的历史、情感和审美价值能够触动消费者的心弦，激发他们对品牌的兴趣和共鸣。通过名画营销，品牌可以与消费者建立情感上的共鸣和文化上的联系，提升消费者对品牌的好感度和忠诚度。

此外，名画营销还可以丰富品牌形象的内涵和故事性。名画作为艺术品的代表，具有丰富的文化历史背景和艺术风格，通过与名画相关的营销活动，品牌能够借用这些元素来塑造品牌形象的深度和故事性。消费者在感知品牌时，能够更好地理解品牌的文化底蕴和品牌主张，从而建立起更加深入和丰富的品牌认知。

然而，名画营销也面临一些挑战和限制。首先，名画作为高雅艺术形式，可能与一些品牌的定位和目标消费者群体不完全契合，需要在选择名画和营销手段时加以考量。其次，名画营销需要与艺术界的权威机构、艺术家等进行合作，涉及合作协议、版权许可等问题，需要品牌在法律和道德层面上保持合规性。

综上所述，名画营销对品牌形象具有积极的影响，能够提升品牌的独特性、认知度和情感连接。品牌决策者可以借鉴名画营销的策略和经验，将艺术元素融入品牌营销中，为品牌赋予更深层次的文化内涵和艺术价值，从而实现品牌的长期发展和市场竞争力的提升。

参考文献

[1] 李弘,董大海. MBA 市场营销 [M]. 大连：大连理工大学出版社,2010.

[2] 京华企业咨询公司（编）. 品牌巨匠 [M]. 北京：今日中国出版社,2011.

[3] 汤正如. 市场营销学教学 [M]. 沈阳：辽宁大学出版社,2012.

[4] 京华企业咨询公司（编）. 品牌巨匠 [M]. 北京：今日中国出版社,2011.

[5] 朱方明. 品牌促销 [M]. 北京：中国经济出版社,2012.

[6] 吴宪和. 营销形象策划 [M]. 上海：上海财经大学出版社,2012.

[7] 晁钢令. 营销战略策划 [M]. 上海：上海财经大学出版社,2012.

[8] 朱方明. 品牌促销 [M]. 北京：中国经济出版社, 2010.

[9] 陈志. 中国民营企业品牌战略 [J]. 当代经理人（中旬刊）, 2012 (21).

[10] 木梓. 以品牌战略推动企业发展 [J]. 信息网络, 2013 (3).

[11] 刘红霞. 我国企业品牌战略问题研究 [J]. 江西金融职工大学学报, 2013 (1).

[12] 刘新民. 品牌战略存在的问题与对策 [J]. 郑州航空工业管理学院学报, 2012 (4).

[13] 胡号寰, 钟兆青. 实施品牌战略的思考 [J]. 长江大学学报, 2012 (6).

[14] 董伟达. 品牌战略与企业发展的关系 [J]. 科技与管理, 2012 (6).

[15] 于法领. 关于品牌战略 [J]. 北方经济, 2013 (10).

[16] 徐清涛. 设计的意象表达 [J]. 包装工程, 2012, 30 (7): 115.

[17] 刘东明. 艺术作品的"杀伤力" [J]. 市场观察, 2012 (09): 76-77.

[18] 赵川峰. 绘画广告研究 [D]. 厦门大学, 2012.

装置绘画：现当代超现实主义的艺术实践方法与逆向思维

严泽宇[*]

(贵阳人文科技学院创新创业学院，贵州贵阳　550025)

摘　要：装置绘画是一种从跨学科的当代艺术实践中产生的绘画和雕塑方法。它尚未被归类为传统的艺术创作方式。但艺术家们已经有意识或无意识地在实践它。简而言之，装置绘画是衔接平面和立体绘画概念的组合装置（assemblage）。成功的装置绘画应该包括两个逆向过程：从立体到平面，以及从观众到创作者，从而协助创作者制作能够引发虚拟绘画体验的装置艺术。装置绘画项目旨在探讨绘画的装置性以及如何在三维领域继承绘画的二维特征（画面感）；就此提出和倡导一种新的艺术哲学思想和实践方法。学者以拔高学生审美水平、提升综合美学素质与素养为目的，针对当代艺术中产生的物象化艺术形式进行分析与研究，并结合艺术市场需求与现当代超现实主义艺术的理论基础从而总结出一套逆向的艺术哲学思想。

关键词：创新；纯艺术；绘画；雕塑；哲学；当代艺术；超现实主义

---

* [作者简介]：严泽宇，伦敦艺术大学纯艺术绘画专业硕士，专攻艺术学与设计学；2022年英国驻重庆总领事馆国旗项目获奖艺术家，贵阳人文科技学院创新创业学院专职教师。

一、新时代的绘画

在我们这个时代之前的许多年艺术史上,绘画实践并没有摆脱画笔、画布和画框的限制。然而,随着我们对艺术的日益了解以及人类现代技术的进步,"绘画"的定义因为摄影的出现,被概念化和非物质化。[1] 我们正在进入一个被美国现代艺术家利帕德称为"艺术的第五阶段"的艺术新时代:纯粹的理智主义,其结果可能是传统艺术品的完全消失。[2] 虽然很多艺术创作者仍然偏好于实用传统的平面绘画方式作为他们的艺术语言,但在美术中对绘画的理解已经达到甚至超越了雕塑的定义。来自巴基斯坦的伊姆兰·库雷希(Imran Qureishi)不仅画微型画,而且还直接在地板和墙壁上制作各式各样的装置,以血红色丙烯颜料的盛开花卉图案为创作特色[3]。艺术是有意识地运用技巧和创造性想象力,特别是在审美对象的生产中。[4] 作为一名艺术学者,很难理解观众的想法或看法。尽管如此,视觉艺术不能没有形状或体积而存在。"绘画"和"雕塑"与"艺术"密切相关,并根植于我们的潜意识。因为它们体现了人类仅有的可以感知的两种视觉艺术形式。

二、装置绘画的定义与理论

(一)三维绘画

绘画是将油漆、颜料、颜色或其他介质应用于固体表面的实践。[5] 许多创作者仍然遵循绘画的刻板印象,即它必须在平面上。然而,三维绘画在艺术史上并不是什么新鲜事。希腊人和罗马人已经发现了如何使用蜡画(颜料受热溶解在蜡中)涂装他们的战舰。[6] 蜡画(见图1)可以产生非常厚的涂层,创作者可以通过重复的笔触对颜料进行堆叠。从某种意义上说,画廊里的一幅画可以看作一件雕塑。因为任何油漆都必须有厚度才能在物体上显示颜色。画布可能看起来很平坦,但它仍然具有纹理。所以理论上,我们一直以来都在进行三维绘画。

图 1 "Target", Encaustic and newspaper on canvas, 167.6 × 167.6 cm, Jasper Johns, 1961. Source: Art Institute Chicago

装置绘画不是简单地在任何物体上涂漆。将任何被上色的物品归类为艺术品是不可能的，并且它们很容易在艺术思想传达中失去效率。例如，如果我们只在艺术馆的展架上放置一个鸡蛋，它就不能算作艺术品。如果我们把整个鸡蛋涂成红色，它仍然没有什么创意。但如果是花纹复杂、工艺精湛的 Pysanka（斯拉夫民族传统：复活节彩蛋），其艺术性质将大有不同。

（二）艺术欣赏的多元性：装置绘画的助推因子

没有艺术教育背景的普通大众似乎不太关心我们在艺术领域里学到的理论。许多人只关心艺术是否符合局限化的审美或产生经济效益。1959 年的美剧《Twilight Zone》（第 2 季第 6 集）设定于一个美丽的年轻女子正在接受第 12 次整形手术的场景中，因为虚构社会的美学标准就是我们现实世界中的"丑陋"，女主角必须通过整容去显得更"正常"。在这一集的结尾，旁白及作者（罗德·斯特林）说"美只存在于观众的眼中"[7]。诚然，每个人都从自己的眼中看到美。然而，是什么让艺术创作者与非创作者的看法不同？答案可能不仅在于认识到什么是美，而是什么可以是美的。非创作者一定程度上地缺乏想象力和艺术推理。但是，当一件艺术品被制作和展出时，也存在艺术思想传达效率低下的问题。我们需要有一个帮助连接创作者和观众的纽带和桥梁。那么作为创作者，我们如何让观众更好地看到我们所看到的美呢？超现实主义者认为，在潜意识中，存在着创造力和改变世界的答案。[8] 弗洛伊德派的超写实主义思想表明我们大脑中的想象力会在我们与艺术的碰撞中被激发。"艺术不仅是一幅画。艺术是任何有创意、热情和个人的东西。伟大的艺术会引起观众的共鸣，而不仅是创作者。"[9] 众人脑海中'艺术'这个概念，理论上也可以被"唤醒"，从而看到创作者眼中的美。或许我们可以在潜意识中，在"绘画"和"雕塑"中找到艺术的启发机制。

　　受艺术教育之前，我是一名比例模型爱好者。我学习了写实主义的基本理论，从而使我的模型看起来更逼真。我总被其他爱好者指责把小人物画得"太平"，在阴影绘画方面缺乏立体感。我现在想提出的问题是，为什么其他爱好者看不到比例模型中扁平、抽象的美？也许不是所有的比例模型爱好者都进行过艺术学研究，且他们所能欣赏的只有写实主义？还是扁平、轮廓不清的作品不能带来比例模型所追求的画面感？写实艺术中的立体错觉确实可以给普通观众带来一定的熟悉感和舒适感。在比例模型爱好者的眼中，一个小雕像应该看起来像缩小的真人，它的脸上应该有正确的灯光和阴影。因为大众总是倾向于尝试去理解他们已经具备一些基本认知的事物。西班牙艺术家达利（Salvador Dali）比当时的许多其他艺术家更早地意识到了这个问题。他承认了写实主义和学术绘画训练在抽象艺术创作中的重要性。[10] 达利没有传达完全抽象的概念，而是创造了一系列更"接地气"的抽象作品，有意识地更容易为普通观众所接受，最终成为超写实主义的缩影。装置绘画的本质思想即是写实基础上的一定程度抽象。

　　即使在现当代，我们仍然面对着大量艺术作品过度写实的问题。我们不得不承认，某些类型的写实主义艺术确实使我们的思维变得懒惰。我们也不可否认，这个世界上画得好的写实派创作者很多，所以最终导致纯粹写实的作品越来越难以脱颖而出。在摄影技术所带来的压力下，写实主义画家需要极丰富的想象力和创造力才能继以生存。如此高压下，装置绘画的抽象属性为青年艺术创作者带来了成长的土壤与时机。"绘画已死"之类的声音早已传遍全球。[11] 许多画家已经完全被相机奴役。我的一位毕业于威斯康星大学密尔沃基分校的艺术家朋友仍然以画宠物肖像为生，仅参考死去动物的旧照来创作写实主义绘画。似乎相机可以准确地捕捉我们所能看到的事物。事实真的如此吗？我们看到的图像实际上是由我们的大脑不断翻转的，所以我们看到的永远和相机拍摄的有所不同。[12] 中国写实主义画家冷军在艺术界受到了截然不同的评价。[13] 中国人大多称赞他为写实大师，西方部分评论家则认为他的作品是没有创意的复制品。如果摄影从未被发明过，或者抽象艺术运动被推迟，他会被认为是我们这个时代最伟大的画家吗？我在芝加哥艺术学院和现代艺术博物馆时，很多游客对具有时代意义的抽象艺术作品进行了不当评论。这个世界上很多人的艺术欣赏水平仍然仅限于写实主义，并且对画布上的立体幻象感到十分敬佩。我们所处的艺术欣赏多元化的时代是我所见过的最伟大的艺术品。艺术欣赏的多元性必然促使艺术创作者们更好地了解现实世界的观众，并创作出更容易被接受且带来经济利润的艺术品；装置绘画的写实属性可以帮助艺术创作者和学生们更真实地去了解世界、谋生存、谋发展，不陷入长期自我陶醉的艺术泥潭。

（三）装置绘画中所强调的两个逆向过程

很多当代艺术家已经开始意识到装置绘画中的第一个逆向艺术过程：从立体回到平面。与传统绘画相比，装置绘画具有巨大的艺术潜力，有待发掘和实现。拼贴画在达达主义中非常重要，今天仍然在美术中受到赞赏。拼贴画打破了绘画的传统结构。而拼贴/蒙太奇的手法也逐渐演变成一种新的三维艺术形式：组合装置（assemblage）[14]，它的理论基础建立在拼雕塑之上，具有二者的特征，是平面和立体艺术之间的结合。但是，装置绘画仍然与组合装置的念义有所不同，因为艺术家必须同时考虑绘画的平面特征（画面感）和立体的视觉效果。

是什么可以让一幅画成为一幅好画？又是什么可以让装置艺术看起来像一幅好画？艺术家 Boo Ritson 出色地诠释了从立体到平面的逆向过程。毕业于皇家艺术学院的英国艺术家 Boo Ritson 创作了一系列以真实人物为背景的作品（见图2）。她利用人体作为画布，在模特的头发、皮肤和衣服上涂上浓稠的家用乳胶液作为基底，运用生动的配色反映了一些美国人的刻板印象：空姐、女服务员、牛仔……[15] 她的作品以照片的形式展现；同时一定程度上揭示了绘画颜料所体现的平面性，这正是被写实主义热爱者们一直以来所不看好的"缺乏立体感"。假如我们把一把椅子涂成红色，一张坐垫涂成绿色，它们应该一起被称为组合还是装置绘画？答案全在于"它是否让观众因联想而产生一定的画面感？"

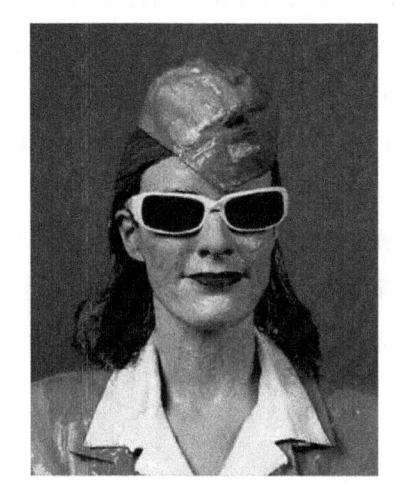

图2　"Air Hostess"，（Ritson, 2007）.

图3　The garden we cultivate, （Jurjans, 2016）.

我们也可以在三维创作之前进行绘画。在这里，绘画只能作为一个模板或提示。加拿大艺术家 Katrina Jurjans（见图3）的装置"我们耕种的花园"包含了一幅真实的画作，而雕塑元素只是画作的延伸。装置绘画制作中的真实画作可以一定程度上防止我们在创作时越过组合装置和装置绘画之间的界限。当我在看电影《戴珍珠耳环的女孩》时，有几秒钟我有一种

文学艺术 | 289

站在画廊里，直视维米尔的作品（见图 4）的感觉。从理论上讲，这部电影的布景就是一组装置绘画（见图 5）。

图 4　Girl with a pearl earring（原画）　　图 5　Girl with a pearl earring 2003（电影）

但这是否意味着我们只能根据已经存在的画作来制作装置绘画？当然不是。我们不需要刻意将雕塑变成绘画。制作装置绘画的关键是像画家一样思考，像雕塑家一样工作，去制作有画面感的装置艺术品。绘画中的构图有时很难在雕塑中实现。例如，裸体模特通常不会出现在艺术画廊中，而是出现在人物素描/写生中。因为像人体彩绘这样涉及扮演的艺术很有可能被认为是行为艺术，而不是装置绘画。Boo Ritson 使用照片与彩印，完美地回避了该误导倾向。2000 年代初，中国当代艺术家徐冰在英国泰特美术馆制作了多个装置艺术作品。[16]

徐冰老师的作品也涉及从立体到平面的逆向过程。该系列被称为"背景故事"，这些作品是由灯箱另一侧的实际物体的投影阴影组成的。他们让观众在装置周围走动，亲眼看见受中国古代艺术品启发的图像的制作过程。"背景故事"（见图 6）在构建装置绘画方面确实非常出色。古画的三维建构和再造法是前所未有的。另一种将绘画与雕塑相结合创作装置绘画的有效方式是颜料漆皮的应用。美国艺术家 Laura Moriarty 创作了类似于地球地质地层的雕塑画（见图 7）[17]。Moriarty 使用多层丙烯漆皮来制作的彩色切面可以算作装置绘画，因为其平面艺术思想是通过立体对象有意传达的。

图 6　Background Story 7, 2011, British Museum, Britain, UK, "Xu Bing, Esme Wilson , 500 x 100 cm. (Xu, 2018)

图 7　Laura Moriarty, Skyscraper, Pigmented beeswax, powdered charcoal (Moriarty, 2021)

当代装置绘画不仅局限于绘画。使用静物进行排列与堆叠也是一个有效完成装置绘画的方法。装置绘画以营造类似于绘画的画面感来展示一个抽象的概念：在观众脑海中绘画。当我参观 2019 年威尼斯双年展时，我被苏联艺术家 Zhanna Kadyrova[18] 的装置作品深深地吸引。她运用了形似于日常用品的陶瓷雕塑制造了一种带来主观错觉的艺术体验氛围。她的作品没有绘画的元素，而是以某种方式使观众在脑海中产生了一定的画面感。Kadyrova 还用她发现的鹅卵石制作了"面包"（见图 8），给观众带来极富想象力的视觉画面体验：咀嚼石头。我们并不是真的在吃石头，而是一幅超现实主义的画面呈现在我们的脑海中。这是一场虚拟的、想象中的行为艺术表演，一幅没有画布作为载体的、在观众脑海里的画。

图 8　PALIANYTSIA（PARIS）2022, Zhanna Kadyrova, found river stone, variable dimensions.（Taylor-Smith, 2019）

回到威斯康星大学后，受 Moriarty 和 Kadyrova 作品的启发，我用填充绒毛的丙烯漆皮制作了一系列枕头（见图 9）。丙烯漆皮散发出刺鼻的气味，令人反感。于是我决定制作可以"真正使用"的丙烯漆皮枕头。尽管枕头最终在一次行为艺术表演中被损坏，但此次尝试还是成功的。枕头系列作品并不代表一幅已知画作,也是在没有一幅画作为模板的情况下制作的。然而,它们实际上是用颜料制成的,并且在某一层面象征了一幅充满了由丙烯颜料绘制的彩色枕头的画作。因此,它们可以被视为一组装置绘画。该作品需要观众具有一定程度的想象力,并挑战了枕头舒适的刻板印象。当观众想象睡在丙烯枕头上时,闻着丙烯颜料的异味;他们几乎不得不在脑海中经历一个无意识的超现实主义绘画过程。在那一刻,观众变成了艺术家,他们被迫去描绘一个艺术场景。这个有趣的时刻便是装置绘画的第二个逆向过程:观众到艺术家。

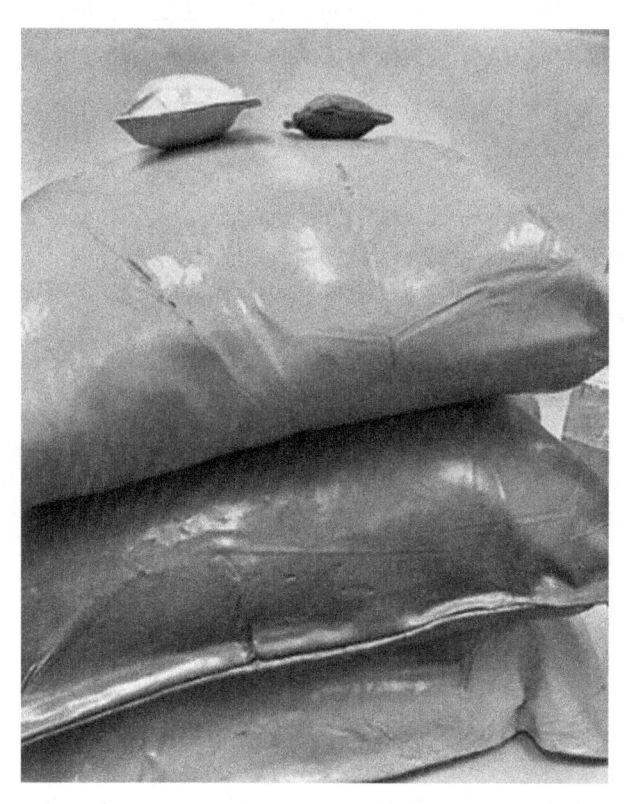

图9 Acrylic Pillows(Green Bay)2019, Zeyu Yan, Acrylic paint and fluff, variable dimensions.(Yan, 2019)

枕头系列作品还体现了装置绘画的另一个重要方面,也就是我们在艺术欣赏的多样性中所讨论的:一定的写实基础。如果观众无法想象艺术家的视觉，无论有没有画作的提示，装置绘画都是失败的。装置绘画中的写实主义应包括但不限于对写实主义绘画的诠释：可理解的和有说服力的写实主义。因为在创建逆向观众体验时，观众需要足够的想象空间，所以我们需要了解对大多数观众来说什么是真实的。

三、结　语

没有画笔和画布的绘画

艺术品是有形的，但是艺术可以是无形的。作为画家和雕塑家，我们都应该考虑如何创造绘画般的观者体验（画面感）。我们不应该将自己局限于任何类别或刻板印象。作为视觉艺术创作者，我们应该有效的分享我们所能看到的美，无论使用画笔与否。当然，装置绘画也不能脱离绘画的基础而独立存在。在引导学生学习写实主义的和现当代超现实主义的美学理论的同时，教师可以将装置绘画的基本哲学进行无缝嫁接；从而使学生不继续在写实主义中长期原地打转和纠结于抽象主义的过于夸张，在提升艺术制作水平和培养超现实主义艺术思想的过程中真正地去感知和发现抽象艺术及抽象概念的美。循序渐进的艺术教学符合了以维果斯基[19]（Vigotsky）的建构主义思想为基础的支架式教学法规律。

装置绘画的研究将更深入地研究绘画在装置艺术中的各个成分，以及在艺术体验过程中，是什么触发了这两个逆向过程？教师将带领学生制作一系列装置绘画作品，支持及验证该理论。理想情况下，装置绘画不仅应该受众于艺术学者，也应该充分考虑没有艺术教育背景的观众。装置绘画不能忽视普通观众，作为一个谜而存在。为了让观众在画廊中花费几秒钟，从写实主义跳跃到立体、抽象的超现实主义，装置绘画必须结合当代艺术和艺术欣赏的多样性。它应该承载着绘画的优良特征，将绘画在纯艺术中再次升华。一幅好画不只是画布上的具象人物。一件好的雕塑也不仅限于米开朗琪罗的大卫。我们作为当代青年艺术创作者，应该不惧艺术品非物质化的狂潮，在创新思想的长河中勇往前行！

参考文献

［1］ Phillpot, C. and Lippard, L. R. (1975). Six Years: The Dematerialization of the Art Object from 1966 to 1972. ［M］ *Leonardo*, 8(3), p. 261. doi:10. 2307/1573264.

［2］ Barcio, P. (2017). *What Was The Dematerialization of Art Object?* ［EB/OL］ Ideelart. com. Available at: https://www. ideelart. com/magazine/dematerialization-of-art.

［3］ Farago, J. (2015). *Is painting dead?* ［EB/OL］ www. bbc. com. Available at: https://www. bbc. com/culture/article/20150217 - is - painting - dead.

［4］ Merriam-Webster (2019). *Definition of ART*. ［EB/OL］ Merriam-webster. com. Available at: https://www. merriam-webster. com/dictionary/art.

［5］ Wikipedia Contributors (2019). Painting. ［EB/OL］ Wikipedia. Available at:https://en. wikipedia. org/wiki/Painting.

［6］ Whitmer, P. (n. d.). How to Paint Encaustic on Canvas. ［EB/OL］ Our Pastimes. Available at: https://ourpastimes. com/how-to-paint-encaustic-on-canvas-12442746. html.

［7］ ESTHER, M. (2014). *THE TWILIGHT ZONE(Eye of the Beholder")*. ［EB/OL］ *YouTube*. Available at: https://www. youtube. com/watch? v=MFhKp-xi2DY.

［8］ Hibbitt, F. (2020). *Surrealism: The Art Of The Unconscious Mind*. ［EB/OL］TheCollector. Available at: https://www. thecollector. com/surrealism-art-of-unconscious-mind/.

［9］ Godin, S. (2018). *Linchpin : are you indispensable?* ［M］ London: Piatkus. p. 39

［10］ PLA, A. H. (2017). OTTE, TORSTEN: SALVADOR DALí & ANDY WARHOL: ENCOUNTERS IN NEW YORK AND BEYOND. ZURICH,

SWITZERLAND: SCHEIDEGGER & SPIESS, 2016. – 416 PP. [M] *THE CASPIAN REGION: Politics, Economics, Culture*, 50(1), pp. 177–179. doi: 10.21672/1818-510x-2017-50-1-177-179.

[11] Bellinetti, C. (2019). 'From Today Painting is Dead': Photography's Revolutionary Effect. [EB/OL] Art & Object. Available at: https://www.artandobject.com/news/today–painting–dead–photographys–revolutionary–effect#:~:text=Upon%20seeing%20the%20first%20daguerreotype.

[12] Scimeca, G. (2019). *Your Eyes See Upside Down and Reversed.* [EB/OL] Board Certified Eye Doctors | Burlington Bucks County Millville. Available at: https://bceye.com/retinal-image-inverted-reversed/.

[13] Stewart, J. (2019). *This Artist's Oil Paintings of Women Are Considered the Most Realistic in the World.* [EB/OL] My Modern Met. Available at: https://mymodernmet.com/leng-jun-hyperrelistic-paintings/.

[14] Tate (2017). *Assemblage – Art Term | Tate.* [EB/OL] Tate. Available at: https://www.tate.org.uk/art/art-terms/a/assemblage.

[15] Lucia Davies (2011). *Boo Ritson.* [EB/OL] AnOther. Available at: https://www.anothermag.com/art-photography/1583/boo-ritson#:~:text=Boo%20Ritson%20paints%20people%2C%20literally.

[16] Xu, B. (2018). *Language and Nature | 14 July-23 September* 2018. [EB/OL] INKstudio. Available at: https://www.inkstudio.com.cn/exhibitions/30-language-and-nature-xu-bing/.

[17] Kaminski, A. (2014). *Artist's Colorful Sculptural Painting Layers Echo Earth's Geologic Strata.* [EB/OL] Artiholics. Available at: https://artiholics.com/artists-colorful-layers-echo-planet-earths-strata/.

[18] Кадирова, Жанна, artist and Сперанська, Олена (2019). *Zhanna Kadyrova.* [M] Kyïv: 'ArtHuss' Publishing.

[19] Nordlof, J. (2014). Vygotsky, Scaffolding, and the Role of Theory in Writing Center Work. The Writing Center Journal, 34(1).

图片参考

[1] Imran Qureshi, And They Still Seek the Traces of Blood, 2013, installation view, Salsali Private Museum, Dubai, United Arab Emirates, 2014

[2] "Target", Encaustic and newspaper on canvas, 167.6 × 167.6 cm, Jasper Johns, 1961. Source: Art Institute Chicago.

[3] Johns, J. (n.d.). Target. [online] The Art Institute of Chicago. Available at: https://www.artic.edu/artworks/229351/target.

[4] Ritson, B. (2007). Air Hostess.

[5] Vermeer, J. (1665). Girl with a Pearl Earring. [Oil on canvas] Google Arts & Culture. Available at: https://artsandculture.google.com/asset/girl-with-a-pearl-earring/3QFHLJgXCmQm2Q?hl=en

[6] Johansson, S. (2003). Girl with a Pearl Earring (2003). IMDB. Available at: https://www.imdb.com/title/tt0335119/mediaviewer/rm2087847424?ref_=ttmi_mi_all_sf_5..

[7] Moriarty, L. (2021). Skyscraper. Huterdon Art Museum.

[8] Jurjans, K. (2016). The Garden We Cultivate (in Perpetual bloom). the Ontario Arts Council.

[9] Taylor-Smith, O. (2019). PALIANYTSIA (PARIS) 2022, Found River stone, Variable dimensions. galleriacontinua.

[10] Yan, Z. (2019). Acrylic Pillows.

乡村振兴

贵州土家族传统村落保护及发展研究

张元博　包　雨　吴艳芳

（贵阳人文科技学院，贵州贵阳　550025；
凯里学院，贵州凯里　556000）

摘　要：贵州土家族传统村落是中国传统农村文化的珍贵遗产，具有丰富的历史、文化和艺术内涵。然而，随着城市化和现代化的快速发展，土家族传统村落面临着严重的保护和发展挑战。本论文通过对贵州土家族传统村落的保护现状、问题和原因进行研究，分析了传统村落保护的现实意义和发展价值。在此基础上，探讨了土家族传统村落保护的理念、原则和方法，提出了保护与发展相统一的策略和路径，旨在为贵州土家族传统村落的可持续保护和发展提供理论和实践支持。

关键词：贵州；土家族；传统村落；保护；发展

---

* [基金项目]：本文由贵州省教育厅青年科技人才成长项目（黔教合 KY 字 [2022] 085）；贵阳人文科技学院校级科研基金项目（2021rwxs019、2022rwxs035）；贵阳人文科技学院教改基金项目（20211365107）；凯里学院硕士点项目（kysszx2022024）资助。

** [作者简介]：张元博，硕士，贵阳人文科技学院教师。研究方向：规划设计及理论。
　包雨，学士。研究方向：建筑设计及理论。
　吴艳芳，硕士。研究方向：景观设计及理论。

一、引 言

贵州是中国西南地区的一个多民族、多文化的省份,其中土家族是贵州省的主要民族之一。[1] 土家族传统村落作为土家族传统文化的重要载体,是贵州省独特的乡村文化现象。这些村落分布在贵州省的各个地区,以其独特的建筑风格、传统习俗和社会组织形式而闻名。[2] 然而,随着城市化和现代化的快速发展,贵州土家族传统村落面临着日益严峻的保护和发展挑战。一方面,土家族传统村落的传统生产方式和生活方式正在逐渐消失,传统文化和习俗正面临着丧失的危险;[3] 另一方面,土家族传统村落面临着城市化和现代化的压力,如土地利用转变、建筑风格的改变以及人才外流等问题。[4] 因此,研究如何保护和发展贵州土家族传统村落,对于传承和弘扬土家族传统文化,推动乡村振兴具有重要的理论和实践意义。

二、贵州土家族传统村落的现状和问题

(一)传统村落的概念与特点

传统村落是中国乡村地区的一种特殊形态,其具有独特的历史、文化和艺术内涵。传统村落通常由传统民居、文化遗址、乡村道路、田园景观等组成,是农村人居环境和生态文化系统的有机整合。传统村落在建筑风格、社会组织、习俗传统等方面具有独特的特点,是传统文化和乡村生活方式的重要体现。[5]

(二)贵州土家族传统村落的现状

1. 文化传承面临压力

贵州土家族传统村落是土家族文化的重要传承载体,包括语言、习惯、建筑、服饰等方面的传统文化元素。但现代生活方式和外部文化的冲

击使得土家族传统文化在一些村落中面临着边缘化和消失的压力。年轻的一代土家族人逐渐远离传统生活方式，流行文化和现代生活方式对他们产生了吸引力，导致土家族传统文化的边缘化。

2. 经济转型带来变化

贵州土家族传统村落在经济转型过程中面临着一系列变化。传统的农耕生产方式逐渐被现代化的农业技术和商业化农业模式所替代，导致传统的土家族农耕文化和生活方式受到冲击。一些土家族村落的村民转向非农产业或外出务工，导致村落人口减少、老龄化加剧，传统文化面临断代传承的困境。

3. 基础设施不足

贵州土家族传统村落多分布在偏远山区，村落基础设施相对较为滞后，包括道路、供水、供电、通信等方面。交通不便、缺乏现代化设施和服务，限制了村落的经济发展和文化传承。

4. 生态环境面临威胁

贵州一些土家族传统村落位于生态脆弱区域，受到了环境污染、资源开发和生态破坏的威胁。木材砍伐、水土流失、水污染等现象对土家族村落的生态环境造成了负面影响，导致村落周边的生态环境恶化。

5. 社会结构变化

贵州土家族传统村落在现代社会结构变化的影响下，面临着社会结构的转变。传统的社会关系和社区共同体逐渐松弛，社会价值观和道德观念发生变化，导致了村落内部关系和传统社会结构的变化。

(三) 贵州土家族传统村落的问题

1. 文化传承困境

一些贵州土家族传统村落面临着文化传承的困境。随着年轻一代对传统文化的兴趣减弱，传统习惯、语言和技艺逐渐流失。传统建筑和手工艺技能的传承也面临困难，一定程度上导致土家族传统文化的断层和消失。现代建筑并非传统文化元素符号，但因时代需求与文化认知改变，村民普遍因为其更大的室内垂直空间、水电路改造便捷、采光好、坚固且可加盖等因素而深受喜欢,此外对传统房屋形式持有"贫穷""老旧落后"等刻板认识,致使一些村落整体建筑风貌破坏,文化传承面临挑战(见图1)。

图1 传统村落中的现代建筑

2. 经济发展压力

贵州土家族传统村落在经济转型过程中面临压力。传统的农耕生产方式受到现代化农业模式和商业化农业的冲击,导致土地利用和农业生产模式的改变,使得村落的经济收入和生计来源受到限制。村民转向非农产业或外出务工,导致村落人口减少、老龄化加剧,传统经济模式和社会结构面临崩溃。

3. 基础设施滞后

贵州土家族传统村落的基础设施相对滞后,包括道路、供水、供电、通信等方面。交通不便限制了村落的经济发展和文化交流,缺乏现代化设施和服务导致村民生活质量较低,限制了村落的可持续发展。因地形影响及经济原因等,贵州土家族传统村落内部较多的主要道路呈现出较为破损的状态,而道路作为工程系统规划中的"骨架",其是给排水、燃气、电力、通信等基础设施的重要依托,而旧有道路则成为其发展的重要阻碍(见图2)。

图2 传统村落道路

4. 生态环境威胁

贵州土家族传统村落位于生态脆弱区域,受到了环境污染、资源开发和生态破坏的威胁。过度的木材砍伐、水土流失、水污染等现象对土家族村落的生态环境造成了负面影响,威胁到了村落的生存和可持续发展。

5. 社会结构转变

现代社会结构变化对贵州土家族传统村落产生了深刻的影响。随着现代化和城市化的进程,村落内部社会结构发生了转变,传统的社会关系和社区共同体逐渐瓦解,社会价值观和道德观念发生了变化,导致了村落内部关系的紧张和传统社会结构的动荡。传统的土家族家族制度和乡土宗法制度在现代社会中逐渐失去了对年轻一代的吸引力，导致土家族传统村落面临着社会结构的转变和社会秩序的不稳定。

三、贵州土家族传统村落保护工作的现状与问题

贵州省内的土家族传统村落保护现状较为复杂。一方面，贵州省政府高度重视传统村落的保护工作，通过加强政策法规的制定和实施、加大财政投入、推动社会参与等方式，取得了一系列积极的成果。许多传统村落得到了有效保护，包括国家级、省级、县级文物保护单位的评定和保护工作的实施。一些传统村落在保护过程中，通过修缮古建筑、恢复传统文化活动、保护生态环境等方式，保留了其原汁原味的传统风貌，为贵州省乃至全国乡村振兴和传统文化传承做出了积极贡献。另一方面，贵州省内的传统村落保护也面临一些问题和挑战。首先，一些传统村落面临着人口减少和村民迁徙的问题。随着城市化进程的加快，一部分年轻人离开村落去城市谋求更好的生活，导致传统村落的人口逐渐减少，村落的社会生活和文化传承面临困境。其次，一些传统村落面临着经济收入不足的问题。传统村落多依赖传统农耕生产和生活方式，但随着现代经济的发展和生活方式的变化，村民的收入来源有限，难以维持传统村落的保护和传承工作。同时，一些传统村落在保护过程中面临着资金、技术和管理等方面的困难，导致保护工作难以持续和深入开展。还有一些村落存在着文物损毁、环境污染、乱建乱搭等问题，亟待解决。

此外，传统村落保护中还存在着文化传承和社会参与的问题。一些传统村落在保护过程中，面临着文化传承断层、传统技艺失传等问题。由于年长的传统村民逐渐减少，年轻一代对传统文化的兴趣和认知有限，导致传统文化元素在村落中的传承受到限制。同时，一些传统村落在保护中面临社会参与不足的问题。在传统村落保护过程中，社会参与是至关重要的一环。需要村民、政府、专业机构、社会组织等多方合作，形成合力，推动传统村落保护工作的顺利进行。然而，一些传统村落在社会参与方面存

在着问题，如村民对保护工作缺乏积极性、政府与村民之间的利益冲突、专业机构与村落之间的沟通不畅等，导致保护工作难以得到全面、深入的推进。

同时，传统村落保护中还存在着规划管理和法律法规的不足。一些传统村落缺乏合理的规划管理，导致村落内外部环境失衡，建筑物乱建乱搭，影响了村落的整体风貌和文化价值。此外，一些传统村落在法律法规方面存在着不完善或不严格执行的情况，导致保护工作难以得到有效的法律支持和保障。

在传统村落保护现状中，还存在着部分村落商业化、过度开发的现象。一些传统村落在保护过程中，受到了商业化和旅游开发的影响，导致村落内部商业氛围浓厚，原有的生活方式和社会文化逐渐失去真实性。一些传统村落因为其独特的风貌和历史文化价值成为旅游景点，但过度开发和商业化往往会带来环境污染、人员流动、文化冲击等问题，对传统村落的保护和传承带来了新的挑战。

四、贵州土家族传统村落保护的对策和建议

（一）政策法规的制定和完善

政府应加强对土家族传统村落保护的政策法规的制定和完善。包括加强土地管理，限制土地流转和拆迁，保障土家族村落的土地资源和生态环境；设立专项资金，支持传统村落的文化遗产保护、建筑修缮和环境整治工作；制定乡村旅游开发的规划和管理措施，避免过度商业化和环境污染。

（二）加强传统村落的文化传承和人才培养

应加强土家族传统村落的文化传承和人才培养。通过开展传统文化的传承教育，培养土家族传统村落的文化传承者和手艺传承人，保护和传承土家族的传统手工艺、民间音乐舞蹈等文化元素，增强村落的文化内涵和

特色。

（三）加强乡村旅游的规划和管理

乡村旅游是传统村落保护与发展的一种重要方式，但需要加强规划和管理。应制定科学合理的乡村旅游规划，保持传统村落的原汁原味，避免过度商业化和文化矛盾。同时，应加强对乡村旅游从业者的培训和管理，提升服务质量，保护生态环境，确保乡村旅游与传统村落的可持续发展。

（四）加强基础设施和公共服务设施建设

传统村落的基础设施和公共服务设施需要得到改善。包括道路交通、供水供电、通信网络等基础设施的建设，以及医疗、教育、文化体育等公共服务设施的完善。这将有助于提升传统村落的生活品质，提高村落的吸引力和发展潜力。

（五）加强社会参与和民众意识的培养

传统村落保护需要加强社会参与和民众意识的培养。政府、学界、NGO等应积极引导和组织社会力量参与传统村落保护工作，形成多方合力。同时，应加强对土家族村民和当地居民的宣传和教育，提高他们对传统村落保护的认知和意识。培养土家族村民的文化自信和传统文化的自觉传承意识，使他们成为传统村落保护的积极参与者和推动者。

五、结　语

贵州土家族传统村落作为中国丰富的乡村文化遗产之一，具有独特的历史、文化和生态价值。然而，由于城市化和现代化的快速发展，许多传统村落面临着严重的保护和发展困境。因此，加强贵州土家族传统村落的保护与发展显得尤为重要。本文通过对贵州土家族传统村落保护与发展的现状进行了深入的研究，分析了其存在的问题和面临的挑战，并提出了相应的对策和建议。主要包括政策法规的制定和完善、加强传统村落的文化传承和人才培养、加强乡村旅游的规划和管理、加强基础设施和公共服务设施建设、加强社会参与和民众意识的培养等方面。为了实现贵州土家族传统村落的保护和可持续发展，需要政府、学界和当地居民等多方合作，形成合力。同时，还需要加强土家族传统村民的文化自信和传统文化的自觉传承意识，使他们成为传统村落保护的积极参与者和推动者。最后，希望通过本文的研究和提出的对策和建议，能够为贵州土家族传统村落的保护与发展提供参考，促进传统村落的传承与发展，实现文化保护和经济发展的良性互动，推动乡村振兴战略的实施。

参考文献

[1] 李畅，匡成铭. 铜仁市土家族传统村落的保护研究——以沿河县官舟镇木梓岭为例 [J]. 四川建材，2020，46（01）：31-33.

[2] 闻鸿. 铜仁市土家族传统村落"三生空间"网络关系及其空间网络基因特征 [D]. 贵州大学，2022.

[3] 赵鸿凯，张凯云，吴海潮. 贵州土家族传统民居旅游开发与保护——以沿河县后坪乡葫芦湾为例 [J]. 美与时代（城市版），2018（07）：86-87.

[4] 杨远帆. 黔东土家族传统村落空间基因特征及其维持研究 [D]. 贵州大学，2022.

[5] 胡燕，陈晟，曹玮，曹昌智. 传统村落的概念和文化内涵 [J]. 城市发展研究，2014，21（01）：10-13.

乡土建筑的保护与传承探究

——以西江苗寨吊脚楼为例

杨孝军　陈艳丽　李天翼[*]

（贵州民族大学民族学与历史学学院，贵州贵阳　550025）

摘　要：乡村振兴战略持续推进，全国各地掀起传统村落和民族村寨保护热潮，在国内数量众多的村落和村寨中，乡土建筑作为承载乡土历史文化的重要载体，被作为文物保护对象开展了大量保护工作。贵州雷山县西江苗寨在历史发展中形成并保留的吊脚楼建筑群是稀缺的乡土建筑资源，作为村落文化重要构成部分，吊脚楼建筑对西江苗寨乡村振兴具有重要意义。然而，对其进行保护过程中还面临多个挑战，如政策制定与具体实施效果不对等，乡土建筑得不到有效维护、人才引进机制与文物保护资金不足，缺乏专业的建筑管护人才等。文章认为，可通过完善保护规章制度，建立建筑文物保护专项基金组织、引进和建立专业的人才队伍，加强建筑文物修复理论和技术培训、引进文化遗产数字化保护科学技术，拓宽乡土建筑的传承渠道、合理平衡发展与保护的关系，减轻乡土建筑资源的过度开发等措施，进一步加强西江苗寨乡土建筑的保护与传承。

---

[*]　[作者简介]：杨孝军，男，穿青人，贵州民族大学民族学与历史学学院 2021 级硕士研究生。
陈艳丽，女，布依族，贵州民族大学民族学与历史学学院 2021 级硕士研究生。
李天翼，男，苗族，贵州民族大学教授。

关键词：乡土建筑；西江苗寨；保护；传承

一、引 言

中国一直高度重视文化保护工作，党的十八大以来，历史文化遗产保护力度持续加强，文物保护利用与管理水平不断提升，这离不开国家政策的大力支持。2018 年，国务院印发《乡村振兴战略规划（2018—2022年)》指出，"切实保护村庄的传统选址、格局、风貌以及自然和田园景观等整体空间形态与环境，全面保护文物古迹、历史建筑、传统民居等传统建筑"；2021 年，《关于在城乡建设中加强历史文化保护传承的意见》指出，"在城乡建设中系统保护、利用、传承好历史文化遗产，对延续历史文脉、推动城乡建设高质量发展、坚定文化自信、建设社会主义文化强国具有重要意义"；2022 年，贵州省印发《关于在城乡建设中加强历史文化保护传承的实施意见》提出，"在城乡建设中系统保护、利用、传承好各时期重要历史文化遗产，在新时代西部大开发中闯出多彩贵州历史文化保护传承的新路"。随着乡村振兴战略持续推进，农村发展成为社会各界关注的热点话题，作为乡村文化遗产的乡土建筑是学界研究的重要对象。乡村振兴，乡风文明是保障。乡土建筑是传统文化的重要组成部分，是村落历史文化变迁的见证物，对文化振兴具有积极作用。西江苗寨位于贵州黔东南雷山县，全寨主要由羊排、东引、南贵、平寨等多个自然寨组成，规模宏大、巍峨壮观的吊脚楼群成为西江独有的建筑风格，吊脚楼作为一种典型的乡土建筑，具有重要的历史、科学、艺术、文化、经济价值。吊脚楼远承 7000 年前河姆渡文化（中国长江下游地区的新石器时代文化之一）的干栏式建筑（在木柱底架上建造的高出地面的房屋），并在适应山地环境中不断变化、完善。[1] 文章以西江苗寨吊脚楼为例，深入田野，调查分析其保护现状，进一步总结西江吊脚楼在保护与传承中出现的困境，探讨并提出乡土建筑的保护与传承策略。

二、西江苗寨吊脚楼建筑特点

吊脚楼建筑源于上古居民的南方干栏式建筑[2]，是中国南方少数民族地区特有的建筑形式，土家和苗家的吊脚楼形式纯粹，常被认为是楚建筑的活化石。[3] 西江苗寨的吊脚楼建筑群是当地民族几千年民间科学智慧的结晶，其营造技艺更是国家级非物质文化遗产，体现着苗族人的生存智慧、环境理念和文化特征。

（一）西江苗寨概况

西江苗寨位于贵州黔东南雷山县东北部西江镇境内，地处著名的雷公山下，距离雷山县城36公里、州府凯里市35公里、贵州省会城市贵阳约200公里。苗寨历史悠久，历史上苗族先民因战争等原因，经历五次大迁徙，从最初居住的黄河、长江中下游地区逐渐迁徙到今贵州黔东南一带，西江苗寨大约2000多年前的汉朝时期有苗族先民迁徙至此定居，在苗寨发展过程中，"赏氏族"最先在西江开田辟土，后"西氏族"迁入西江与"赏氏族"融合，逐渐发展壮大成今天的西江苗族支系，形成目前的寨子规模。"西江"是当地苗语"Dlib Jangl"的汉语音译，其中"Dlib"为苗族支系名，"Jangl"意为"弯曲"，合起来理解，就是"居住在河湾的西氏苗族"[4]。西江苗寨原住民有1400多户，共6000余人，故称"西江千户苗寨"，是中国乃至世界最大的苗族聚居村落，千百年来，苗族同胞在生产生活中形成了丰富的民族历史文化，其中独具特色的吊脚楼作为一种稀有的物质文化遗产资源备受社会各界关注。

（二）吊脚楼建筑选址

苗族传统的生计方式是水稻种植，在传统社会中，苗族多居住在山地丘陵、水源丰富的水湾地区，这种地理环境耕地资源稀缺，特殊的自然因素让苗家人选择把房屋建在倾斜度30°~45°的山坡上，留出靠近河湾的平地用于种植水稻，以满足生产生活需要，久之在世人眼中形成"苗家住山上"的格局认知。在西江苗寨，人们亦保留了这种传统习惯，建房之前都要先选择建房的房址，一般选择前近水源、后靠青山的斜坡向阳面筑基建房，或坐西朝东，或坐东朝西，形成了顺应自然、与自然和谐共处的选址思想。

（三）吊脚楼建筑类别

西江苗寨的吊脚楼有半吊式、全吊式、平地式三种类型。半吊式吊脚楼即房屋主体的吊脚层一部分坐落在人工夯平的山坡平面上，另一部分往外凸出由直木吊脚柱垂直向下作为承重支撑部分，与斜坡形成吊脚空间，有时吊脚层的斜坡也被人工修建出来使用，形成长方体的吊脚空间；全吊式吊脚楼的房屋主体全部处在人工夯平的斜坡水平面上，作为吊脚层的一楼的吊脚柱全部作为承重部分，吊脚层全部作为使用空间；平地式吊脚楼即在平地上建造的吊脚楼，修建较为容易，一楼即为吊脚层，吊脚层不易区分，此类吊脚楼多为旅游开发后修建。

（四）吊脚楼建造流程

吊脚楼建造一般经过筑基、备料、发墨、凿眼、起房、架梁、盖瓦七道工序，建造一栋吊脚楼少则一两年，多则三四年。筑基即建房之前修筑地基，西江苗寨所处的雷公山地区石料稀少，故当地房屋地基所用的石料都来自白水河中的鹅卵石，由村民一块一块从山下背到山上；备料即准备修建吊脚楼所需的材料，以木料为主，西江苗寨地处林木资源丰富的山区，因此当地人建房都选择周围山上的杉木或枫木等作为建房原料，从而形成苗寨以木质为主的吊脚楼建筑风格；发墨即请木匠师傅为准备好的木料用墨斗磨墨拉线，将木料进一步加工成规整光滑的建筑构件，木匠师傅技艺精湛和经验丰富，对每一根梁和枋的长短胸有成竹；凿眼即木匠师傅用凿子为已加工好的木料按需凿孔，多为吊脚楼的梁和枋，梁和枋之间经过交错相连，形成著名的榫卯结构，确保了建筑的牢固性。

一切准备就绪之后，主人家请来房族兄弟或左邻右舍帮忙起房，在大家的齐心协力和木匠师傅指导下，将前期准备好的各个构建进行组装，场面热闹非凡；起房完成之后，是最为隆重和重要的架梁环节，为整栋房屋架上顶部最中间的一根大梁，主人家极为重视此环节，容不得有差错，架梁完成之后整栋房屋主体结构成型；最后一步是为整栋房子盖瓦，盖瓦完成是建造快要竣工的体现，装修完成即可入住。

（五）吊脚楼结构功能

传统的西江苗寨吊脚楼建筑全部为木质结构，层与层、间与间之间用木板隔开，房顶用杉木或枫木皮作为盖瓦起悬山顶或歇山顶，现在树皮已被小青瓦替代。房子一般分为三层，一楼为吊脚层，不住人，多用来圈养猪、马、鸡、鸭等牲畜禽类，以及堆放柴垛、稻草、农具等。二楼为居住层，主要用于居住和日常活动，房基面由木板和人工夯平的山体地面组成，全地式吊脚楼全部为木板，二楼中间最大的一间是堂屋，是苗家人的主要活动空间，平时吃饭、待客、刺绣、祭祀等都在堂屋进行，堂屋神龛正对面往外凸出墙壁的部分置一长木板并加护栏修建成著名的"美人靠"，是苗族妇女平日聊天、做针线活和乘凉观景的地方，"美人靠"上方空间不封闭，与外面空间相通，具有通风和进光的功能，与西江湿润多雨的气候有着很大关系；堂屋两边是卧室和火塘间，火塘间在左边或右边，内置火塘，火塘一般在房间后半部分的夯平坡面上，是平时烧火取暖和联络家庭感情的重要场所，有时也做待客吃饭所用；在吊脚楼二楼房屋两侧，常搭有一偏房作为厨房使用。三楼为阁楼层，多用来堆放谷物和其他杂物，有时也作为卧室使用。

（六）吊脚楼建造仪式

在修建吊脚楼过程中，常伴有许多重要仪式和禁忌，形成浓郁的建筑文化，这些建筑文化体现在筑基、备料、起房、架梁等工序流程之中。在筑基时，动土前需选择良辰吉日，要烧香纸，用酒、鱼肉、鸡肉、糯米饭等祭祀土地神，以求得筑基和日后居住平安顺利，不能说"不稳、不平、不正"之类不吉利的词语。备料要选农闲时间，对于中梁、中柱要选枝繁叶茂且树尖不间断的杉木，并且要请来三代同堂、膝下有儿女的中年人代砍或先砍一刀，砍前也要先用香、纸、鱼、米饭等祭祀树身，在建筑选材上就禁止选用被雷打过或自然折断残缺的杉木作柱子、横梁之用。[5] 给柱子发墨，主人在柱头，木匠师傅在柱尾，不可颠倒。立房和架梁需要同天进行，当天要吃饭庆祝，并且立房完毕要祭供工具，先祭主人家的量木尺，后祭木匠师傅的工具，不可相反；架梁抬梁上房时，也要用香、纸、鱼、饭鸡等祭祀，并放鞭炮，抬梁时也颇讲究，主人家抬树根部，客人抬树梢部，不准换肩、换人，不准放在地上。

三、西江苗寨乡土建筑的保护现状

实地调研分析，西江苗寨基于吊脚楼建筑群资源优势，近年来在文旅融合的助力下，吊脚楼建筑群得到了一定的保护和发展，其现状呈以下几个特征。

（一）设立文物保护单位和建设村寨博物馆

西江苗寨历史悠久的吊脚楼建筑资源是中国优秀传统文化的重要组成部分，这些珍贵的资源一旦消失，将成为民族和人类文化遗产保护的损失。为加强西江吊脚楼建筑群的进一步保护，留住乡愁，传承民族文化，政府部门对西江苗寨的建筑资源和其他文化遗产进行普查评审后，1992年将西江苗寨列为贵州省级文物保护单位，2004年，西江苗寨被列为贵州省首期村镇保护和建设项目5个重点民族村镇之一，西江苗寨吊脚楼营造技艺更是在2005年被列入首批国家级非物质文化遗产名录，同年，"中国民族博物馆西江千户苗寨馆"在西江苗寨挂牌成立。这些措施为西江苗寨乡土建筑的保护迈出关键性的一步。

（二）对建筑资源旅游开发进行发展式保护

建筑遗产旅游开发是建筑遗产保护的新方式。[6] 作为中国乃至世界上最大的苗族聚居村寨，因其独具特色的吊脚楼资源，在雷山县委县政府推动下，依托其独一无二的建筑景观，2008年贵州省旅游发展大会在西江苗寨召开后，西江苗寨迎来发展契机，经过10多年的发展，到目前为止，已经发展成国家级AAAA级旅游景区，成为国内村寨旅游开发的成功典范，吸引了来自美国、法国、英国、西班牙和比利时等西方国家的游客。通过对西江苗寨吊脚楼建筑的景观打造，充分利用，结合苗族刺绣、苗族古歌、蜡染、鼓藏节、苗年节、苗族银饰等文化遗产创新开发，打造出今天极具地域风情和国家特色的西江千户苗寨旅游景区，带领村民脱贫致富，实现了民族及地方文化振兴，让民族村寨活起来，带动了地区经济发展，成为雷山县主要的旅游收入来源。以2017年为例，2017年雷山县旅游总收入为77.37亿元，其中西江苗寨景区的旅游收入就高达49.91亿元，占据了该县当年旅游总收入的64%。事实证明，西江苗寨依托独特的吊脚楼资源，在政府旅游开发推动下，成功推动乡村旅游发展，实现了乡土建筑的发展式保护。

（三）地方政府主导和社区主体参与保护

习近平总书记在2017年中央农村工作会议上指出，"乡村振兴，既要塑形，也要铸魂，要形成文明乡风、良好家风、淳朴民风，焕发文明新气象"[7]。乡土建筑是乡村历史文化日积月累的聚合体，文化内涵丰富，西江苗寨在过去十余年的发展过程中，政府非常重视地方村寨文化宣传和保护工作，同时积极鼓励村民自觉、主动参与保护工作，形成了"地方政府主导，社区主体参与"的保护方式。多年的发展让苗寨村民、商户和政府管理部门多个主体逐渐意识到，重视对规模宏大的吊脚楼群的保护，就是对西江苗寨丰富的乡土文化的保护，是保证苗寨长期保持活力和丰富乡村生活的有效途径。

在保护的具体实施路径中，政府鼓励村民主体参与其中，雷山县和西江镇党委政府与西江千户苗寨景区公司为让苗寨村民形成自觉保护吊脚楼的意识，制定出为村民发放文物保护奖励经费的办法，每年从西江景区的门票收入中抽18%的经费，在每年的11月至下年4月之间，由专业的评估团队对村民保护自家吊脚楼的情况进行保护等级打分，对老屋保护好、房屋改造符合景区风貌的农户，给予加分奖励和政策倾斜扶持，从而实现了西江社区居民对文化的态度从"要我保护"到"我要保护"的转变。[8] 据相关学者研究统计，从2008年到2018年，先后累计为村民发放了1亿多元的文物保护补贴费用，户均累计达到7万元以上，这种让村民参与保护历史建筑的方法，既激发了村民主体的文化自觉，又让文物得到了保护，也加深了村民对乡土建筑文化的认同，一举多得。

（四）传统习俗与现代科学技术融合的创新性保护

木质建筑最大的隐患是火患，尤其是像西江苗寨这种大规模的木构建筑。笔者田野调查发现，历史上西江苗寨曾发生过两次重大火灾，一次是中华人民共和国成立之前的民国时期，当时被民国政府派到西江镇压苗民的民国保安团纵火，让西江平寨和东引片区的房子被大范围烧毁；一次是中华人民共和国成立之后，由于村民的粗心大意引起火灾。两次重大灾难让西江苗寨遭受巨大损失，当地村民意识到防火的重要性，出现了具有地方智慧的"鸣锣喊寨"习俗，每天由专门的人早晚各一次，提着锣行走在各寨子之间，边敲锣边警示村民商户注意防火。其次，当地著名的"四个一百二"习俗也被用到寨子日常防火之中，如果哪一家不注意防火导致祸患，就要被大家惩罚"四个一百二"，即罚120斤米、120斤酒、120斤肉、120元。这些习俗一直沿用至今。

旅游开发后，政府部门对苗寨进行统筹规划，划定核心保护区，让消防队入住西江苗寨，并对各个寨子配备消防设施和防火电子检测、监测系统，专人专区责任制，引入现代防火电路材料，每年为村民开办防火知识培训，使西江苗寨众多文物建筑防火得到了极大保障。此外，为适应时代发展需求，传统的吊脚楼建筑在保留传统建造技艺和风格的前提下，经地方政府和村民共同协商，融入现代建筑科学技术，创新出"一砖二木"的吊脚楼新形式，即一楼为钢筋混凝土的砖石结构，二楼、三楼及以上为传统木质结构，这种结构的吊脚楼更加坚固和安全，在当地及周边已经广泛普及，这是对传统吊脚楼创新发展的结果。传统习俗与现代科学技术的融合使用，让西江苗寨的乡土建筑得到了更为有效的保护。

四、西江苗寨乡土建筑保护与传承的挑战

乡土建筑是民族传统文化的重要组成部分,也是中国传统建筑文化的重要代表之一。然而,在现代化建设进程中,大量乡土建筑因年代久远、维护管理不当等原因,面临着严重的破坏和消失的威胁。西江苗寨吊脚楼遗产资源的开发利用取得了较大成效,但是旅游开发过程中的保护和传承依然面临一些挑战,文章分析总结如下。

(一)政策制定与具体实施效果不对等,乡土建筑得不到有效维护

在博物馆文物保护管理工作中应该充分以保护为主,对文物保护和利用治安的关系进行协调和优化,从而促进博物馆文物保护管理的发展。[9]因为规模巨大的吊脚楼资源和深厚的文化底蕴,2005年11月,"中国民族博物馆西江千户苗寨馆"在西江苗寨挂牌,西江苗寨成为著名的村寨博物馆,建筑文化遗产保护工作被提上日程,然而到目前为止,虽然苗寨整体被建设成一座村寨博物馆,但在当地还没有一支专门面向整个苗寨空间的博物馆管理机构;对于西江吊脚楼的保护,除了建设村寨博物馆,地方政府多年以来还因地制宜,实地调查评估有关破坏风险后,针对火灾、改造等潜在的破坏因素进行研究并提出了一系列保护和修缮措施,如早在2008年对苗寨旅游开发之后,就制定了《雷山县人民政府关于西江千户苗寨贯彻落实〈黔东南苗族侗族自治州民族文化村寨保护条例〉的实施办法》《2012年雷山县西江千户苗寨民族文化保护评级奖励(暂行)办法》等政策文件,使得吊脚楼的保护有政策保障。

然而在西江苗寨的核心保护区实地走访调查发现,在羊排和东引两个山头分布的一些年代较早的吊脚楼由于远离主要开发区和没人居住的原因,部分吊脚楼建筑已经出现了荒弃、闲置和倒塌现状,没有及时得到修护,与山下白水河畔的商业区繁华景象形成鲜明对比,不利于苗寨整体形象的和谐发展,究其原因是建筑文物保护资金投入不足,没有对这些建筑进行及时的管理和修复。

(二) 人才引进机制与文物保护资金不足，缺乏专业的建筑管护人才

西江苗寨2005年就被挂牌成为"中国民族博物馆西江千户苗寨馆"，是一座村寨博物馆，吊脚楼数量非常庞大，是这座村寨博物馆当中的需要保护的关键文物对象，但是到目前为止还没有专业的文物保护团队和修缮的专业人才队伍。在苗寨，地方政府在建筑文物的保护过程中起主要作用，而保护这些建筑群文物的主体主要是居住在房屋中的当地村民，政府部门虽制定有专门的文物保护评级标准和奖励制度，每年对村民自家房屋的保护情况进行评级打分，按保护的好坏抽出每年门票收入的18%进行不同数额的资金奖励，但依然存在不足之处，主要体现在两个方面。

一是村民因为文化程度低等原因，没有接受过专业的文物保护修复技术和理论的训练，在保护过程中具有一定局限性，很多注意事项考虑不周，对建筑文物的修缮和保护还是以传统的民间修复方式为主，导致很多建筑没有得到高质量、高标准的维护和修缮。二是文物保护奖励只是针对村民，受保护的对象以有村民居住的吊脚楼为主，那些年代久远的老建筑由于没有人居住，就没有人进行日常维护，虽由景区公司接管，但因没有固定的保护资金和文物保护专业团队进行及时管理修护，只能继续保持原来闲置、失修的状态。

(三) 生计方式转变和老龄化加剧，吊脚楼营造技艺传承人匮乏

随着旅游业的进入，西江苗寨村民生计方式由以前的农业经济转为以旅游经济为主，村民从业方向选择面更广。西江苗寨以前有很多技艺精湛的木匠师傅，他们精通吊脚楼建筑的建造工艺和流程，旅游开发之前，他们能够凭借自己精湛的技艺帮人建房而获得可观的经济收益补贴家用，然而旅游开发之后，这些匠人纷纷转行到其他能够带来更高收益的旅游行业，苗寨年轻人也因在旅游景区成长，长期受到现代化影响，接触建筑营造的机会越来越少，长久以往，也变得不再愿意学习传统的吊脚楼建造技艺，更追求到外地发展和从事旅游行业。

笔者实地走访调查了解到，目前西江苗寨会吊脚楼营造技艺的多为40

岁以上的中老年人，在苗寨，现在建房主要是从苗寨周边或外地请来的木匠师傅。除了还未登记在册的，截至2017年，西江苗寨有国家级非物质文化遗产传承人共9人，其中吊脚楼营造技艺核心传承人2人，分别是西江村的侯昌伦和董洪武[10]，传承人相对薄弱，生计方式的转变和老龄化的加剧，让西江苗寨吊脚楼建筑呈现传承人匮乏的困境。

（四）城乡融合步伐加快，乡土建筑风貌面临商业化冲击

文物是历史遗留给后人的珍贵记忆，经过千百年时间洗礼的文物具有重要的历史价值、文化价值和科学价值。[11] 保护与发展一直都是学界研讨的热点话题，很难找到一个合适的平衡点合理权衡两者间的关系，而国内对于文物单位的研究，一直以来多偏向于保护。西江苗寨作为重要的文物保护单位，其中的吊脚楼建筑群是主要的保护对象，其形成需要漫长的时间积淀，非常稀缺，一经破坏很难再生。旅游是推动城乡融合的重要途径，西江苗寨景区在开发的过程中，由于旅游市场的需求，不得不准入旅游的相关产业进入其中，如餐饮、住宿、旅拍、超市等行业，然而发展产业面临着土地和建筑空间的使用与改造问题。

村寨开发以后，地方村民面对商人高额的房屋和土地租金，最终选择妥协，把自己的一部分土地和房屋用于出租以换取丰厚收益，导致很多传统民居改变了原有面貌而被外来商户改建成店铺，这种现象以村寨白水河两岸的街道分布最为明显，而在羊排、东引片区，虽地势、交通相对不发达，但村民也逐渐看到旅游的商机，为追求更好的物质生活，把自家楼房改建或推倒重建成民宿与酒店，这种商业化开发带来的结果，对吊脚楼群的完整性和系统保护造成了极大冲击，与建筑文物的保护初衷背道而驰，严重破坏了地方的乡土建筑风貌。

五、西江苗寨乡土建筑的保护与传承路径

乡土建筑是重要的乡村历史文化资源，保护和传承乡土建筑对于建设文明乡风具有重要意义，是助力乡村振兴的重要途径。基于以上现状，分

析西江苗寨吊脚楼建筑群目前保护面临的挑战，就乡土建筑的进一步保护和传承提出以下建议。

（一）完善保护规章制度，建立建筑文物保护专项基金组织

中国文物工作的十六字方针是"保护为主，研究为辅，利用为载，传承为本"。西江苗寨的吊脚楼之所以会出现羊排片区的荒废老房子没人管理和修护的现象，主要原因是地方文物保护监督制度的失责，以及文物保护资金的投入不合理。首先，应进一步完善苗寨建筑文物保护的规章制度，加强对文物保护工作的执行力度和监督力度，才能对这些珍贵的但已经被搁置的老建筑进行及时有效的保护修缮和利用。其次，地方政府应积极发挥引导作用，政策引领为主，建立文物保护的专项基金组织，积极引进民间机构、组织和商户的加入，加大文物保护修护的资金投入，为珍贵的吊脚楼建筑文化遗产的保护传承保驾护航。

（二）引进和建立专业的人才队伍，加强建筑文物修复理论和技术培训

目前，西江苗寨还没有一支专业的文物保护人才队伍，而西江苗寨的旅游开发，离不开其独一无二的建筑资源和各种非物质文化遗产资源的支撑，因此对苗寨数量巨大的吊脚楼建筑文物资源开展专门的保护工作势在必行。人才和专业技术是文物保护工作是否成功开展的关键要素，所以地方政府和景区公司需进一步完善人才引进机制，建立一支在文物保护和管理方面的专业人才队伍，如可以与省内外的各个高校增强合作，引进系统学习过文物保护和修复的高素质大学生人才，并不定时邀请相关领域的专家学者对现有的工作人员和地方村民进行专业培训，增强工作人员与村民的文化理论水平和专业素养，并普及吊脚楼建筑科技修复材料的知识，从上到下提升整体的文物保护、传承意识和修护水平。

（三）引进文化遗产数字化保护科学技术，拓宽乡土建筑的传承渠道

文物安全是博物馆一切工作的前提。西江苗寨既是省级重点文物保护单位，又是著名的村寨博物馆，规模宏大的吊脚楼群是中国民族博物馆西

江千户苗寨馆得以建馆的重要原因之一,现阶段西江苗寨旅游发展越来越火,旅游人数与日俱增,大量游客的涌入使得西江苗寨不得不开发更多的吊脚楼资源满足游客市场的需求,因此需要找到一条切实可行的途径解决游客增加可能对吊脚楼群落造成的破坏,近年来,深受博物馆和文化遗产保护欢迎的数字化保护不失为一种解决措施。

在现阶段所取得的保护成果基础上,如可以进一步做好吊脚楼群文物基础数据的采集工作,建立苗寨吊脚楼及建筑空间数据库,并完善文物数字化一体化管理系统,引进文物数字化保护的专业型、复合型人才,利用3D建模等科技手段打造线上苗寨,既能满足过去受新冠疫情影响带来的不能到现场体验的游客需求,又能减轻今后庞大的游客量压力;同时还能通过数字化影像留存的方式,实现吊脚楼营造技艺的数字传承与再生,拓宽乡土建筑文化的传承渠道,加强乡土文化的传播。

(四)合理权衡发展与保护的关系,减轻乡土建筑资源的过度开发

发展与保护向来难以同时兼顾,随着乡村现代化发展进程的日益加快,如何实现乡村文物资源的有效保护是尚待进一步研究解决的难题。尊重当地原有的建筑环境和保持自己的建筑特色是乡村建筑设计中重要出发点。[12] 商业化追求经济效益的过程或多或少都会对民族村落造成破坏,然而在对村寨的旅游开发过程中又不可避免地要带来商业化,与村寨的发展是一个相辅相成的过程,在这样的现实情况下,致力于村落发展开发时,需要有效控制对村寨资源的开发程度,凸显特色,遵循适度开发的原则,避免过度开发和同质化开发带来的"千村一面"现象出现,以及对村寨历史文物的破坏。因此,针对西江苗寨的商业化问题,建议景区或政府部门完善相应的旅游市场准入制度和加强对西江苗寨内商户的市场监管力度,加强对吊脚楼文物资源的保护,减轻对吊脚楼建筑资源的过度开发。

六、结　语

重视乡土建筑类文物,振兴传统文化,时刻保持对乡村建筑文化遗产

的关注，是实现脱贫攻坚与乡村振兴有效衔接的重要举措。文章认为，完善保护规章制度，建立建筑文物保护专项基金组织、引进和建立专业的人才队伍，加强建筑文物修复理论和技术培训、引进文化遗产数字化保护科学技术，拓宽乡土建筑的传承渠道、合理平衡发展与保护的关系，减轻乡土建筑资源的过度开发等措施，是有效保护与传承西江苗寨乡土建筑的重要途径。然而，保护和传承乡土建筑文化遗产是一项长期而艰巨的工作，需要政府、社会各界、专业机构和广大民众的共同努力，继续探索符合各地乡土建筑实际的保护和传承之路。只有这样，才能更好地保护和传承文化遗产，为中华文化的繁荣发展贡献力量。

参考文献

[1] 孙旭东，李佳琦. 中国传统民居建筑瑰宝——苗寨吊脚楼营造技艺 [J]. 知识就是力量，2023，604（03）：58-61.

[2] 袁刚，韦荣慧编. 千户苗寨雷山苗族生活 [M]. 北京：中央民族大学出版社，2016.

[3]《中国古镇游》编辑部编著. 古镇游 自主旅游地图手册 2016 全新升级 [M]. 北京：光明日报出版社，2016.

[4] 李天翼著. 文化赋能乡村振兴 西江千户苗寨的实践观察 [M]. 北京：社会科学文献出版社，2022.

[5] 高培著. 中国千户苗寨建筑空间匠意 [M]. 武汉：华中科技大学出版社，2015.

[6] 谢有为. 建筑遗产保护与旅游开发耦合关系研究 [D]. 昆明理工大学，2021.

[7] 党的十八大以来家庭家教家风建设实现高质量发展 [EB/OL]. 光明网，2022-05-26，https：//politics.gmw.cn/2022-05/16/content_ 35737722.htm.

[8] 李天翼主编；麻勇斌，苍铭副主编. 西江模式 [M]. 北京：社会科学文献出版社，2018.

[9] 肖卫华. 博物馆文物保护管理实践研究 [J]. 文化产业，2021

(35)：109-111.

[10] 苍铭，李天翼，吴帮雄，等. 民族文化的发展式保护——西江千户苗寨景区文化遗产保护十年报告 [EB/OL]. 乡村研究数据库，2018-06-01，https：//www.ruralchina.cn/xcyj/XCReport/previewPage? SiteID = 18&ID = 6263464.

[11] 贾芳. 新时期加强文物保护的策略研究 [J]. 参花（上），2022 (02)：59-61.

[12] 何凤. 全域旅游视角下乡土建筑旅游的规划与设计 [J]. 建筑结构，2023，53 (10)：188-189.

乡村振兴战略下"非遗"产业化发展路径探究

——以大方县"豆制品制作技艺"及豆制品产业为例

周尚书 刘笑玲[*]

(贵州民族大学,贵州贵阳 550025)

摘 要:产业化发展是传统技艺类非物质文化遗产传承与发展的重要途径。《乡村振兴战略规划(2018—2022年)》的颁布与实施,为壮大农村产业提供了政策导向,带来了发展机遇。本文以大方县"豆制品制作技艺"及豆制品产业为例,在查阅大量文献资料和实地调研的基础上,分析了大方县豆制品制作技艺与豆制品产业的发展现况及面临的现实困境,立足大方县情,提出大方县豆制品产业创新发展以助力乡村振兴的建议。

关键词:非物质文化遗产;乡村振兴;豆制品制作技艺;豆制品产业;大方县

---

[*] [作者简介]:周尚书,男,汉族,贵州民族大学民族学与历史学学院2021级文物与博物馆硕士研究生。研究方向:文化遗产保护与利用。

刘笑玲,女,白族,贵州民族大学文学院副教授,文学博士,硕士生导师。研究方向:民俗文化研究。

一、问题的提出

党的十九大首次提出"实施乡村振兴战略"及"产业兴旺、生态宜居、乡风文明、治理有效、生活富裕"的20字总要求。实现乡村振兴，产业兴旺是重点，而如何实现乡村产业兴旺，助推乡村产业振兴，实现生活富裕的目标，则成为各级政府和专家学者关注的重点。实现乡村产业兴旺的思路，一是延长农业产业链，二是进一步增加农村产出。[1] 推进乡村振兴，要打造一村一品，不能千村一面，要根据乡村资源、区位优势，确定主导产业，打造乡村特色品牌。[2] 非物质文化遗产（以下简称"非遗"）作为乡村振兴的一个切入点，是当前和今后实现乡村振兴珍贵的、具有重要价值的宝贵资源，是带动乡村经济发展，实现乡村文化、产业与人才振兴的一个突破口。"充分挖掘、合理利用"非遗"蕴含的文化、经济等价值，对实现乡村振兴战略具有重要的意义"已成为学术界一些学者的共识。[3-4-5] 黄朝斌、侯玉霞、平锋、周波等学者阐释了"非遗"与乡村振兴的关系，探讨了"非遗"助力乡村振兴的路径。[6-7-8-9] 肖远平、王伟杰总结并分析了"西江模式"成功的经验、存在的问题，提出西江应以"非遗"的保护与传承为出发点和归宿，努力发挥其在乡村振兴战略中的重要作用。[10] 马知遥、刘垚瑶梳理了乡村振兴背景下传统技艺类"非遗"保护的总体情况，阐述了传统技艺的价值，在分析乡村传统技艺类"非遗"面临的发展困境后，提出加强传统技艺与科技融合，打造特色手工产品以发展乡村旅游，建立传统技艺类"非遗"空间，深入推进高校"非遗"传承人研修研培计划实施是实现传统技艺振兴与助推乡村振兴的重要举措。[11]

2018年中共中央、国务院印发《乡村振兴战略规划（2018—2022年）》提出，"以各地资源禀赋和独特的历史文化为基础，有序开发优势特色资源，做大做强优势特色产业"[12]。2022年国务院印发《国务院关于支持贵州在新时代西部大开发上闯新路的意见》（国发〔2022〕2号）提出，"积极发展民族、乡村特色文化产业和旅游产业，加强民族传统手工艺保护与传承，打造民族文化创意产品和旅游商品品牌"[13]。大方县生产加工豆制品的历史长达近400年，境内生产加工豆制品的个体户、私人作坊、合作社与企业近1300余家。优质的气候环境、地下水源、大豆品种及原料，独特的凝固剂（酸汤），广为人知的豆制品制作技艺，造就了大方县豆制品独特的口味、较高的知名度、庞大的消费人群及传承人群体。传承和合理利用豆制品制作技艺，创新发展豆制品产业是大方县助力乡村文化、产业与人才振兴的重要立足点。然而发展至今，大方县豆制品产业还处于成长阶段，呈现出粗放经营、豆类产量不高、优质品牌及相关产业园区较为缺乏的窘境，存在未能充分利用地方资源、区位优势与"非遗"历史文化资源等问题。基于此，本文以大方县豆制品制作技艺与豆制品产业为研究对象，重在探讨大方县豆制品制作技艺及其衍生的豆制品产业如何抓住政策机遇，摆脱其在发展中面临的现实困境；如何塑造优质品牌、扩大生产规模，推进农村第一、第二、第三产业融合发展以及助力乡村振兴等问题是本文思考和展开研究的出发点。

二、大方县豆制品制作技艺产业化发展现况

中国饮食文化源远流长，博大精深，豆制品制作技艺亦是其重要组成部分。大方县豆制品制作工艺传承与发展的历史长达近400年，而依托传统工艺繁衍而生的豆制品产业，目前已形成较为完善的工艺流程及丰富的产品类别，其在带动就业、促进地方经济增长等方面发挥着重要的作用。

（一）大方县豆制品制作技艺

1. 历史沿革

中国自古就栽培大豆，[14] 不仅是最早栽培大豆的国家，也是最早研发、生产豆制品的国家。通过对历史文献的考证，证实中国早在战国时代已食用豆豉，西汉时代已食用豆腐。[15] 中国豆腐文化蕴含着勤劳、诚信、包容、创新及朴素等精神内涵，经过几千年的传承及发展，现全国多地皆有长达百年、千年历史的豆制品制作技艺和豆腐文化，其中尤以安徽淮南

八公山区豆腐传统制作技艺与豆腐文化最为出名。明末，豆制品制作工艺传入大方，《贵州通志·风土志》载"豆豉各州县产，以大定（大方）为最佳"；《贵州省志·地理志》载"大方盛产大豆，所制'豆干'，销行贵州、云南、四川"。1957年大方豆棒被列为"贵州省传统名特食品"；2011年大方县获"中国豆制品之乡"称号；2013年贵州省人民政府公布"豆制品制作技艺"（大方县、习水县）为贵州省第三批省级"非遗"名录；2018年大方豆干（大方手撕豆腐）获批国家地理标志产品。大方县豆制品制作技艺传承时间较长，传承人群体规模大，境内形成了重要节日、红白喜事必备豆制品（豆干、豆腐）这一习俗，俨然，豆制品已成为县域民众餐桌上必不可缺少的一道美食。

2. 工艺流程

豆制品，即加工豆类而成的食品。大豆是黄豆、青豆、黑豆、其他大豆及饲料豆的统称，按形状分为圆粒豆和扁粒豆，按颜色分为黄豆、青豆、黑豆等。黄豆是制作豆腐、豆干、豆豉等豆制品的主要原料。大方豆制品主要原料为大豆（当地称黄豆），主要选用蛋白质含量≥40%、脂肪含量≥20%的优质黄豆；辅料为凝固剂（酸水，当地称酸汤）与生产用水，即符合饮用水标准的天然地下水。豆制品种类不同，制作工艺各异，但其制作流程、工艺要点大体相同，仅有后续几个步骤有差异。现以大方豆干（大方手撕豆腐）制作工艺流程及要点为例（见表1）。

表1 大方豆干（大方手撕豆腐）制作工艺及要点

制作工艺流程	原味品	选料→浸泡→磨浆分离→煮浆→点浆（酸水）→做型→压榨→加食用碱→晾干→成品
	卤味品	选料→浸泡→磨浆分离→煮浆→点浆（酸水）→做型→压榨→加食用碱→卤制→晾制→烘干→调味→包装→成品
	发酵品	选料→浸泡→磨浆分离→煮浆→点浆（酸水）→做型→压榨→加草发酵→成品

续表

工艺要点	选料	选取颗粒饱满及豆皮表面无黑点的优质大豆
	浸泡	浸泡6至8小时，意在去杂脱皮，使外壳和豆瓣变软
	磨浆	按原料和水1∶3比例进行磨浆
	煮浆	温度控制在90℃至100℃，时间8至10分钟，直至浆上无沫，豆浆煮透，无浆味
	酸水制作	用煮浆过程中产生的水经过发酵而成的酸水
	点浆	用酸水作凝固剂，以5%至10%点浆，温度控制在70℃至85℃
	压榨	勤压慢浸，豆腐干压榨至块型整齐均匀、质地密实有弹性
	加食用碱（碳酸钠）	在豆干表面散一薄层食用碱（碳酸钠）后静置1至2小时
	卤制	卤水温度控制在60℃至70℃左右、卤制时间为25至30分钟
	加草发酵	稻草和豆干叠层放置，在20℃至25℃下发酵3至5天

注：本表信息来源于国家知识产权局第二七七号 关于批准对毕克齐大葱等21个产品实施地理标志产品保护的公告（第277号）；毕节市市场监管局关于批准发布《地理标志产品 威宁荞麦》等6项地方标准的公告（毕市监标公告〔2019〕1号）。

资料来源：国家知识产权局官网及毕节市市场监督管理局官网。

3. 产品类别与独特口味

大方县位于贵州省西北部，毕节市中部，乌江支流六冲河北岸，水源丰富，水质优越，地处低纬度高海拔地区，属亚热带湿润季风气候，冬无严寒，夏无酷暑，雨量充沛。依托当地独特的气候、地形、地势、水源、品种，配以凝固剂（酸水），加之传统制作技艺，便做出了闻名省内外的特色食品——豆制品。依据制作工艺差异及产品特质，本文认为大方县豆制品可以分为以下几类（见表2）。

表 2　大方县豆制品类别

原味豆制品	豆浆、豆干、豆腐、豆花、豆腐皮、豆腐丝、豆棒、腐竹、豆腐果
卤味豆制品	手撕豆腐
发酵豆制品	豆豉、臭豆腐、霉豆腐、豆酱、豆腐乳
新兴豆制品	血豆腐、骟鸡豆腐、牡丹花豆腐

注：本表信息来源于大方县人民政府发布的大方优质农特产品：豆制品。其中原味豆制品中的豆腐和豆干种类较多，各地叫法也不同，豆腐主要包括白豆腐、菜豆腐、连渣姥、爆浆豆腐等；豆干主要包括白豆干、熏制豆干、葱花豆干、手撕豆干、荞灰豆干等。

资料来源：大方县人民政府官网以及个人田野调查。

大方县豆制品主要分为原味、卤味、发酵类及新兴豆制品，其中豆腐、豆干是每个作坊都生产的基本产品，其余产品多是基于豆腐、豆干制作工艺研发而成，创新和延伸产品主要包括骟鸡豆腐、血豆腐、牡丹花豆腐以及配套的豆干、豆腐皮火锅与豆干辣椒等。优质的气候环境、富含矿物质的地下水源、优良的品种及原料，以及不含任何添加剂与防腐剂的酸水凝固剂，造就了大方县豆制品别样的口感。广为人知的制作工艺、悠久的民风民俗以及稳定的市场环境为豆制品制作技艺的规模化、产业化发展创造了良好的条件。

(二) 大方县豆制品产业发展现况

1. 从事豆制品生产加工的企业及从业人员数量概况

明末清初，豆制品作坊遍及大方全县各地。凭借悠久的制作技艺、酸水点浆、优质水源、原料等"独家秘方"，大方县豆制品在口感、形态、营养价值上，形成了独树一帜的地方特色。大方县六龙镇新丰村、小屯乡珠场村和对江镇石桅村、竹园乡沙坝村等几个乡镇生产加工豆制品的规模较大，大小作坊、食品加工厂等较为集聚，从业人员数量较多。大方县对江镇石桅村共有豆制品加工作坊60余家，全村每年种植大豆700余亩；[16]截至2021年11月，六龙镇共有豆制品加工作坊226家，多以手工制作加工为主，全镇日产豆干200万片以上，年销售额约1.08亿元。[17] 六龙豆干、珠场豆干、沙坝豆干、对江豆干等豆制品系列产品形成了独具特色的地方品牌，豆制品产业亦成为带动就业、促进地方经济增长的重要产业。全县从事豆制品生产加工的个体户、手工作坊、合作社、企业等经营主体1300余家，带动了上万人就业，一定程度上解决了部分群众就业难的问题，全县豆制品年产值超3亿元。[18]

2. 豆类农作物播种面积与产量

贵州为春夏大豆区，黔西北地区为早熟大豆区，大豆株高的变化与生育期的变化相似又相关，生育期短的品种植株矮，生育期长的品种植株高，植株随海拔高度下降逐渐变高，贵州省大豆株高最矮的为黔西北地区的品种，省内大豆地方品种的产量性状以黔西北地区的大豆品种株型最合理。[19] 大方县是"中国豆制品之乡"，盛产优质大豆。2018年以来，大方县豆类农作物种植面积逐年增加，产量从2018年9582吨增加至2020年1.69万吨（见表3）。

表3 大方县2018-2020年豆类播种面积和产量

年份	指标	面积（万亩）	产量（万吨）
2018	豆类	6.3	0.95
2019	豆类	12.4	0.23
2020	豆类	29.81	1.69

注：本表信息来源于大方县统计局发布的大方县2018年、2019年、2020年国民经济和社会发展统计公报。

资料来源：大方县统计局官网。

据国家统计局发布的2020年粮食产量数据公告显示，2020年全国豆类播种面积11593千公顷，总产量2288万吨，单位面积产量6316公斤/公顷（421公斤/亩）。大方县豆类播种面积从2018年的6.3万亩增加到2020年的29.81万亩，三年间，豆类种植面积翻了近5倍，2019年豆类种植面积较2018年增加了一倍，但其产量却减少了近三分之二；2020年豆类种植面积增至近30万亩，产量仅1.69万吨，整体单位面积产量呈下降趋势，从侧面反映出土壤肥力下降，种植规范程度较差以及病虫草害加重等严峻问题。

三、大方县豆制品制作技艺产业化发展的现实困境

2017年，文化部（现文化和旅游部）等三部门颁布的《中国传统工艺振兴计划》对"非遗"项目的实际推广和产业化做出了计划；2018年《乡村振兴战略规划（2018—2022年）》出台，乡村特色文化资源受到更多的重视，乡村农副产品、传统技艺产品等迎来新的发展机遇。大方县豆制品与其他地方特产一样，发展初期呈现出粗放经营、规模不大、产量不高、无优质品牌的窘境。全县1300余家从事豆制品生产经营的手工作坊、合作社、企业中，经营主体规模较大、知名度较高、有独立品牌且发展较好的，目前有大方县石老祖公豆制品有限责任公司、大方县琼芳食品开发有限公司等少数几家企业。境内从事豆制品生产加工的人员几乎都掌握豆制品制作技艺，大方县豆制品在省外内知名度较高，但全县甚至全省却难以找出生产加工豆制品的大型知名企业，可以说这与资金不足、规模不大、知名度不高等不无关系。

截至2016年年底，全县已建有以辣椒、猕猴桃、天麻、中药材等特色产业为主导的农业园区37个，[20]但还未建设独立栽培种植大豆、生产加工豆制品的农业园区。贵州省是岩溶地貌发育最典型的地区之一，岩溶荒漠化对土地生产力的破坏作用巨大，使可供利用的土壤资源逐年减少，肥力下降，土壤保墒能力差。[21]而大方县种植大豆的土地多为坡地，种植土壤为黄壤、黄棕壤，难以培肥；同时，大豆与玉米间套配作和连作的种植规范程度较差，加上施肥不科学、病虫草害危害较重等原因致使大豆产量低。[22]大豆种植面积大，产量低，不仅挫伤了农户生产的积极性，还可能致使生产和加工豆制品的优质原料难以保障，长此以往，既不利于豆制品制作技艺的保护与传承，也不利于豆制品产业的长远发展，更难形成品牌优势和扩大品牌影响力。

四、大方县豆制品产业创新发展的建议

豆制品与人民群众的生产、生活息息相关，豆制品制作技艺作为传统技艺类"非遗"，属可进入市场的"非遗"。合理的产业化开发是豆制品制作技艺保护、传承与发展的重要途径。依托豆制品制作技艺应运而生的豆制品产业，其在助力乡村振兴中扮演着重要的角色。当前，大方县豆制品制作技艺的产业化发展还存在着一定的问题，为更好促进豆制品产业规模化、品牌化发展，助力乡村产业振兴，现提出以下建议。

（一）注重线上线下联动宣传，提高品牌影响力

宣传与推广是塑造品牌、扩大品牌影响力与提高产品竞争力的重要方式。提高大方县豆制品的知名度，要注重线上与线下联动宣传方式的结合。线上宣传主要以传统的电视广告和新兴的新媒体平台为主，可加强与中央电视台、省内外地方电视台的合作，按期投放宣传贵州"非遗"文化、饮食文化的短片，培养潜在消费人群，扩大豆制品品牌影响力；新媒体平台（抖音、快手、微信）是当下较为流行、受众较广且传播范围较远的宣传载体，可鼓励"非遗"传承人、相关从业人员开设直播号，线上直播宣传与销售豆制品。线上宣传重在用好"非遗"这张名片，意在突出"非遗"传统手工艺的特色。线下宣传，以参与各类活动和投放广告为主，地方政府要支持、鼓励"非遗"传承人，生产加工豆制品的个体户、企业等积极参与国内和省内举办的旅游发展推介会、农产品及文化旅游产品展览展销活动、非遗购物节、文化遗产日等活动，旨在对外宣传大方县农产品、"非遗"手工产品、地区特色产品与旅游纪念品，提高豆制品知名度；除此之外，交通出行工具也是线下宣传的重要途径，如2022年夏季，火遍全网的"避暑度假到贵州"这一地铁广告。线下宣传应以贵州特色美食、地理标志产品、"非遗"传统手工产品、贵州优质旅游纪念品为标签，参与到贵州旅游、康养、避暑、度假、美食等系列品牌的广告中，在降低宣传成本的同时，借助省内其他优质品牌带来的流量，宣传大方县豆制品。

（二）扩大生产规模，塑造知名品牌

首先，整合资源，提高质量。整合从事豆制品生产加工的企业、合作社、私人作坊、个体户等经营主体，走"企业+合作社+基地+农户"四位一体的产业发展之路，统一按照各类豆制品制作技艺加工豆制产品，严防粗制滥造，注重把控产品质量，严格制定产品在产前、产中、产后等环节上生产标准化、质量检测、售后等管理措施。其次，扩大豆制品生产加工规模，创新生产与销售模式。由声誉较好、品牌突出的优质企业牵头，通过收购和兼并小公司，聘用小作坊从业人员和个体户等生产群体，逐步规范生产技术质量标准，扩大生产规模，拓展销售渠道，创新产品品牌，注册品牌商标，以统一的品牌进行销售，从而扩大企业规模，充分借鉴O2O（Online to Offline）、B2B（Business to Business）、B2C（Business to Customer）等较为成熟的农产品销售模式，培育和塑造知名品牌，奠定品牌优势。最后，加强对外交流合作。加强与大型超市、农产品展销中心、企事业单位食堂、著名旅行社以及涉农商务平台等单位的合作，建立合作关系，扩大消费市场及生产规模，以承接量大的订单，稳定产品销路；合理使用各类交通网络运送产品，采取线上下单、线下物流配送、云签约等形式开展品牌营销，实现产品外销。

（三）加大政府支持力度，建设豆制品产业园区

豆制品产业已成为带动经济增长、提供就业岗位、促进当地致富增收的重要产业。政策支持是豆制品产业发展壮大的重要前提，各级政府在政策上要给予倾斜，其一，在商标注册、知识产权申报等方面，政府部门可优化办理和审批程序，给予政策照顾；在税收上给予优惠和减免，在征税上可适当降低税率，在发展中要给予必要的补贴。其二，在建设现代化豆制品产业园区方面，给予资金及土地支持。建设现代化豆制品产业园区是豆制品产业发展壮大的必由之路，有利于大方县豆制品产业实现转型升级。豆制品产业园区，以生产加工与创新豆制品为主产业，充分依托知名度较高、规模较大的大中型企业，实现多家企业集聚，整合多方力量，实

现资本、劳动力的集聚，带动豆制品产业，相关畜牧业、辣椒产业、休闲农业和旅游业的融合发展，拉动周边地区经济发展，促进豆制品产业转型升级，助力乡村产业振兴。

（四）培养和引进新型职业农民，改进大豆栽培种植技术

乡村振兴战略，是促进农业农村现代化的总战略。实现乡村振兴，关键在农民，乡村振兴需要新型职业农民。[23] 新型职业农民，即以从事农业生产经营作为自身职业的人员，具有较高的科技文化素质、专业生产技能和职业道德素养，具有较强的自我发展能力和市场竞争意识，具有稳定的工作岗位和收入来源。[24] 立足于大方县情，要积极培养和引进懂农作物、经济作物栽培种植技术、企业经营管理、市场营销、商标注册、知识产权申报与法律权益维护的新型职业农民及综合性人才。针对大豆品种栽培种植、豆制品研发生产面临的实际情况，要加大对大豆品种的研究，积极进行相关的实验，在结合地理地质、气候水文、病虫草害发生特点与土壤特性的基础上，栽培和引进新品种，加强玉米和大豆间套配种技术研究。[25]

五、结　语

非物质文化遗产作为中华优秀传统文化的重要组成部分，蕴含着丰厚的精神文化内涵。豆腐文化蕴含着勤劳、诚信、包容、创新、朴素等丰厚的精神内涵，传承和发展豆制品制作技艺，是推动中华优秀传统文化创造性转化与创新性发展，实现乡村文化振兴的重要立足点。大方县豆制品制作技艺的产业化、规模化、品牌化创新发展，为当地带来了就业机会，一定程度上推动了县区经济的发展，推进了县域第一、第二、第三产业融合的进度，加快了大方县农业农村现代化的步伐，是实现乡村产业振兴的重要抓手。今后，"非遗"传承人，相关从事豆制品生产、加工与销售的经营主体，要积极学习和借鉴其他省份、优质企业发展豆制品产业的先进经验，同时，地方政府要给予大力支持，多方发力多措并举，以传承和利用好豆制品制作技艺，实现豆制品产业持续良好发展，助力乡村振兴。

参考文献

[1] 贺雪峰. 关于实施乡村振兴战略的几个问题 [J]. 南京农业大学学报（社会科学版），2018，18（03）：19-26+152.

[2] 刘合光. 乡村振兴战略的关键点、发展路径与风险规避 [J]. 新疆师范大学学报（哲学社会科学版），2018，39（03）：25-33.

[3] 王红英. 非物质文化遗产在乡村振兴中的多元价值 [J]. 人民论坛，2018（07）：136-137.

[4] 赵星. 乡村振兴中非遗的作用与价值 [J]. 文化产业，2022（13）：149-151.

[5] 王娟. 文化引领乡村振兴的有效途径 [J]. 人民论坛，2018（16）：252-253.

[6] 侯玉霞，赵映雪. 文化自觉视角下非物质文化遗产产业化与乡村振兴研究——以勾蓝瑶寨"洗泥宴"为例 [J]. 广西民族研究，2018（06）：140-147.

[7] 周波. 非遗保护与乡村振兴的文坡实践 [J]. 文化遗产，2019（04）：26-34.

[8] 黄朝斌，顾琛. 乡村振兴与非物质文化遗产的创造性转化——以傩雕工艺为例 [J]. 中南民族大学学报（人文社会科学版），2019，39（06）：50-54.

[9] 李亚楠，平锋. 乡村振兴战略背景下非物质文化遗产的传承创新研究——以天琴艺术为例 [J]. 广西民族研究，2021（05）：157-164.

[10] 肖远平，王伟杰. 非物质文化遗产助力乡村振兴的"西江模式"研究 [J]. 文化遗产，2019（03）：23-28.

[11] 马知遥，刘垚瑶. 乡村振兴与传统工艺类非遗保护和发展路径研究 [J]. 文化遗产，2020（02）：19-29.

[12] 中共中央 国务院印发《乡村振兴战略规划（2018-2022年）》[EB/OL]，中国政府网，2018-09-26，http：//www.gov.cn/zhengce/2018-

09/26/content_ 5325534. htm.

[13] 国务院关于支持贵州在新时代西部大开发上闯新路的意见 [EB/OL]，中国政府网，2022-01-26，http：//www. gov. cn/zhengce/content/2022-01/26/content_ 5670527. htm.

[14] 赵团结，盖钧镒. 栽培大豆起源与演化研究进展 [J]. 中国农业科学，2004（07）：954-962.

[15] 江玉祥. 论大豆及相关豆制食品的起源 [J]. 四川大学学报（哲学社会科学版），2003（06）：113-119.

[16] 黎荣，张华顺. 大方豆香透四方 [N]. 毕节日报，2022-8-12.

[17] 吴采丽. 一粒豆子演绎"贵州制造" [N]. 贵州日报，2021-10-28.

[18] 吴采丽. 一粒豆子演绎"贵州制造" [N]. 贵州日报，2021-10-28.

[19] 罗培敏. 贵州省大豆地方品种生态类型及其分布 [J]. 种子，1999（04）：74-75.

[20] 杨亚军. 大方县现代农业园区发展现状、存在问题及对策分析 [D]. 贵州大学，2020.

[21] 甘露，万国江，梁小兵，陈刚才. 贵州岩溶荒漠化成因及其防治 [J]. 中国沙漠，2002（01）：69-74.

[22] 陈文贵，孔薇. 贵州大方县大豆产量较低的原因与对策 [J]. 农技服务，2017，34（19）：10.

[23] 叶兴庆. 新时代中国乡村振兴战略论纲 [J]. 改革，2018（01）：65-73.

[24] 郭智奇，齐国，杨慧，赵娉，白瑜. 培育新型职业农民问题的研究 [J]. 中国职业技术教育，2012（15）：7-13.

[25] 陈文贵，孔薇. 贵州大方县大豆产量较低的原因与对策 [J]. 农技服务，2017，34（19）：10.